학술논문 작성을 위한

SPSS
초보 길라잡이

건강가정컨설팅연구소 지음

Σ 시그마프레스

학술논문 작성을 위한
SPSS 초보 길라잡이

발행일 | 2019년 9월 5일 1쇄 발행

지은이 | 이유리, 박은정, 이성훈
발행인 | 강학경
발행처 | ㈜ 시그마프레스
디자인 | 고유진
편 집 | 이호선

등록번호 | 제10-2642호
주소 | 서울특별시 영등포구 양평로 22길 21 선유도코오롱디지털타워 A401~402호
전자우편 | sigma@spress.co.kr
홈페이지 | http://www.sigmapress.co.kr
전화 | (02)323-4845, (02)2062-5184~8
팩스 | (02)323-4197

ISBN | 979-11-6226-194-1

* 책값은 뒤표지에 있습니다.
* 이 도서의 국립중앙도서관 출판예정도서목록(CIP)은 서지정보유통지원시스템 홈페이지
  (http://seoji.nl.go.kr)와 국가자료공동목록시스템(http://www.nl.go.kr/kolisnet)에서
  이용하실 수 있습니다.(CIP제어번호 : CIP2019031216)

저자 서문

학술논문을 준비하는 연구자들은 스스로에게 묻고 답해야 할 중요한 질문이 있다. "연구모형에 가장 적합한 통계 기법을 어떻게 정할 것인가?", "연구문제를 검증하기 위해 어떤 과정과 절차를 통해 통계 분석을 할 것인가?", "통계 분석결과를 어떻게 이해하고 해석해야 하는가?", "논문에 통계분석 결과를 어떻게 작성해야 하는가?" 등이 그것이다. 연구자들은 이와 같은 질문을 끊임없이 던지며 올바른 통계 기법을 선택하고 연구에 적용할 때 정확한 연구 결과를 도출할 수 있다.

하지만 통계 초보자들에게는 통계적 기법을 활용하여 연구문제를 선정하고 학술논문을 완성하기까지의 과정이 매우 난해하고 지난한 작업이 될 수 있다. 이 책은 통계를 처음 접하는 대학생부터 아직 통계 프로그램이 익숙지 않은 연구자들에게 필히 숙지해야 할 과학적 연구방법 및 SPSS 통계분석의 기초와 실행 기법을 상세히 소개한다. 또한 이 책은 실제 연구문제와 연구모형에 맞는 정확한 분석 방법을 선정할 수 있도록 안내하고, 최신 SPSS WIN 25.0 버전 프로그램을 통한 통계분석 실행 방법과 자세한 경로를 설명한 후 분석결과를 해석하고 논문에서 실제로 작성하는 방법을 소개하는 'SPSS 통계분석 가이드 북'이라고 할 수 있다.

이 책은 크게 3부로 구성되어 있다. 제1부는 SPSS 통계분석에 들어가기에 앞서 연구자가 꼭 알아야 할 과학적 연구방법의 특징과 접근방식 및 주요 연구 절차에 대해 살펴본다.

제2부는 SPSS 통계분석의 기초가 되는 총 7개의 통계분석 방법으로, 데이터 코딩(제4장), 코딩변경(제5장), 빈도분석(제6장), 기술통계(제7장), 신뢰도 분석(제8장), 타당도 및 요인분석(제9장), 변수계산(제10장)으로 구성된다. 제4장과 제5장에서는 실제 학술지에 게재된 논문의 설문지를 바탕으로 데이터 코딩 실행 방법과 역점화 코딩 변경 및 범주화 코딩 변경 실행 방법에 대해 알아본다. 제6장부터 제10장에서는 각각의 통계분석의 실행방법을 익히기 위해 실제 논문에서 사용된 연구문제와 변수를 이용하여 살펴본다.

제3부는 중급 또는 고급 통계라고 할 수 있는 총 10개의 장, 즉 교차분석(제11장), T 검정(제12장), 일원배치 분산분석(제13장), 상관관계분석(제14장), 회귀분석(단순/다중)(제15장), 매개효과분석(제16장), 위계적 회귀분석(제17장), 조절효과분석(제18장), 로지스틱 회귀분석

(이항/다항)(제19장), 군집분석(제20장)을 포함한다. 통계분석에서 사용 빈도가 비교적 높은 분석 기법들을 다루고자 하였으며, 본격적으로 학술지에 게재된 논문에서 사용되었던 실제 연구문제를 검증하기 위해 SPSS 통계분석 실행 방법을 알아본다.

각 장의 구성은 다음과 같은 내용들을 중심으로 기술하였다. 첫째, 해당 통계분석의 개념과 원리 및 방법 등을 서두에 간략히 설명하였다. 둘째, 해당 통계분석을 실행하는 방법을 살펴보기 위해 학술지에 게재된 논문에서 사용되었던 연구문제를 소개하고, 설정한 연구문제를 검증하기 위해 해당 통계분석을 실행하기 위한 SPSS 프로그램 분석 과정을 화면 이미지와 함께 제시하였다. 셋째, 통계분석을 실행한 후에 나온 출력물을 부분적으로 제시하면서 해당 분석 결과를 보는 방법을 소개하였다. 넷째, 분석 결과를 논문에서 실제로 작성하는 방법 즉, 분석 결과의 표를 그리는 방법과 표에 대한 해석을 작성하는 예시를 제공하였다. 다섯째, 각 장의 말미에는 '꼭 기억할 사항'을 통해 분석 방법의 개념과 원리의 핵심 포인트를 요약하고, 필히 확인할 사항과 주의해야 할 점을 다시 한 번 강조하였다.

이 책에서 예시로 제시한 논문 내용들은 저자들이 지난 2015~2018년에 공동 연구하여 국내 KCI 등재학술지에 게재된 논문들에서 발췌한 것이다. 따라서 이 책의 가장 큰 장점은 대학에서 학위논문을 준비하거나 전문 학술지에 논문을 게재하려는 연구자 또는 연구조사방법론이나 통계분석 관련 강의를 수강하는 학부생과 대학원생들 모두에게 매우 실질적인 도움이 된다는 것이다. 또한 초보자들도 손쉽게 따라할 수 있도록 최신 SPSS WIN 25.0 버전 프로그램의 통계분석 작업의 시작부터 분석 결과에 대한 해석 및 논문 작성에 이르기까지 일련의 과정들을 체계적으로 제시하고 있다.

이 책에는 저자들이 그동안 대학에서 연구조사방법론과 통계분석 관련 강의를 진행하고, 학술연구 활동을 공동으로 수행해오면서 학생들에게 과학적 연구방법과 통계분석 기법을 보다 더 쉽게 이해시키고 안내하고자 노력했던 나름의 고민들이 담겨 있다. 아무쪼록 이 책을 통해 독자들은 스스로 SPSS 통계분석에 대한 노하우를 습득하고 성공적인 학술논문을 완성하길 바란다.

마지막으로 이 책이 나오기까지 감수를 맡아주신 안양대학교 통계데이터과학전공 신봉섭 교수님과 출판을 도와주신 ㈜시그마프레스 강학경 대표님과 임직원 여러분께 심심한 감사의 마음을 전하고 싶다.

2019년 8월
저자 일동

감수의 글

이 책에는 저자들이 그동안 통계처리가 포함된 논문들을 학술지에 게재하면서 터득한 경험과 노하우를 후학들에게 알기 쉽게 전달하려는 노력이 곳곳에 숨어 있습니다. 특히, 저자들이 실제 게재된 논문에서 다룬 연구문제를 이용해 최신 SPSS WIN 25.0 버전의 각 프로시저를 실행하는 과정이 상세하게 기술되어 있습니다. 학부나 대학원의 SPSS 실습 수업에서 통계패키지에 대한 경험이 부족한 초보자들이 SPSS 프로그램을 활용하여 학술논문을 작성할 때 이 책이 매우 유용한 길잡이가 될 것입니다.

2019년 8월
감수자 신봉섭

• 차례 •

제3부

SPSS
통계분석 실행

과학적
연구방법

과학이란 무엇인가? 문과, 이과 상관없이 사회과학, 인문과학, 자연과학 등 대부분의 학문 분야 명칭에 과학이란 용어가 결합되어 있다. *science*의 라틴어 어원인 *sciens*는 '아는 것'이라는 의미를 내포하고 있다. 즉 어떠한 현상에 내재하고 있는 사실을 정확하게 아는 것이다.

우리는 학문 탐구를 통해 눈에 보이지 않는 미시적·거시적 현상이나 사람의 의식, 태도, 정서적 상태, 발달 정도, 대인관계 등을 정확하게 파악하고 미래를 예측하고자 한다. 그렇다면 각 학문들이 저마다 축적한 이러한 지식들은 어떻게 만들어진 것일까?

여기에서 현상에 내재하고 있는 사실을 어떻게 정확하게 알아낼 것인가, 하는 과학적인 연구방법이 중요해진다. 즉 과학적 연구방법을 알아야 과학적 연구가 가능해지며, 과학적 연구가 이루어져야 학문이 구축되고 발전할 수 있는 것이다. 따라서 오늘날 학문으로 인정받기 위해서는 과학적인 연구방법에 의해 지식을 축적해야 한다.

제1장에서는 제2장과 제3장에서 살펴볼 SPSS 통계분석에 들어가기에 앞서 과학적 연구의 특징과 두 가지의 연구 접근방식, 연구의 절차 등의 과학적 연구방법에 대해 소개하고자 한다.

01 CHAPTER

과학적 연구의 특징

과학적 연구는 경험적 · 객관적 · 논리적이라는 특징이 있다. 이는 특징이기도 하며 과학적 연구의 조건이라고도 할 수 있다. 과학적이라는 것은 선험적 · 주관적 · 직관적인 것이 아니라 경험적 · 객관적 · 논리적이어야 한다.

첫째, 경험적이라는 것은 과거 고대 철학자들처럼 선험적 사고를 통해 사상을 펼치는 사변철학이 아니라 인간의 감각으로 인식이 가능한 경험적인 증거를 연구자가 몸소 찾고 확인하여 지식을 추구하는 것이다. 즉 과학적인 연구방법은 경험적인 접근방식에 의해 현상을 규명하는 것이며, 학문은 각각의 궁극적 목표를 위하여 각 연구주제에 대한 경험적인 접근방식을 통해 지식을 탐구하는 과학이라고 할 수 있다.

둘째, 객관적이라는 것은 '주관적'의 반대말로, 과학적 연구는 연구자 개인의 생각이나 주장에 그쳐서는 안 되고 제3자의 입장에서 대부분의 사람들이 동의할 수 있도록 객관적인 근거에 기반을 둔 연구설계와 연구절차를 거쳐 연구내용을 작성해야 한다. 즉 연구자는 기존 이론이나 관련 문헌, 선행연구 결과 등을 충분히 고찰하고 이를 기반으로 연구를 진행해야 하며, 각 학문은 과학적 방법에 의한 객관적 연구결과를 도출해야 한다.

셋째, 논리적이라는 것은 연구의 절차 및 내용이 이치에 따라 앞뒤가 맞다는 것이다. 연구설계가 체계적이지 않고 논지와 무관하게 연구가 전개된다면 과학적 연구의 가치가 상당히 떨어진다고 할 수 있다. 즉 과학적 연구는 조리 있고 일목요연하며 설득력이 있어야 한다. 이를 위해 연구자는 직관에 의해 연구를 진행하는 것이 아니라 연구의 목적에 맞게 연구문제를 설정하고, 연구문제를 밝히기 위해 적절한 연구방법을 통해 연구결과를 얻어내야 한다. 또한 논리정연하게 연구내용을 작성하기 위한 연구자의 작문력은 기본적인 필수 사항이라고 할 수 있다.

이상과 같이 과학적 연구는 경험성, 객관성, 논리성의 특징을 모두 갖추어야 함을 명심해야 한다. 한편 경험성, 객관성, 논리성이 전제된 과학적 연구에 의한 결론이라면 다른 연구자도 경험적으로 검증 가능해야 하며, 연구과정이 같다면 같은 결론에 도달할 수 있어야 한다. 즉 선험적 사고를 통해 깨달은 지식이 아니므로 다른 연구자도 자신의 감각으로 인식하여 검사하고 동일한 연구과정을 거쳐 같은 결론에 도달할 수 있을 것이다. 예를 들어 과학적 수사는 어떤 사건에 대한 증거를 다시 경험적으로 조사하여 진위 여부를 추론한다.

물론 연구설계에서 어느 정도의 오차는 있을 수 있으며, 내외적 오염변수를 완전히 배제할 수는 없다. 특히 사회과학에서의 조사연구(survey research)는 수많은 외생변수가 발생하므로 완벽하게 일치하는 결론을 얻기가 쉽지 않다. 예를 들어 여러 조사기관에서 대통령 후보의 지지도를 여론 조사한 결과가 과학적으로 이루어진 것이라면 각 후보의 지지도는 정확하게 일치할 수 있을까? 동일한 설문항목, 동일한 조사설계라고 할지라도 조사대상자의 특징, 조사의 시점, 조사할 당시에 응답자의 신체적·심리적 상태 등 다양한 변인으로 인해 정확한 일치는 불가능할 것이다. 이에 과학적 연구는 100% 진리가 아니라 확률적 가능성에 대한 결론이라고 할 수 있다. 때문에 대통령 후보의 지지도 결과를 통한 대통령 당선자에 대한 예측은 확률 가능성이라고 할 수 있다.

따라서 과학적 연구는 경험적, 객관적, 논리적으로 현재 발생한 상황의 인과관계를 정확하게 증명해내고, 미래 발생할 상황을 높은 확률로 예측하고자 한다.

연구의 접근방식

학문은 다양한 현상들에 대한 끊임없는 과학적 연구를 통해 이론을 구축해나간다. 이론은 어떠한 현상을 설명, 예측하고 통제 가능하게 할 수 있다. 따라서 학문의 궁극적 목적은 이론 구축이라고 할 만큼 과학적 방법을 통한 연구활동은 매우 중요하다. 수많은 연구활동을 통해 이론이 구축되면 또다시 많은 학자들이 구축된 이론에 다양한 현상을 적용하여 설명·예측·통제를 목적으로 연구를 이어나간다. 기존의 이론은 시대와 상관없이 불변하는 진리가 아니기 때문에 이러한 과정들을 통해 수정·보완되기도 하고 새로운 이론이 탄생되기도 한다. 이와 같이 이론과 연구의 관계의 시작점을 어디에 두느냐에 따라 과학적 연구의 접근방식을 귀납적 접근과 연역적 접근으로 구분해볼 수 있다.

귀납적 접근은 경험적 연구에서 시작하는 것이다. 아직 구축된 이론은 없으나 연구자의 지적 호기심에 의해 연구문제를 설정하고 이를 밝혀내기 위한 연구설계와 수행과정을 거쳐 연구결과를 얻는다. 이러한 경험적 일반화 과정을 거친 유사한 연구결과들이 축적되면서 어떠한 규칙이 발견되고 이론으로 집대성되는 것이다. 즉 경험적 연구에서 시작하여 이론을 구축하는 연구방식은 귀납적 접근이라고 한다.

연역적 접근은 구축된 기존 이론에 근거하여 어떠한 현상에 대한 가설을 설정하고 경험적 연구를 통해 검증하는 과정을 거친다. 검증한 결과, 연구가설이 채택된다면 기존의 이론은 더욱 지지된다고 할 수 있다. 하지만 가설이 기각되고 예외적인 상황이 발견되기도 하면서 이론의 수정이 필요할 수도 있고 새로운 이론의 발전이 이루어질 수 있다. 즉 기존의 이론에 기반을 두어 경험적 연구를 해나가는 연구방식은 연역적 접근이라고 한다.

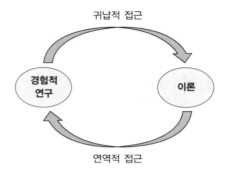

그림 1.1 연구의 접근방식

따라서 과학적 연구는 이상과 같은 귀납적 접근과 연역적 접근의 두 가지 방식 중 한 가지를 선택하여 시작될 수 있다. 예를 들어 "인간은 언젠가는 죽는다"는 진리이지만, 이론이라고 가정하여 귀납적 접근방식을 쉽게 설명하면 다음과 같다. 태초에 사람들은 "인간은 언젠가는 죽는다"라는 구축된 이론이 없었기 때문에 자신들이 죽을 것이라는 사실을 알지 못하였다. 그런데 주변 사람이 한 명, 한 명 늙고 병들어 죽는 상황이 관찰되기 시작한 시점에서 어떤 연구자가 의문점을 갖는다. "모든 사람은 죽는 것일까?"와 같은 지적 호기심을 갖고 이를 밝혀내기 위해 경험적, 객관적, 논리적으로 조사를 수행하여 인간은 나이가 들면서 점차 신체적으로 노화되고 약해지면서 죽음에 이른다는 결론을 도출하게 된다. 이러한 조사결과가 주변에 알려지면서 다른 사람들도 지적 호기심을 갖고 연구한 결과, 동일한 결론에 다다르게 되고 이러한 연구결과가 방대하게 축적되면서 "인간은 언젠가는 죽는다"는 이론으로 정립되게 된다.

반면 연역적 접근방식은 다음과 같다. 예를 들어 태초에 사람들에게 "인간은 언젠가는 죽는다"라는 이론이 정립되어 있었다고 가정해보자. 하지만 그 당시 사람들은 "인간이 과연 죽을 것인가"라는 의문점을 품고 있다. 이에 어떤 연구자가 이 이론이 정말 현상적으로 맞는지 지적 호기심을 갖고 검증해내고자 한다. 연구자는 이론에 근거하여 "인간은 언젠가는 죽을 것이다"라는 가설을 세우고 이를 검증하기 위해 경험적 관찰 방법에 의해 조사를 시작하였다. 조사 결과, 결국 시간이 지나면서 A라는 사람도 죽고, B라는 사람도 죽고 관찰 대상자들이 모두 죽으면서 "인간은 언젠가는 죽는다"라는 이론은 더욱 지지된다.

이와 같이 연구의 시작점이 경험적 연구에서 시작했느냐, 이론에서 시작했느냐에 따라 귀납적 접근과 연역적 접근으로 구분해서 볼 수 있다. 궁극적으로 학문은 귀납적 접근과 연역적 접근이 과학적 연구가 계속 돌고 돌면서 이론을 정립하고 발전해 나간다고 할 수 있다.

연구의 절차

과학적 연구는 우선 연구자의 지적 호기심에서 출발한다. 인간의 알고자 하는 욕구가 없다면 연구는 이루어지지 않을 것이다. 연구자가 알고 싶은 연구주제를 과학적 연구방법으로 탐구하여 시사적인 결론을 얻어 학술논문으로 연구보고하기까지 연구의 절차를 개괄적으로 살펴보면 다음과 같다.

1 연구주제의 선정

학술논문의 시작인 연구주제의 선정은 매우 중요하다. 연구주제의 선정작업은 연구절차의 50% 이상의 비중을 차지한다고 해도 과언이 아니다. 대개는 관련 전공문헌이나 선행연구 고찰을 통해 새롭게 탐구할 연구주제의 아이디어를 얻게 된다. 연구주제의 선정기준은 다음과 같다.

첫째, 연구자의 순수한 지적 호기심이다. 가장 기본적인 기준이지만 직업 선택에서 좋아하는 것과 잘할 수 있는 것을 고민하는 것처럼 연구자들이 매번 고민하는 부분이기도 하다. 지적 호기심에 의해 선택한 연구주제라고 할지라도 연구기간을 더욱 단축할 수 있고, 연구방법을 더 쉽게 수행할 수 있는 주제로 변경하는 경우가 더러 있다. 하지만 연구자의 지적 호기심에서 출발한 연구주제여야 끝까지 열정을 가지고 연구를 수행할 수 있다.

둘째, 연구자의 연구수행 능력이다. 아무리 연구자의 순수한 지적 호기심에서 출발한 연구라 할지라도 연구자가 연구를 수행할 수 있는 능력이 충분치 않다면 불가능하다. 특히 연구방법에 따라 시간적·물적 비용이 많이 소요되기 때문에 이에 대한 연구자의 자원을 미리 산정해보아야 한다. 이 외에 통계분석이 가능한 연구주제인지, 연구자가 조사분석할 수 있는 통계방법인지 살펴봐야 한다.

셋째, 사회적 기여도이다. 연구자의 지적 호기심과 수행능력을 갖춘 연구주제라고 할지라도 이미 사람들이 알고 있는 연구결과라면 학문적 가치는 매우 낮아진다. 또한 연구결과에 대한 시사적 의미 해석이 이루어지지 않는다면 연구의 활용가치는 떨어진다고 할 수 있다. 즉 연구주제를 선정할 때, 연구를 통해 알아낸 지식이 학문적으로 또는 사회적으로 어떤 기여를 할 것인가에 대해 깊이 있게 고려해야 한다.

2 연구문제 및 가설 설정

연구주제를 선정한 다음, 구체적인 연구문제 및 가설을 설정해야 한다. **연구문제**는 연구에서 살펴보고자 하는 변인의 실태 또는 변인들 간의 관계에 대한 의문문의 형태이다. 예를 들어 "고등학생의 자아존중감은 성별에 따라 어떤 차이가 있는가?"와 같다. 연구문제를 기술하면서 연구의 범위가 더욱 명확해질 수 있다. 그리고 연구문제에 대한 가정적인 해답인 가설을 세운다. 가설은 연구자가 주관적으로 정해서는 안 되며, 기존 이론이나 선행연구결과를 면밀하게 고찰하여 객관적으로 세워야 한다. 가설은 연구가설과 영가설로 나뉘게 되는데, 통계결과를 통해 둘 중 하나가 채택된다. **연구가설**은 연구자가 기대하는 결과로, 예를 들어 "차이가 있다", "관련이 있다"와 같다. 영가설은 연구가설과 반대로 "차이가 없다", "관련이 없다"와 같다.

또한 연구문제를 종합적으로 도식화한 연구모형을 작성한다. **연구모형**은 연구에서 살펴보고자 하는 변인들의 관계를 화살표로 표현한 것으로, 한눈에 연구문제를 파악하는 데 도움이 된다. 우선 **변수란**(variable)란 그야말로 변화하는 숫자로, 연구에서 측정하고자 하는 개체마다 지니고 있는 다른 속성들이라고 할 수 있다. 예를 들어 조사대상자의 성별, 연령, 학교급 등의 사회인구학적 변인이 있다. 또한 조사대상자의 사회적 위축, 자아존중감, 또래애착 정도 등의 다른 속성도 연구에서 측정하고자 하는 변수들이다.

변수의 종류는 대표적으로 독립변수와 종속변수가 있다(그림 3.1). 독립변수란 다른 변수(종속변수)에 영향을 미치는 변수이다. 그림 3.1의 연구모형에서는 사회적 위축이 독립변수에 해당한다. **종속변수**란 다른 변수로부터 영향을 받는 변수로 독립변수, 통제변수, 매개변수 등에 영향을 받는다. 그림 3.1의 연구모형에서는 또래애착이 최종 종속변수에 해당한다.

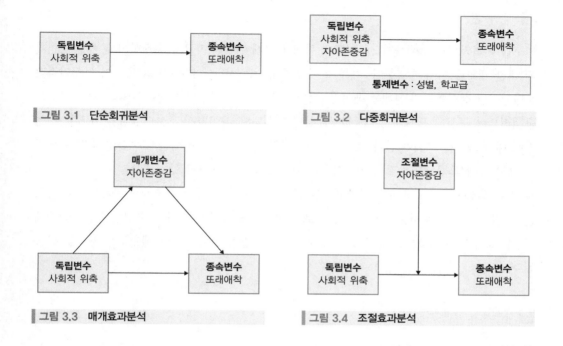

그림 3.1 단순회귀분석

그림 3.2 다중회귀분석

그림 3.3 매개효과분석

그림 3.4 조절효과분석

그리고 **통제변수**는 종속변수에 영향을 미치지만 연구의 주된 관심사인 제1의 독립변수가 종속변수에 미치는 영향을 정확히 파악하기 위해 통제시키는 제2의 독립변수라고 할 수 있다. 위의 연구모형 (그림 3.2)에서는 성별, 학교급 등의 사회인구학적 특성 변인이 통제변수이다. 즉 성별에 따른 또래애착의 차이를 통제하면서 자아존중감이 또래애착에 미치는 영향을 정확하게 파악하고자 할 때 성별을 통제변수로 처리하게 된다.

한편 매개변수란 독립변수와 종속변수를 매개해주는 변수로 독립변수로부터 영향을 받아서 종속변수에 영향을 미치는 변수이다. 그림 3.3의 연구모형에서는 자아존중감이 매개변수에 속한다. 조절변수는 독립변수가 종속변수에 미치는 관계에 개입하여 둘 간의 관계의 방향이나 영향력의 크기를 조절하는 변수이다. 그림 3.4의 연구모형에서는 자아존중감이 조절변수에 속한다.

변수 간의 관계를 화살표로 표현할 때 영향을 주는 변수가 영향을 받는 변수에게 화살을 보내는 방향으로 표시하면 된다. 즉 독립변수가 종속변수에게, 독립변수가 매개변수에게, 매개변수가 종속변수에게 화살표를 보내는 것이다. 다만 조절변수는 직접적으로 독립변수 또는 종속변수에게 영향을 받거나 미치는 것이 아니라 독립변수와 종속변수 간의 관계에 개입하여 관계를 조절하는 변수이므로 그림 3.4의 연구모형과 같이 도식화한다.

③ 연구설계

연구를 본격적으로 수행하기 전, 연구의 목적에 맞게 어떻게 자료를 수집하고 분석할 것인가에 대한 계획을 미리 수립한다. 예를 들어 종속변수의 시간에 따른 변화 측정이 목적이라면 종단연구나 실험연구의 설계를 해야 할 것이다. 또한 조사연구의 설계는 자료의 수집 방법도 구체적으로 구상할 필요가 있다. 연구대상인 모집단에서 어떻게 조사대상자를 표집할 것인가에 대한 계획을 세워야 한다. 주택을 지을 때 건축설계도 없이 집을 짓는다면 수많은 오류와 오차가 예상되는 바와 같이 연구설계는 매우 필수적 단계라고 할 수 있다.

이 단계에서 연구목적 및 기대효과, 연구문제와 연구절차까지 기술한 연구계획서를 작성할 수 있다. 연구계획서는 개인 연구용으로 작성하기도 하지만, 대개는 학위논문 준비과정에서 지도교수에게 제출하는 용도 또는 연구비를 지원받기 위해 기관에 제출하는 용도로 활용된다.

④ 문헌고찰 정리

연구주제와 관련한 선행연구 및 관련문헌을 심도 깊게 살펴보고 정리하는 단계이다. 문헌은 기존의 학위논문, 학술지 논문, 저서, 통계청의 조사결과보고서, 국공립 및 민간연구소의 보고서, 신문 기사 등이 해당한다. 사실 문헌고찰은 연구의 처음 시작 단계부터 마지막 단계까지 연구의 전 과정에서 수시로 이루어지는 부분이다. 문헌고찰을 통해 새로운 연구주제를 얻을 수도 있으며, 연구의 주제를 더욱 구체화할 수 있다. 연구문제의 가설을 설정하기 위해 선행연구결과에 대한 고찰은 매우 중요하다. 또한 측정하고자 하는 변수의 척도화 방법과 설문문항을 인용할 수 있다. 연구결과에 대한 타당성을 뒷받침하기 위해서, 논의와 정책적 제언을 위해서 기존의 문헌을 참고할 수 있다.

한편 고찰한 문헌의 내용 중 본 연구보고서에 인용할 때 몇 가지 주의할 사항은 다음과 같다. 첫째, 인용을 하면 반드시 출처를 정확하게 밝혀야 한다. 출처를 밝히지 않고 인용할 경우는 모두 표절에 해당한다. 표절은 연구자의 윤리에 심각하게 위배되는 것이다. 둘째, 되도록 직접 인용을 하는 것이 좋다. 예를 들어 어떤 저자의 A글에서 연구에 참고할 만한 제3의 연구자의 B연구결과를 발견했다면 A글에 정리된 B연구결과를 간접 인용하기보다는 직접 B연구의 원문을 찾아서 직접 인용하도록 한다. A글에 정리된 B연구결과는 요약된 것이기 때문에 A글 저자의 의도에 따라 부분 삭제된 것도 있을 수 있고 강조점이 달라진다. 요즘은 문헌정보기술의 발달로 인터넷을 통해 손쉽게 기존 원문을 찾아볼 수 있다. 만약 간접 인용을 하게 된다면 직접 인용이 아닌 재인용임을 표시해야 한다. 셋째, 해당 연구문제 제기의 타당성 및 중요성과 가설수립을 위해 관련한 선행연구결과를 종합하여 기술할 때 논리적 전개와 객관성이 요구된다. 즉 기존 연구들을 단순하게 나열하는 식으로 정리하는 것이 아니라 전체적인 논문 흐름을 고려하여 체계적으로 구성하도록 한다. 또한 선행연구결과를 사실 그대로 인용하되 해당 연구와 관련하여 어떠한 시사점이 있는지 염두하면서 작성하도록 한다.

5 측정과 척도

연구자가 알고자 하는 현상을 측정하는 단계로서 측정하고자 하는 변인을 정확하게 개념화해야 한다. 예를 들어 청소년의 자아존중감이라는 변인 측정을 하기 위해 자아존중감이란 무엇인가에 대한 개념적 정의와 측정 가능하도록 구체화된 조작적 정의가 이루어져야 한다. 변수의 개념을 정확하게 측정했느냐의 타당도의 문제는 매우 중요하다. 이때 측정하는 척도의 수준은 다음과 같이 네 가지로 구분할 수 있다.

첫째, **명명척도**(命名尺度, nominal scale)이다. 이때 변수의 상태에 부여하는 숫자는 단지 분류하기 위한 표시의 의미이며, 수량적인 의미가 아니다. 예를 들어 성별이라는 변수를 남성 '1', 여성 '2'라고 숫자를 부여하는 것은 단지 표시의 의미일 뿐이다.

둘째, **서열척도**(序列尺度, ordinal scale)이다. 이때 변수의 상태에 부여하는 숫자는 표시의 의미 이상의 양의 많고 적음 또는 크고 작음 등의 순서의 의미가 있다. 예를 들어 학력이라는 변수를 무학 '0', 초졸 '1', 중졸 '2', 고졸 '3', 대졸 '4', 대학원졸 '5'라고 숫자를 부여했다면 각 숫자는 표시의 의미도 있고, 숫자가 크면 학력이 더 높은 순서적 의미도 갖게 된다.

셋째, **등간척도**(等間尺度, interval scale)이다. 단어의 의미대로 이때 변수의 상태에 부여하는 숫자의 단위 간격이 동일한 척도이다. 예를 들어 섭씨온도 변수의 측정값인 숫자는 '℃'의 단위로 간격이 동일하다. 서울이 15℃이고 제주도가 20℃라고 했을 때 각 숫자는 동일한 간격의 '℃'의 단위를 사용하기 때문에 덧셈과 뺄셈이 가능하다. 즉 서울이 제주도보다 5℃ 낮다고 계산할 수 있다. 하지만 위에서 서열척도의 예시로 든 학력의 '0, 1, 2, 3, 4, 5'라는 숫자의 단위 간격이 동일하다고 할 수 있을까? 즉 무학과 초졸의 간격과 초졸과 중졸의 간격은 동일한가? 이러한 차이는 의미적으로 동일하지 않기 때문에 간격의 단위가 동일한 등간척도라고 할 수 없으며, 이에 덧셈과 뺄셈이 불가능하다. 한편 등간척도는 명명과 서열의 의미도 포함한다. 예를 들어 서울(15℃)과 제주도(20℃)의 온도 숫자는 다르기 때문에 서로 온도가 다름을 의미하고 제주도가 서울보다 온도가 높음을 나타낸다.

구분 \ 척도	명명척도	서열척도	등간척도	비율척도
특성	분류 가능	분류 가능 서열 가능	분류 가능 서열 가능 차이 계산	분류 가능 서열 가능 차이 계산 비율 계산
예시	성별, 종교	학력, 선호도	온도, 지수	연령, 소득

표 3.1 척도별 특성과 예시

넷째, 비율척도(比率尺度, ratio scale)이다. 단어의 의미대로 이때 변수의 상태에 부여하는 숫자를 곱하고 나눌 수 있는 척도이다. 곱셈과 나눗셈이 가능하기 위해서는 절대 영점이 있어야 한다. 절대 영점이란 '0'의 의미가 자연상에 존재하지 않는 '無'의 의미를 가질 때이다. 예를 들어 소득 정도를 '원' 단위로 측정할 경우 '0원'은 자연상에 소득이 전혀 없는 '無' 상태를 의미한다. 따라서 소득 정도는 절대 영점이 있는 비율척도에 해당하기 때문에 곱셈과 나눗셈이 가능하다. 또한 단위 간격이 '원'으로 동일하기 때문에 덧셈과 나눗셈도 가능하다. 하지만 위의 등간척도의 예시인 온도에서 '0℃'는 자연상에 온도가 없는 상태를 의미하는 것이 아니다. 즉 절대 영점이 아니라 물이 어는 지점을 상대적으로 '0℃'로 정한 것으로 상대 영점이기 때문에 온도의 값을 곱셈 또는 나눗셈하여 표현해서는 안 된다. 예를 들어 제주도가 20℃이고 서울이 10℃라고 했을 때 단지 제주도가 서울보다 기온이 10℃ 더 높다는 표현을 쓰는 것은 맞으나 제주도가 서울보다 두 배 더 기온이 높다는 표현은 옳지 않다.

척도의 수준에 따라 분석 가능한 통계기법이 상이하기 때문에 측정하고자 하는 변인의 척도 수준을 어떻게 할 것인지 고려해야 한다(표 3.2 참조). 예를 들어 연령이라는 변인을 개방형으로 질문하여 숫자인 나이로 응답을 얻었을 때는 비율척도로서 곱셈과 나눗셈이 가능하다. 하지만 20세 미만은 1로, 20~39세는 2, 40세 이상은 3으로 구분한 보기 항목 중 선택하도록 측정했다면 이는 서열척도로서 연령의 분류와 서열은 가능하지만 사칙연산은 불가능하다.

리커트 척도(Likert scale)는 개인의 가치, 의식, 태도, 행동 등 주관적인 수준(강도)을 동의와 반대 또는 긍정과 부정의 양극단 선상에 놓고 어디에 해당하는지 선택하도록 하여 측정한다. 보통 응답 범주는 '전혀 그렇지 않다'(1점)부터 '매우 그렇다'(5점)까지의 5점 척도로 부여하지만, 필요에 따라 3~7점의 척도로 측정한다. 리커트 척도는 앞에서 살펴본 척도 중 서열척도에 해당한다. 다만 사회과학에서는 등간척도 이상의 척도가 드물기 때문에 리커트 척도는 등간척도라고 가정하고 등간척도에 해당하는 통계기법을 적용하여 분석한다.

표 3.2 변인척도에 따른 통계분석방법

독립변인		종속변인	분석법	연구문제	분석 결과
명목척도 또는 서열척도	→	명목척도 또는 서열척도	교차분석	소득층과 부의 학력은 독립적인가?	소득계층별 부의 학력은 유의한 차이가 나타났다. 하층의 경우, 부 학력은 고졸 이하 집단의 비율이 특히 높았고, 중층은 초대졸 이상 집단이 절반 이상을 차지하였으며, 상층의 부의 학력은 초대졸 이상이 다른 소득계층보다 높은 특징이 있다.
명목척도 (2집단)	→	등간척도, 비율척도	T 검정	성별에 따른 생애목표는 어떠한 차이가 있는가?	생애목표는 성별에 따라 유의미한 차이가 나타나지 않았다.
명목척도 (2집단 이상, 보통 3집단 이상)	→	등간척도, 비율척도	일원배치 분산분석 (ANOVA)	또래애착 유형에 따른 학업성취도는 어떠한 차이가 있는가?	또래애착 유형에 따른 학업성취도는 통계적으로 유의한 차이가 나타났다. 또래애착 안정형이 소통·신뢰 부족, 또래애착 소외형 집단 간 차이를 보이며 가장 높았다.
등간척도, 비율척도	→	등간척도, 비율척도	피어슨의 상관분석	부모의 방임과 자기조절학습의 관계는 어떠한가?	부모의 방임과 자기조절학습은 부적 상관관계를 갖는 것으로 나타났다.
등간척도, 비율척도 명목척도 또는 더미변수화	→	등간척도, 비율척도	(단순, 다중) 회귀분석	• 단순회귀분석 : 부모의 방임은 자기조절학습에 어떠한 영향을 미치는가? • 다중회귀분석 : 사회적 위축과 자아존중감은 또래애착에 어떠한 영향을 미치는가?	• 단순회귀분석 : 부모의 방임은 자기조절학습에 유의한 부의 영향을 미치는 것으로 나타났다. • 다중회귀분석 : 사회적 위축과 자아존중감은 또래애착에 통계적으로 유의한 영향을 미치는 것으로 나타났다. 사회적 위축은 또래애착에 부적 영향을 미치는 반면 자아존중감은 또래애착에 정적 영향을 미쳤다.
등간척도, 비율척도 명목척도 또는 더미변수화	→	명목척도 (이항, 다항)	로지스틱 회귀분석	• 이항로지스틱 회귀분석 : 아동이 받고 후 성인 보호 유무에 영향을 미치는 배경요인은 무엇인가? • 다항로지스틱 회귀분석 : 중학생의 학습습관 유형에 영향을 미치는 결정요인은 무엇인가?	• 이항로지스틱 회귀분석 : 성인보호 유무의 이동이 학년, 모의 취업 여부, 가구소득 유무한 영향을 미치는 데 비해 이동의 성별, 형제자매 유무는 영향을 미치지 않았다. • 다항로지스틱 회귀분석 : 중학생의 학습습관 취약형에 비해 학습습관 우수형의 기능성에 영향을 미치는 변인은 친구관계와 교사관계로 밝혀졌다.

(계속)

변인		분석법	연구문제	분석 결과
매개변수 (모든 척도)	3단계 회귀분석 • 1단계 : 독립변수 와 매개변수 회귀 분석 • 2단계 : 독립변수 와 종속변수 회귀 분석 • 3단계 : 독립변수 와 매개변수가 종 속변수에 미치는 회귀분석	매개분석	부모의 방임과 학업성취도의 관계에서 자기조절 학습은 매개효과가 있는가?	아동의 자기조절학습은 부모의 방임과 학업성취도의 관계에서 매개효과를 갖는 것으로 나타났다. 또한 부분 매개효과의 유의성을 검증한 결과에서 통계량이 유의한 수준으로 나타나 자기조절학습은 부모의 방임과 자녀의 학업성취도를 부분 매개하는 것을 확인할 수 있다.
조절변수 (모든 척도)	3단계 회귀분석 상호작용항 만들기 • 1단계 : 독립변수 와 종속변수 회귀 분석 • 2단계 : 독립변수 와 조절변수가 종 속변수에 미치는 회귀분석 • 3단계 : 독립변수, 조절변수, 상호작 용항이 종속변수에 미치는 회귀분석	조절분석	청소년의 사회적 위축이 또래애착에 미치는 영향에서 자아존중감의 조절효과가 있는가?	청소년의 자아존중감은 사회적 위축과 또래애착의 관계에서 통계적으로 유의미한 조절효과가 나타났다. 자아존중감은 사회적 위축과 또래애착에 미치는 부정적인 영향을 완충시키는 것으로 나타났다.
등간척도, 비율척도	적정 군집 수는 3~6 개 범위 안에서 군집 의 특성을 명확하게 나타낼 수 있는 군집 수 연구자가 정하기	K-평균 군집분석	중학생의 학습습관은 어떻게 유형화되는가?	성취가치, 숙달목적지향성, 행동통제, 학업시간관리의 네 차원을 토대로 군집분석을 실시한 결과 학습습관이 아수준, 학습습관 일반형, 학습습관 동기형, 학습습관 취약형의 4개의 집단으로 분류되었다.

한편 측정하고자 하는 속성에 대한 다양한 항목을 리커트 척도로 질문하여 각 항목에서 얻은 값을 합한 후 평균을 구하여 사용하는 방식이 **총화평정척도**(summated rating scale)이다. 이와 같은 다항목의 리커트 척도를 이용할 때는 문항 간의 내적일관성을 확인하기 위한 신뢰도 분석을 실시해야 한다.

6 설문 구성과 자료수집

변인의 척도 수준에 따른 설문문항을 구체적으로 구성하고 자료를 수집하는 단계이다. 변인을 측정하는 척도를 새롭게 구성하고 설문문항을 만들기 위해서는 별도의 척도화 연구를 진행해야 하는 등 간단한 작업이 아니다. 따라서 대개는 타당도와 신뢰도가 높은 기존의 척도를 인용하여 설문문항을 구성하게 된다. 기존의 척도가 특정 대상을 한정하여 개발된 것이라면 본 연구의 대상에 맞도록 문항을 일부 수정하여 사용할 수 있다.

사회과학에서 각 변인 측정값의 신뢰도를 높이기 위해 단일의 문항을 사용하기보다는 복수의 문항을 사용하게 된다. 하지만 너무 많은 문항수가 응답자의 집중력을 낮추면서 오히려 전체 측정값의 신뢰도를 낮추는 원인이 되기도 한다. 따라서 조사대상자가 시간을 할애하여 성실하게 설문에 응답할 수 있도록 적절한 인센티브를 제공할 필요가 있다. 예를 들어 응답을 완료하였을 경우 소정의 선물을 지급하는 것이다. 또한 본 조사를 실시하기 전에 조사대상자들이 설문문항을 잘 이해할 수 있는지, 설문문항의 오류는 없는지 면밀하게 검토해야 한다.

자료수집은 모집단을 잘 대표할 수 있도록 확률표집과 비확률표집의 기법들을 고려한 표본 틀을 완성하여 실시하도록 한다. 자료수집의 방법은 개별 면대면, 집단, 전화, 우편, 온라인 조사 등이 있으며 각각의 장단점과 조사대상자의 특성을 함께 고려하여 선정하도록 한다. 만약 연구자와 자료수집자가 동일하지 않다면 자료수집자 대상의 설문교육이 필요하다.

7 자료분석

수집된 자료를 분석하기 위해 통계프로그램에 자료를 입력하고, 해당하는 통계분석 후 결과를 해석하게 된다. 통계프로그램은 SPSS, SAS, AMOS, STATA 등 다양하다. 이 책에서는 SPSS 프로그램을 사용한 통계분석방법과 결과 해석에 대해 다루었다. 이와 관련한 자세한 내용은 제2부와 제3부를 통해 설명할 것이다.

8 학술논문의 보고

학술논문의 구성은 학회마다 조금씩 규정이 다르므로 연구결과를 보고하는 학회 또는 기관의 보고서 작성방법을 자세하게 참고하도록 한다. 일반적인 연구논문의 목차에 따라 중요한 사항을 위주로 간략하게 소개하면 다음과 같다.

1) 서두

본문에 들어가기에 앞서 논문의 제목과 저자 및 소속, 초록을 기술한다. 논문의 제목은 연구의 주제가 포괄적이고 구체적으로 드러나도록 해야 한다. 저자가 여러 명이라면 주저자와 교신저자, 공동저자를 구분하여 적도록 한다. 초록은 10줄 내외의 분량으로 연구주제 및 연구목적을 밝히고 연구방법을 간략히 소개한 다음, 주요한 연구결과와 결론을 정리한다.

2) 서론

본문의 시작인 서론의 내용은 무엇보다 독자들로 하여금 연구의 주제에 대한 관심을 모을 수 있도록 작성한다. 즉 연구자가 이 연구주제를 선정하게 된 연구의 필요성과 문제제기를 설득력 있게 작성하고, 연구의 목적과 연구문제, 연구결과의 기대효과를 기술하도록 한다.

3) 이론적 배경

이론적 배경 부분에는 본 연구의 틀이 되는 관련 이론을 소개하고 선행연구결과를 정리한다. 관련 문헌을 고찰하고 그 내용을 체계적으로 정리하면서 본 연구의 가설을 수립하고, 선행연구와 본 연구의 차별성을 통해 본 연구의 가치를 부각시킬 수 있다.

4) 연구방법

연구방법 부분에는 본 연구에서 파악하고자 하는 변인의 척도 및 측정방법, 조사대상 및 조사기간을 소개한다. 구체적으로 변인의 설문문항이 다항목 척도일 경우 문항들의 내적일관성 정도를 분석하여 기술한다. 또한 척도의 타당도 검증방법, 조사대상의 표집 및 설문방법, 조사대상자의 일반적 특성에 대해서도 정리한다.

5) 연구결과

연구결과는 연구문제에 대한 분석 결과를 제시하는 부분으로 연구문제의 순서대로 소제목을 구성하여 분류하면서 정리하도록 한다. 각 연구문제에 대한 분석 결과를 표로 요약하여 제시하고, 독자들이 이해할 수 있도록 반드시 표에 대한 해석을 함께 기술하도록 한다. 연구가설이 채택되지 않더라도 결과를 사실 그대로 기술하고 이에 대한 이유를 선행연구결과들과 비교하며 설명한다.

6) 결론

결론 부분에서는 앞서 분석한 연구결과의 시사적인 의미를 깊이 있게 해석하고 이를 통한 정책적 제언을 정리한다. 나아가 해당 연구의 한계점과 의의를 기술하면서 향후 후속 연구에 대해 제안한다.

7) 참고문헌

본문에서 인용한 참고문헌을 정리한다. 본문에서 인용하지 않은 참고문헌은 포함시키지 않도록 주의한다. 국내와 국외 문헌을 분류하여 정리하고, 참고문헌의 출처는 독자들이 참고할 수 있도록 정확하고 완전하게 기록해야 한다.

　참고로 학술논문은 연구에서 사용한 설문지를 첨부하지 않지만, 학위논문에는 설문지를 부록으로 첨부해야 한다. 한편 연구보고서의 작성은 정확성과 가독성, 시사성이 중요하다. 세상에 발표되는 글이기 때문에 수치나 해석이 정확해야 한다. 오자가 없도록 반복 검토할 필요성이 있다. 또한 독자들이 쉽게 이해할 수 있도록 복잡한 장문이 아닌 단순하고 명료한 단문으로 작성하는 것이 좋다. 중언부언하지 않고 논리정연하게 글을 작성하고 윤문의 과정을 거쳐야 한다. 연구결과에 대한 시사적 의미 해석을 통해 학문적 기여도나 사회적 활용방안이 달라진다. 따라서 연구자는 다양한 문헌에 대한 고찰을 통해 시사적 안목을 키우고 통찰력을 바탕으로 연구의 시사점을 잘 짚어가면서 보고서를 작성하는 것이 매우 중요하다.

SPSS 통계분석 기초

SPSS 통계분석을 위한 가장 기초 단계는 조사대상자로부터 배포한 설문지의 응답값을 SPSS 프로그램에 입력하는 것이다. 데이터 코딩 작업이 끝난 후 질문 문항 중 역점화할 문항이 있는지 확인해야 한다. 즉 다항목 척도의 문항 중 나머지와 반대의 방향성으로 질문한 문항의 경우 응답 값을 역으로 바꾸는 코딩변경 작업이 필요하다.

SPSS 통계분석의 실행에서 기초통계는 빈도분석과 기술통계이다. 자료의 특성을 파악하기 위한 빈도분석과 기술통계는 모든 자료에 필수적인 통계기법이다. 특히 데이터 코딩의 작업이 제대로 되었는지를 검토하기 위해 빈도분석을 실시하도록 한다. 등간척도 이상의 척도는 기술통계를 통해 평균, 표준편차, 중앙값 등의 기초분석을 실시한다.

다음으로 다항목 척도의 문항들이 일관성 있게 측정되었는지를 확인하기 위해 신뢰도 분석을 실시하고 하위영역별 요인분석을 실행하게 된다. 또한 다항목 척도의 하위영역별 및 전체 총합의 변수계산 작업을 하게 된다.

제2장에서는 SPSS 통계분석의 기초가 되는 데이터 코딩, 코딩변경, 빈도분석과 기술통계, 신뢰도와 요인분석, 변수계산의 방법에 대해 소개하고자 한다.

04 CHAPTER

데이터 코딩

조사대상자로부터 설문지를 회수한 후 통계분석을 실행하기 위해 SPSS 프로그램에서 가장 기초적으로 수행해야 하는 작업은 원자료의 응답 값을 입력하는 것이다. 즉, 데이터 코딩(data coding) 작업이다.

SPSS의 원자료를 입력하기 위해서는 우선 자료에 대한 코딩설계가 필요하다. 코딩설계는 수집한 자료에 대한 정확한 응답값 입력을 위한 준비단계이다. 코딩설계의 원리를 설명하면 다음과 같다.

첫째, 부실한 응답값을 분석에 포함시킨다면 통계분석 결과는 오염된다. 따라서 먼저 회수한 설문지를 검토하면서 무응답이 많거나 지시사항대로 체크하지 않은 경우는 분석자료에서 제외시키도록 한다. 또한 역방향의 질문이 있는 다항목 척도임에도 불구하고 일괄적으로 같은 응답값으로 체크했다면 분석자료에 포함시키지 않는 것이 좋다. 한편 몇 개의 문항에 대해 응답하지 않았거나 지시문대로 응답하지 않은 경우는 분석자료에서 제외시키지 않고 부실한 문항에 대한 응답값만 결측치 또는 대체값으로 처리할 수 있다.

둘째, 코딩 작업의 오차가 생기지 않도록 주의를 기울여 입력해야 하며 입력 후 자료의 입력 상태를 검토하는 작업이 필요하다. 자료가 제대로 입력되었는지 다시 확인할 수 있도록 각 설문지마다 분별할 수 있는 설문지번호를 부여하도록 한다. 또한 설문지의 일련번호는 자료를 입력하면서 발생한 오류를 수정할 때 해당 설문지를 찾기 위해 반드시 필요하기 때문에 중요하다.

셋째, 보통 설문문항마다 보기 응답범주의 해당 번호대로 응답값을 입력한다. 만약 응답의 보기 번호와 다르게 부호화 작업을 거쳤다면 연구자가 이를 혼돈하지 않도록 반드시 코딩북을 작성해두어야 한다.

1 데이터 코딩 실행

데이터 코딩을 실행하는 방법을 익히기 위해 학술지에 게재된 논문의 설문지를 바탕으로 실습하고자 한다(부록 1 참조).

1) 회수한 설문지에 설문지번호를 매긴다

설문지 표지에 번호를 매길 수 있는 칸을 만들어서 이곳에 각각의 설문지에 대한 설문지번호(ID)를 매긴다(numbering).

→ 칸에 설문지번호를 매기기

중학생의 학습습관 유형에 따른 학업성취와 삶의 만족도 차이[1]

2) 코딩북을 작성한다

코딩북[2]은 설문지번호, 질문번호, 변수명, 각 설문문항에 대한 변수값 등을 포함하며, 부록 1 설문지에 대한 코딩북은 다음과 같다.

열 자리	질문번호	변수 및 항목명	입력값의 의미
1	–	설문지번호(ID)	–
2~8	문 4) 1~7번	학습습관 중 성취가치1~성취가치7	1 : 매우 그렇다. 2 : 그런 편이다. 3 : 그렇지 않은 편이다. 4 : 전혀 그렇지 않다. 9 : 결측값
9~10	문 4) 8~9번	학습습관 중 숙달목적 지향성1~숙달목적 지향성2	

(계속)

---

1. 이유리, 박은정, 이성훈(2015). 중학생의 학습습관 유형에 따른 학업성취와 삶의 만족도 차이. 학습자중심교과교육연구, 15(11), 621–641. 이 논문은 한국청소년정책연구원(www.nypi.re.kr)의 한국아동ㆍ청소년패널조사 중 중학교 3학년의 원자료를 활용하여 분석한 연구다.
2. 코딩북의 질문번호는 부록 설문지의 번호와 동일하다.

열 자리	질문번호	변수 및 항목명	입력값의 의미
11~15	문 4) 10~15번	학습습관 중 행동통제1~행동통제5	1 : 매우 그렇다. 2 : 그런 편이다. 3 : 그렇지 않은 편이다. 4 : 전혀 그렇지 않다. 9 : 결측값
16~19	문 4) 16~18번	학습습관 중 학업시간관리1~학업시간관리4	
20~24	문 5-2) 1~5번	학업성취1~학업성취5 국어, 수학, 영어, 과학, 사회	1 : 96점 이상 2 : 95~90점 3 : 89~85점 4 : 84~80점 5 : 79~75점 6 : 74~70점 7 : 69~65점 8 : 64점 이하 9 : 결측값
25~27	문 9) 1~3번	삶의 만족도1~삶의 만족도3	1 : 매우 그렇다. 2 : 그런 편이다. 3 : 그렇지 않은 편이다. 4 : 전혀 그렇지 않다. 9 : 결측값
28	문 18)	성별	1 : 남 2 : 여
29	문 19)	학교지역	1 : 서울 2 : 경기 및 인천 3 : 그 외 지역 9 : 결측값
30~31	문 22) 2번	부모의 학력	1 : 중졸 이하 2 : 고졸 3 : 전문대 졸 4 : 대졸 5 : 대학원 졸 9 : 결측값
32~33	문 22) 4번	부모의 직업	1 : 관리자 2 : 전문가 및 관련종사자 3 : 사무종사자 4 : 서비스종사자 5 : 판매종사자 6 : 농림어업 숙련종사자 7 : 기능원 및 관련기능종사자 8 : 장치/기계조작 및 조립종사자 9 : 단순노무 종사자 10 : 군인 99 : 결측값

(계속)

열 자리	질문번호	변수 및 항목명	입력값의 의미
34	문 24)	가구연간소득 개방형 질문	만 원 9 : 결측값

　　결측치에 대해 어떤 값을 입력할 것인지를 정하고 코딩북에 함께 기록하도록 한다. 일반적으로 응답범주의 보기항목에 없는 '9'를 **결측값**으로 입력한다. 하지만 만약 응답범주에 '9'라는 보기번호가 있거나 연령과 같이 '9' 값이 나올 수 있는 질문 문항에 대해서는 '999'와 같이 나올 수 없는 다른 값을 입력하도록 한다. 한편 결측치를 임의의 숫자로 표시하지 않고 평균값으로 대체하는 방법이 있다.

3) 코딩을 시작한다

SPSS 프로그램을 열어서 각 케이스별 설문지번호부터 문항 순서대로 응답값을 입력하면 된다. 엑셀 프로그램에 데이터를 입력하고 SPSS 프로그램에서 불러오는 방법도 있지만, 여기에서는 SPSS에 직접 데이터를 입력하는 방법을 알아보기로 한다.

(1) SPSS 프로그램을 열면 다음과 같은 화면이 나온다

화면의 맨 아래 부분에 '데이터 보기'와 '변수 보기'의 두 가지 시트가 있다. '변수 보기' 시트에는 이름, 유형, 레이블, 값, 결측값 등이 나온다.

A **이름**은 '데이터 보기'의 세로 열에 입력하는 값의 이름에 해당한다. 즉 설문지 일련번호, 설문문항의 변수명(예 : 성취가치1~성취가치7)을 입력한다. 변수명을 입력할 때 주의할 점은 아라비아 숫자로 시작하지 말고 로마 문자나 알파벳 또는 한글로 시작해야 한다는 것이다. 또한 띄어쓰기 공백을 두거나 밑줄(_)과 마침표(.)를 제외한 특수문자(*, &, −, 콤마)를 삽입하면 "변수명에 잘못된 문자가 있습니다"라는 문구가 뜬다. 이러한 점을 주의하면서 식별하기 쉬운 변수명을 정하도록 한다.

B **레이블**은 각 변수명에 대한 간단한 설명을 적을 수 있다. 예를 들어, 이름 칸에 '성취가치1'이라는 변수명을 입력한 후 레이블 칸에는 문항의 내용인 "학교공부는 나에게 중요한 의미 지님"이라는 내용을 입력한다. 레이블 칸에서는 띄어쓰기가 가능하다. 만약 레이블에 내용을 입력하지 않으면 분석 결과에 변수명에 해당하는 제목만 기록되고 레이블에 내용을 입력하면 분석 결과에 변수명과 레이블 내용이 함께 제목으로 기록된다.

C **값**은 각 변수에 입력한 값의 실제 설명이다. 예를 들어 '성취가치1'의 경우 입력된 '1~4'까지 숫자가 어떤 의미인지 기록하고 싶다면 값 칸에 들어가서 이에 해당하는 '매우 그렇다'(1점)부터 '전혀 그렇지 않다'(4점)까지의 의미를 문자로 작성하면 된다.

D **결측값**은 각 변수의 결측값을 지정하여 SPSS 프로그램이 결측값을 인식하게 한다. 예를 들어 '성취가치1'의 응답자료 중 무응답한 경우를 '9'로 코딩한 경우, 결측값 칸을 클릭한 후 '이산형 결측값'을 선택한다. 이산형 결측값에서는 3개의 다른 결측값을 입력할 수 있는데, '성취가치1'의 결측값을 '9'로 코딩하였기 때문에 '9'를 결측값으로 지정한다.

| 실제로 값을 지정해주는 방법 |

'성취가치1'의 값 칸에 가서 마우스를 클릭하면 아래와 같이 **값 레이블**에 대한 화면이 나온다. 앞서 성취가치
는 '매우 그렇다'(1점)부터 '전혀 그렇지 않다'(4점)까지의 4점 리커트 척도인 것을 기억하자.

　'기준값 : 1, 레이블 : 매우 그렇다'를 입력한 후 추가를 누른다. 다음으로 '기준값 : 2, 레이블 : 그런 편이다'
입력 후 추가를 누른다. 동일한 방법으로 4까지 변수값에 대한 레이블을 입력한 후 확인을 클릭하면 된다.

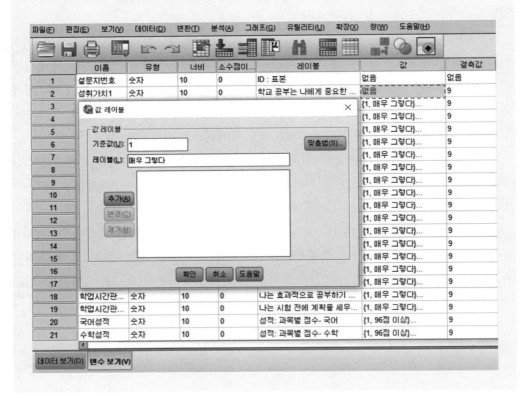

(2) SPSS의 '데이터 보기'를 클릭한다

'데이터 보기'에서는 설문지번호 순서대로 한 행씩 설문문항의 지정된 칸에 응답값을 입력한다.

	설문지번호	성취가치1	성취가치2	성취가치3	성취가치4	성취가치5	성취가치6	성취가치7
1	14201	2	3	3	3	3	3	3
2	14204	2	2	2	2	2	2	2
3	14206	1	1	1	1	1	1	1
4	14207	2	2	2	2	2	2	2
5	14208	2	2	2	2	1	2	2
6	14209	1	1	2	1	1	2	2
7	14211	3	2	2	2	2	3	3
8	14213	2	2	2	1	1	1	2
9	14301	2	2	2	1	2	1	3
10	14305	2	2	2	2	2	2	2
11	14306	3	3	3	3	2	2	2
12	14308	2	2	2	3	2	3	3
13	14309	2	1	2	1	1	2	4
14	14313	1	1	1	1	2	1	2
15	14314	3	3	3	3	1	1	1
16	14318	2	1	2	1	2	1	2
17	14320	1	1	1	1	2	2	2
18	14322	2	2	2	2	2	3	2
19	14323	3	1	1	1	2	1	1

데이터 보기(D) | 변수 보기(V)

4) 코딩을 검토한다

코딩작업이 끝난 후 자료에 대한 입력이 제대로 되었는지 확인할 필요가 있다. 사람이 하는 작업이다 보니 간혹 실수가 발생할 수 있다. 빈도분석을 이용하면 **결측값** 외에 유효하지 않은 숫자가 입력되었는지를 손쉽게 확인할 수 있다. 다음에서는 빈도분석을 실행하여 코딩을 검토하는 방법을 알아본다.

(1) 빈도분석을 실시한다

코딩작업이 끝난 후 자료에 대한 입력이 제대로 되었는지 확인하기 위해서는 반드시 빈도분석을 실시하여 입력에 대한 오류를 찾아야 한다. 이때 모든 설문문항에 대한 빈도분석을 실시하여 코딩작업을 확인한다. 들어가는 경로는 다음과 같다.

> 분석 – 기술통계량 – 빈도분석

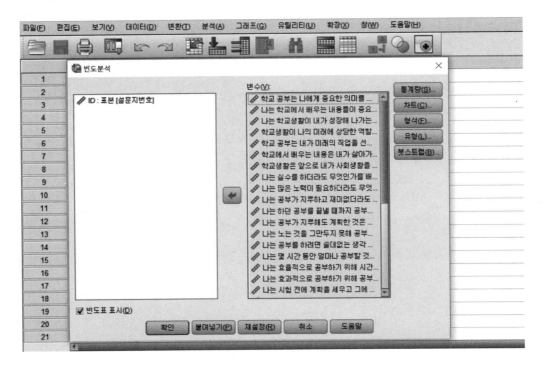

Ⓐ 빈도분석

왼쪽 부분에서 설문지번호를 제외한 모든 문항을 오른쪽 변수로 이동시킨다. 이후 확인을 누르면 분석 결과가 나온다.

(2) 입력 오류가 나타난 변수에 대해 적어놓는다

앞서 빈도분석 결과에서 입력 오류가 나타난 변수에 대해 적어야 한다. 이는 입력 오류를 찾아 수정해야 하기 때문이다. 여기서는 '성취가치1'의 변수에 대해서만 살펴보고자 한다. 빈도분석 결과 성취가치1에서 입력 오류가 나타났다면 표 4.1과 같이 적어 놓는다. 이후 성취가치1에 대한 입력 오류를 찾아 수정해야 한다.

'성취가치'은 '매우 그렇다'(1점)부터 '전혀 그렇지 않다'(4점)까지의 4점 리커트 척도로 구성되어 있는데 빈도분석 결과, 다음과 같이 다른 변수값이 나온 것은 오류에 해당된다. 즉, 성취가치1의 빈도분석 결과표에 '7'이라는 숫자가 2개 입력되어 있다.

표 4.1 성취가치1_학교 공부는 나에게 중요한 의미를 지님

		빈도	퍼센트	유효퍼센트	누적퍼센트
유효	매우 그렇다	433	19.2	19.2	19.2
	그런 편이다	1216	54.0	54.0	73.3
	그렇지 않은 편이다	519	23.1	54.0	96.4
	전혀 그렇지 않다	80	3.6	3.6	99.9
	7	2	.1	.1	100.0
	합계	2250	100.0	100.0	

(3) 입력 오류를 찾아 수정한다

코딩을 검토하기 위해 빈도분석을 실시한 결과 표 4.1과 같이 성취가치1에 대한 입력 오류를 찾았다면 이를 수정해야 한다. '데이터 보기'에서 성취가치1에 '7' 값으로 입력된 설문지의 일련번호를 찾아 해당하는 설문지를 다시 확인하여 오류를 수정하도록 한다. 다음과 같이 SPSS의 편집>찾기의 기능을 활용하면 편리하다.

파일(F)	편집(E)	보기(V)	데이터(D)	변환(T)	분석(A)	그래프(G)	유틸리티(U)	확장(X)	창(W)	도움말(H)

	실행 취소(U)	Ctrl+Z				
1: 성취가	다시 실행(Y)	Ctrl+Y				
	잘라내기(T)	Ctrl+X	성취가치2	성취가치3	성취가치4	성취가치5
	복사(C)	Ctrl+C				
1	변수 이름으로 복사(Y)		3	3	3	3
2	변수 레이블로 복사(L)		2	2	2	2
3	붙여넣기(P)	Ctrl+V	1	1	1	1
4	변수 붙여넣기(V)...		2	2	2	2
5	변수 이름으로 붙여넣기(B)		2	2	2	1
6			1	2	1	1
7	지우기(E)	삭제	2	2	2	2
8	변수 삽입(A)		2	2	1	1
9	케이스 삽입(I)		2	2	1	2
10	데이터 파일 검색		2	2	2	2
11			3	3	3	2
12	찾기(F)...	Ctrl+F	2	2	3	2
13	다음 찾기(X)	F3	1	2	1	1
14	바꾸기(R)...	Ctrl+H	1	1	1	2
15	케이스로 이동(S)...		3	3	3	1
16	변수로 이동(G)...		1	2	1	2
17	대체로 이동(M)...		1	1	1	2
18	옵션(N)...		2	2	2	2
19			1	1	1	2

데이터 보기(D) 변수 보기(V)

　　다른 방법으로는 데이터 보기로 들어가서 해당하는 변수인 성취가치1을 마우스로 클릭한
후 Ctrl+F를 누른다. 이는 앞서 편집>찾기를 클릭한 결과와 동일하게 나온다.

　　찾기 및 바꾸기-데이터 보기의 부분에서 찾기의 칸에 잘못된 숫자 7을 입력한 후 다음 찾
기를 누른다.

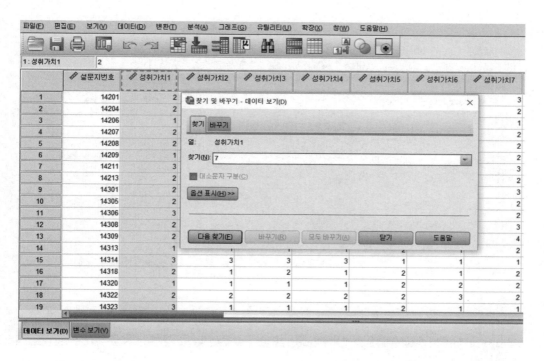

이후 성취가치1의 잘못 입력된 숫자(7) 칸을 찾게 되고, 해당하는 설문지번호를 알아낼 수 있다. 설문지번호를 알아냈다면, 직접 회수한 설문지와 대조하여 잘못 입력된 부분을 바로잡아야 한다. 이때 해당 칸에 마우스를 두 번 클릭한 후 수정할 변수값을 입력하면 된다. 코딩을 검토하는 과정에서 잘못된 변수값을 모두 바로 잡았다면 마지막으로 저장하기를 누르면 된다.

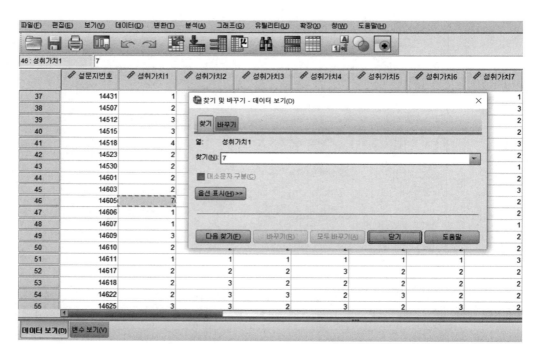

코딩변경

통계분석에서 입력한 원자료를 재부호화하는 코딩변경 작업은 빈번하게 일어나게 된다. 설문지에서는 개방형[1]으로 질문하였으나, 필요에 따라서 범주화하여 코딩해야 할 경우가 있다. 예를 들어 "귀하의 연령은 몇 세인가요?", "귀하의 소득은 얼마입니까?", "귀하의 거주지는 어디인가요?" 등으로 설문문항을 개방형으로 질문한 경우이다. 연령의 경우 25세, 29세, 33세, 38세, 45세 등과 같이 응답한 값을 20대, 30대, 40대 등의 연령대로 범주화하고자 할 때, 코딩변경 작업이 필요하다.

또한 여러 보기항목이 있는 폐쇄형[2]으로 질문하였으나, 재범주화할 필요가 있는 경우도 발생한다. 예를 들어 거주지를 각 동으로 구분하여 보기항목을 만들었으나, 인접한 동끼리 하나의 범주로 묶고자 할 경우이다. 이러한 필요는 원래 분류했던 보기항목에 해당하는 빈도수가 상대적으로 적을 때도 발생한다.

한편 다항목 척도의 문항 중 역방향으로 질문한 항목은 하나의 변수로 합산할 때 반드시 역점화시켜주어야 한다. 예를 들어 자아존중감을 파악하고자 질문한 10개의 항목 중 "나에게는 자랑스러워할 만한 것이 별로 없다고 느낀다"라는 항목은 나머지 문항들과 달리 점수가 높을수록 자아존중감이 낮은 방향성이다. 따라서 이 항목은 역점화하는 코딩변경을 실시한 다음 10개의 항목을 전체 합산하는 변수계산을 해야 한다.

---

1. **개방형 질문**은 질문에 대한 보기 문항을 제공하지 않고, 응답자가 질문에 대한 답을 자유롭게 작성할 수 있도록 구성되어 있는 것을 말한다.
2. **폐쇄형 질문**은 질문에 대한 보기 문항을 제공하여 응답자가 질문에 대한 답을 항목들 가운데 선택할 수 있도록 구성되어 있는 것을 말한다.

1 코딩변경 실행

1) 역점화 코딩변경

코딩변경 중 역점화하는 방법에 대해 자아존중감의 설문문항[3]을 통해 살펴보고자 한다.

> 자아존중감의 문항(총 10문항 – 4점 리커트 척도)은 다음과 같다.
>
> 1. 나는 나에게 만족한다(R[4]).
> 2. 때때로 나는 내가 어디에도 소용없는 사람이라고 생각한다.
> 3. 나는 내가 장점이 많다고 느낀다(R).
> 4. 나는 남들만큼의 일은 할 수 있다(R).
> 5. 나는 내가 자랑스러워할 만한 것이 별로 없다고 느낀다.
> 6. 때때로 나는 내가 쓸모없는 존재로 느낀다.
> 7. 나는 내가 적어도 다른 사람만큼 가치 있는 사람이다(R).
> 8. 나는 나를 좀 더 존중할 수 있었으면 좋겠다.
> 9. 나는 내가 실패자라고 느끼는 경향이 있다.
> 10. 나는 나에 대해 긍정적인 태도를 지니고 있다(R).

위의 자아존중감 설문문항을 보면, 긍정적 자아존중감(5문항)과 부정적 자아존중감(5문항)으로 구성되어 있다. 긍정적 자아존중감의 경우에 4개의 응답범주가 '전혀 그렇지 않다'(1점)부터 '매우 그렇다'(4점)까지 찬성 정도에 따라 높은 점수를 부여해야 한다. 하지만 긍정적 자아존중감의 원자료에는 긍정적 질문에 대해 역순으로 되어 있다. 따라서 긍정적 자아존중감의 각 문항(1번, 3번, 4번, 7번, 10번)에 대해 역점화 작업이 필요하다.

(1) 변수 역점화를 새로운 변수로 코딩변경

변수를 역점화시키기 위해 다음과 같은 경로로 들어간다.

변환 – 다른 변수로 코딩변경

---

3. 자아존중감은 한국청소년정책연구원(www.nypi.re.kr)의 한국 아동 · 청소년패널 조사(KCYPS) 원자료 중 하나로 부록의 설문지 문 6)에 있다.

4. 역문항

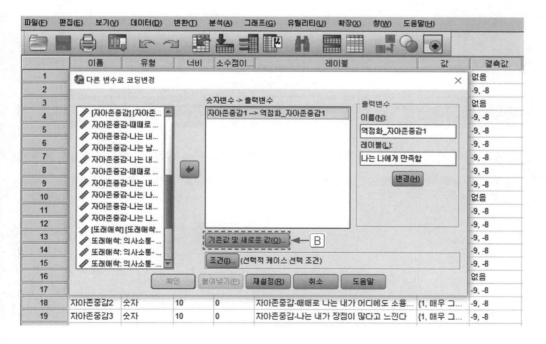

A 다른 변수로 코딩변경

왼쪽에서 역점화시킬 변수(자아존중감1)를 찾아 우측(숫자변수 → 출력변수)으로 이동시킨다.

출력변수 부분에서 이름에 새로운 변수명(역점화_자아존중감1)을, 레이블에 설명(나는 나에게 만족함)을 입력한 후 변경을 클릭한다. 이후 기존값 및 새로운 값을 클릭한다.

B 기존값 및 새로운 값

앞서 자아존중감1을 1 → 4, 2 → 3, 3 → 2, 4 → 1로 역점화시켜야 하는 것을 확인했다. 따라서 왼쪽의 기존값에 1을 입력하고, 오른쪽의 새로운 값에 4를 입력한 후 추가를 누른다. 또한 2의 기존값을 3의 새로운 값으로 추가, 3의 기존값을 2의 새로운 값으로 추가, 4의 기존값을 1의 새로운 값으로 추가한 후 하단의 계속 버튼을 클릭한다. 이후 확인을 클릭하면 역점화된 자아존중감1의 새로운 변수가 완성된다.

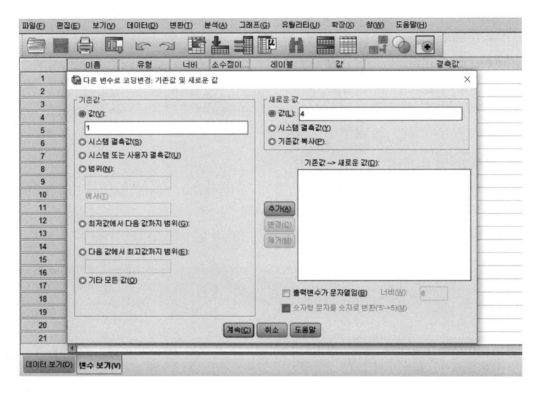

위와 같이 자아존중감에 대한 변수를 역점화시킨 경우 이에 대한 설명을 논문에 구체적으로 제시해야 한다. 일반적으로 논문에서는 연구방법 중 측정도구 부분에서 설명한다.

Ⅲ. 연구방법[5]

2. 측정도구

가. 자아존중감

자아존중감은 한국청소년정책연구원에서 Rosenberg(1965)의 척도를 번안하여 고려대학교 부설 행동과학연구소(2000)에서 사용한 총 10문항이다. 자아존중감은 긍정적 자아존중감(5문항)과 부정적 자아존중감(5문항)으로 구성되어 있다. 긍정적 자아존중감으로는 "나는 나에게 만족한다", "나는 내가 장점이 많다고 느낀다", "나는 남들만큼의 일을 할 수 있다", "나는 내가 적어도 다른 사람만큼 가치가 있는 사람이라고 느낀다", "나는 나에 대해 긍정적인 태도를 지니고 있다"로 모든 문항을 역채점하였고, 각 문항에 대해 '전혀 그렇지 않다'(1점)부터 '매우 그렇다'(4점)까지의 4점 리커트 척도로, 점수가 높을수록 긍정적 자아존중감이 높은 것을 의미한다. 부정적 자아존중감으로는 "때때로 나는 내가 어디에도 소용없는 사람이라고 생각한다", "나는 내가 자랑스러워할 만한 것이 별로 없다고 느낀다", "때때로 나는 내가 쓸모없는 존재로 느낀다", "나는 나를 좀 더 존중할 수 있었으면 한다", "나는 내가 실패자라고 느끼는 경향이 있다"로 각 문항에 대해 '매우 그렇다'(1점)부터 전혀 '그렇지 않다'(4점)까지의 4점 리커트 척도이고, 점수가 낮을수록 부정적 자존감이 높은 것을 말한다.

지금까지 코딩변경 중 다른 변수로 코딩변경을 배웠다면, 이번에는 **같은 변수로 코딩변경**에 대해 알아보고자 한다. 앞에서 변수를 역점화할 경우, 다른 변수로 코딩을 변경해서 새로운 변수로 만들었다. 변수에 대한 역점화는 같은 변수로 코딩변경에서도 할 수 있다.

같은 변수로 코딩변경을 할 경우, 다른 새로운 변수가 하나 생성되는 것이 아니라 기존의 변수 자리에서 변수값을 역점화하여 덮어쓰기 한다는 차이점이 있다.

(2) 변수 역점화를 같은 변수로 코딩변경

변수에 대한 역점화를 같은 변수로 코딩변경하기 위해 다음과 같은 경로로 들어간다.

> **변환 - 같은 변수로 코딩변경**

5. 박은정, 이유리, 이성훈(2018). 청소년의 사회적 위축이 또래애착에 미치는 영향 : 자아존중감의 조절효과에 대한 학교급의 차이. 학습자중심교과교육연구, 18(2), 31-55.

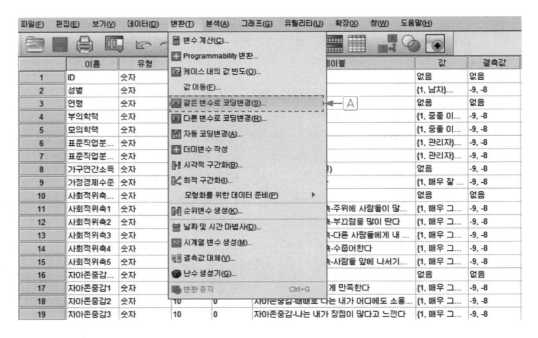

A 같은 변수로 코딩변경

왼쪽에서 역점화시킬 변수(자아존중감1)를 찾아 우측(숫자변수 : 자아존중감1)으로 이동시킨다. 이후 기존값 및 새로운 값을 클릭한다.

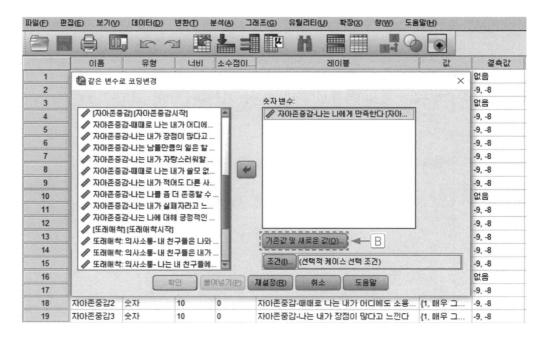

B 기존값 및 새로운 값

앞서 자아존중감1을 1 → 4, 2 → 3, 3 → 2, 4 → 1로 역점화시켜야 하는 것을 확인했다. 따라서 왼쪽의 기존값에 1을 입력하고, 오른쪽의 새로운 값에 4를 입력한 후 추가를 누른다. 또한 2의 기존값을 3의 새로운 값으로 추가, 3의 기존값을 2의 새로운 값으로 추가, 4의 기존값을 1의 새로운 값으로 추가한 후 하단의 계속 버튼을 클릭한다. 이후 확인을 클릭하면 자아존중감1에 대한 변수값이 역점화된다.

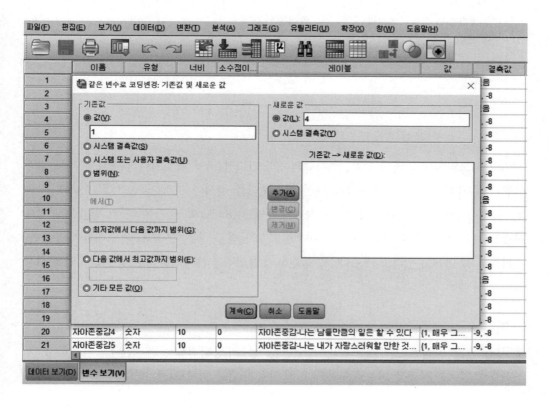

참고 🖉

변수에 대해 역점화를 할 경우, '다른 변수로 코딩변경'으로 실행하는 것을 추천한다. 코딩을 변경할 때 조작 미숙으로 실수를 범할 수 있는데, 같은 변수로 코딩변경은 원자료에 덮어쓰기가 되면서 원자료를 복구하기 어렵기 때문이다.

2) 범주화 코딩변경

설문문항 중 폐쇄형 질문의 보기항목을 재범주화하거나 개방형 질문의 응답을 범주화하는 코딩변경 방법을 살펴보고자 한다.

폐쇄형 설문지 중 부모님의 학력을 묻는 문항이다.

1. 부친의 최종학력은?
   ① 중졸 이하   ② 고졸   ③ 전문대 졸
   ④ 대졸   ⑤ 대학원 졸

2. 모친의 최종학력은?
   ① 중졸 이하   ② 고졸   ③ 전문대 졸
   ④ 대졸   ⑤ 대학원 졸

위의 부모의 최종학력의 경우, 원자료의 응답범주가 다섯 가지이며 원자료 그대로 입력하였다. 그러나 부친의 최종학력에 대한 빈도분석을 실시한 결과, 중졸 이하(1.6%), 고졸(41.5%), 전문대 졸(11.7%), 대졸(36.3%), 대학원 졸(8.9%)로 '중졸 이하'의 빈도수가 상대적으로 적은 것을 알 수 있다. 응답범주의 빈도수가 적은 경우, 분석 결과에 대한 내용을 일반화하는 데 한계가 있다. 따라서 학력에 대한 응답범주를 재정리하는 코딩변경 작업을 실시하는 것이 좋다.

(1) 폐쇄형 질문의 보기항목을 새로운 변수로 코딩변경

부친의 학력에서 중졸 이하와 고졸의 두 집단을 하나의 응답범주로 변경한다고 가정하자.
학력의 변수를 새로운 변수로 만들기 위해 다음과 같은 경로로 들어간다.

변환 – 다른 변수로 코딩변경

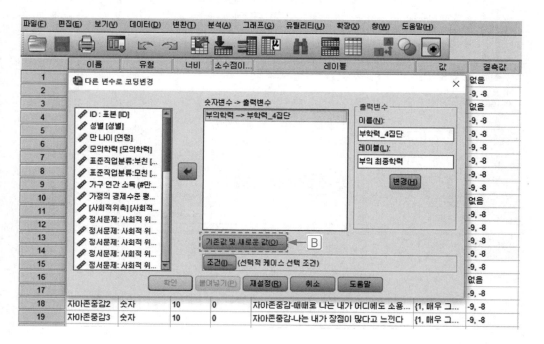

Ⓐ 다른 변수로 코딩변경

왼쪽에서 응답범주를 다시 정리할 변수(부의 학력)를 찾아 우측(숫자변수 → 출력변수)으로 이동시킨다. 출력변수 부분에서 이름에 새로운 변수명(부학력_4집단)을, 레이블에 설명(부의 최종학력)을 입력한 후 변경을 클릭한다. 이후 기존값 및 새로운 값을 클릭한다.

B 기존값 및 새로운 값

원자료에서 부의 학력은 5개의 응답범주(① 중졸 이하, ② 고졸, ③ 전문대졸, ④ 대졸, ⑤ 대학원졸)로 구성되어 있다. 따라서 부의 학력을 4개의 범주[고졸 이하(①~②), 초대졸 ③, 대졸 ④, 대학원졸 ⑤]로 코딩변경을 하고자 한다.

왼쪽의 기존값에서 범위 부분을 클릭하여 변수값의 범위를 지정해야 한다. 즉, 범위의 2개의 빈칸에 변수값을 입력하면 된다. 여기서는 각각의 빈칸에 1과 2를 그림과 같이 입력한 후 오른쪽의 새로운 값에 새로운 변수값인 1을 입력한 후 추가를 클릭하면 된다. 다음으로 기존값을 클릭하여 '3'을 입력한 후 오른쪽의 새로운 값의 값 칸에 2를 입력한 후 추가를 클릭한다. 또한 4의 기존값을 3의 새로운 값으로 추가, 5의 기존값을 4의 새로운 값으로 추가한 후 아래에 있는 계속 버튼을 클릭한다. 마지막으로 확인을 클릭하면 부의 학력에 대한 응답범주가 5개에서 4개로 구성된 새로운 변수가 만들어진다.

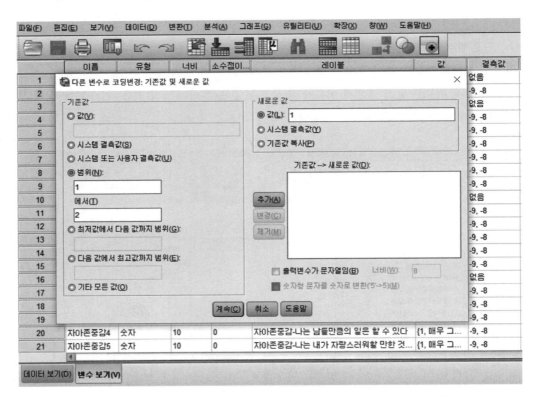

이번에는 응답범주가 지정되어 있지 않은 개방형 질문을 한 경우에 새로운 변수로 코딩을 변경하는 방법을 알아보자.

개방형 설문지 중 연령을 묻는 문항이다.

1. 귀하의 연령은 만으로 몇 세인가요? (만   세)

---

(2) 개방형 질문을 새로운 변수로 코딩변경

위의 질문을 보면, "귀하의 연령은 만으로 몇 세인가요?"에 대해 응답자가 자유롭게 작성하도록 되어 있다. 원자료의 연령(예 : 21, 23, 25, 27, 34, 38, 44, 49, 50, 51세…)을 네 가지의 연령대(20대, 30대, 40대, 50대 이상)의 범주로 재정리하여 새로운 변수로 만든다고 가정하자.

연령의 변수를 새로운 변수로 만들기 위해 다음과 같은 경로로 들어간다.

변환 – 다른 변수로 코딩변경

파일(F)	편집(E)	보기(V)	데이터(D)	변환(T)	분석(A)	그래프(G)	유틸리티(U)	확장(X)	창(W)	도움말(H)

변수 계산(C)...
Programmability 변환...
케이스 내의 값 빈도(O)...
값 이동(F)...
같은 변수로 코딩변경(S)...
다른 변수로 코딩변경(R)...   ← A
자동 코딩변경(A)...
더미변수 작성
시각적 구간화(B)...
최적 구간화(I)...
모형화를 위한 데이터 준비(P) ▶
순위변수 생성(K)...
날짜 및 시간 마법사(D)...
시계열 변수 생성(M)...
결측값 대체(V)...
난수 생성기(G)...
변환 중지   Ctrl+G

	이름	유형					이블	값	결측값
1	ID	숫자						없음	없음
2	성별	숫자						{1, 남자}...	-9, -8
3	연령	숫자						없음	없음
4	부의학력	숫자						{1, 중졸 이...	-9, -8
5	모의학력	숫자						{1, 중졸 이...	-9, -8
6	표준직업분...	숫자						{1, 관리자}...	-9, -8
7	표준직업분...	숫자					)	{1, 관리자}...	-9, -8
8	가구연간소득	숫자						없음	-9, -8
9	가정경제수준	숫자						{1, 매우 잘...	-9, -8
10	사회적위축	숫자						없음	없음
11	사회적위축1	숫자					축-주위에 사람들이 많...	{1, 매우 그...	-9, -8
12	사회적위축2	숫자					축-부끄럼을 많이 탄다	{1, 매우 그...	-9, -8
13	사회적위축3	숫자					축-다른 사람들에게 내...	{1, 매우 그...	-9, -8
14	사회적위축4	숫자					축-수줍어한다	{1, 매우 그...	-9, -8
15	사회적위축5	숫자					축-사람들 앞에 나서기...	{1, 매우 그...	-9, -8
16	자아존중감...	숫자						없음	없음
17	자아존중감1	숫자					게 만족한다	{1, 매우 그...	-9, -8
18	자아존중감2	숫자	10	0		자아존중감-때때로 나는 내가 어디에도 소용...	{1, 매우 그...	-9, -8
19	자아존중감3	숫자	10	0		자아존중감-나는 내가 장점이 많다고 느낀다	{1, 매우 그...	-9, -8

A 다른 변수로 코딩변경

왼쪽에서 응답범주를 다시 정리할 변수(연령)를 찾아 우측(숫자변수 → 출력변수)으로 이동시킨다. 출력변수 부분에서 이름에 새로운 변수명(연령 구분)을, 레이블에 설명(4집단)을 입력한 후 변경을 클릭한다. 이후 기존값 및 새로운 값을 클릭한다.

B 기존값 및 새로운 값

연령을 ① 20대, ② 30대, ③ 40대, ④ 50대 이상으로 코딩변경한다.

   왼쪽의 기존값에서 범위 부분을 클릭하여 변수값의 범위를 지정해야 한다. 즉, **범위의 2개**
의 빈칸에 변수값을 삽입하면 된다. 여기서는 빈칸 각각에 20과 29를 입력한 후 오른쪽의 새
로운 값 부분에 기존값 1을 입력한 후 추가를 클릭하면 된다. 또다시 범위의 빈칸 각각에 30
과 39를 입력한 후 오른쪽의 새로운 값의 기존값에 2를 입력한 후 추가를 클릭한다. 그리고
범위의 빈칸 각각에 40과 49를 입력한 후 오른쪽의 새로운 기존값에 3을 입력한 후 추가를
클릭한다.

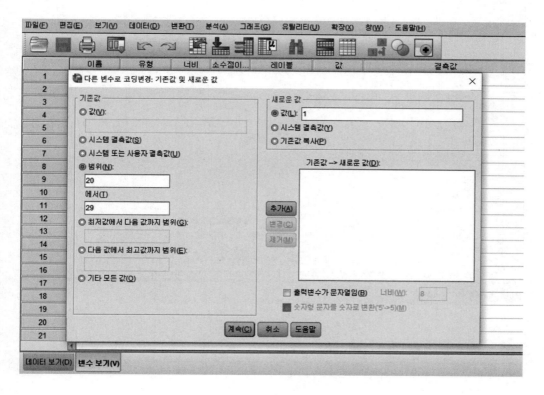

마지막으로 나머지 연령을 50대 이상으로 지정하는 방법이다.

왼쪽의 기존값에서 다음 값에서 최고값까지 범위 부분을 클릭한 후 본인이 지정한 값인 50을 입력한 후 오른쪽의 새로운 값에 4를 입력한 후 추가를 클릭하면, 50세 이상부터 최고값까지가 하나의 범위로 지정된다.

이후 계속을 누르고, 확인을 클릭하면 연령에 대한 새로운 변수가 생성된다.

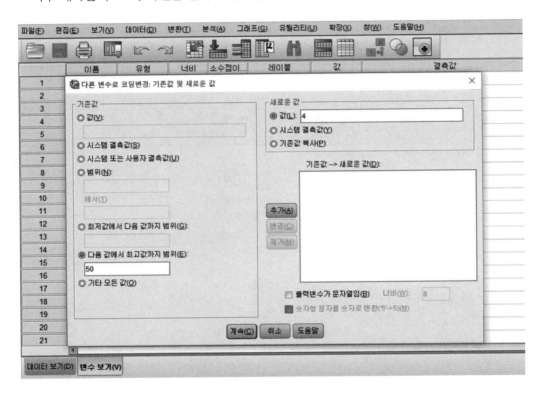

꼭 기억할 사항

코딩변경을 배웠다면 이번 장에서 꼭 기억할 사항에 대해 정리하기로 한다. 즉, 다른 변수로 코딩변경 또는 같은 변수로 코딩변경을 들어가면 **기존값 및 새로운 값**에 대한 창이 나온다. 이 부분에 대해 확실히 알아두면 코딩변경을 정확히 할 수 있다.

■ 기존값 및 새로운 값에 대한 용어 정리

기존값	내용
값	변수의 기존값을 입력하는 곳이다. 이때, 기존값은 하나만 입력해야 한다.
시스템-결측값	원자료에 입력된 값이 없는 것을 말한다.
시스템 또는 사용자 결측값	시스템 결측값뿐만 아니라 연구자가 무응답으로 답한 결측치를 지정한 값(가령 9로 지정)이 모두 포함된다.
범위	변수에 대한 변수값의 범위를 지정해준다. 예를 들어, 연령을 20~29세까지로 지정하여 20대로 만들고자 한다면 범위의 2개의 빈칸에 각각 20, 29를 입력하면 된다.
최저값에서 다음 값까지 범위	변수값을 최저값에서 다음 값까지 범위로 지정해준다. 가령, 원자료에서 연령을 20세 이하의 하나의 범주로 묶고 싶다면, 20을 입력하면 최저값부터 20세까지를 하나의 범주로 만들어준다.
다음 값에서 최고값까지 범위	변수값을 다음 값에서 최고값까지 범위로 지정해준다. 50세 이상의 연령을 하나로 범주로 묶고 싶다면, 50을 입력하면 50세부터 최고값까지를 하나의 범주로 만들어준다.
기타 모든 값	변수에 대한 변수값을 지정하지 않은 기타 모든 값이다.
새로운 값	내용
기준값	새로 바뀌는 변수값을 입력한다. 이때, 숫자 1개만 입력한다.
시스템-결측값	기존값에서 지정한 변수값을 시스템-결측값으로 지정해준다.
기존값 복사	기존값에서 지정한 변수값을 복사해서 기존값을 그대로 사용하는 것이다(단, 기존값 복사 기능은 '같은 변수로 코딩변경'에는 없다).

빈도분석

빈도분석은 자료가 어떠한 특성을 가지고 있는지를 파악할 때 이용한다. 빈도분석의 결과는 기본적으로 빈도와 백분율로 표시되는 도수표로 표시된다. 또한 평균, 중앙값, 최빈값과 같은 중심경향과 최소값, 최대값, 범위, 분산, 표준편차와 같은 산포 등의 도수분포도를 함께 파악할 수 있다.

실제적으로 빈도분석은 설문지 조사를 실시한 후 조사대상자에 대한 기본적인 정보를 살펴볼 때 실시한다. 일반적으로 논문작성에서는 '조사대상자의 일반적인 특성', '분석대상자의 인구사회학적 특성'이라는 표 작성을 통해 제시되고 있다.

가령, 설문조사에 응답한 인구사회학적 특성인 성별(남성, 여성), 연령(20대, 30대, 40대, 50대 이상), 학력(고졸, 초대졸, 대졸 이상) 등 분석대상자의 정보를 파악할 수 있다. 즉 설문응답자의 전체 인원수 중 남성과 여성이 각각 차지하는 인원수(N)와 퍼센트(%)를 제시할 수 있다.

1 빈도분석 방법

빈도분석을 실행하는 방법을 알아보기 위해 다음의 연구문제를 예로 들어 살펴본다.

[연구문제]
분석대상자의 인구사회학적 특성은 어떠한가?

빈도분석은 조사대상자의 기본적인 정보를 살펴볼 때 실시한다. 위의 연구문제에서 분석대상자의 인구사회학적 특성 변수는 청소년의 성별, 청소년의 학교지역, 부모의 학력, 부모의 직업, 가구연간소득이다. 이 중 가구연간소득을 제외한 청소년의 성별 및 학교지역, 부모의 학력 및 직업을 살펴보기 위해 다음과 같은 경로로 들어간다.

분석 – 기술통계량 – 빈도분석

A 빈도분석

왼쪽 부분에서 빈도분석을 실행할 변수들(성별, 청소년 학교지역, 부모의 학력, 부모의 직업)
을 오른쪽 변수로 이동시킨 후 확인을 누르면 분석 결과가 나온다.

2 빈도분석 결과 해석

빈도분석을 실행했다면, 분석 결과를 보는 방법에 대해 살펴보고자 한다. 분석을 실행하고
나면, 통계량과 각 변수에 대한 빈도표의 출력물이 나온다.

1) 통계량의 출력물

통계량 표는 빈도분석 실행을 위해 투입된 모든 변수들에 대한 유효 수와 결측치를 한꺼번에
보여준다. 성별과 학교지역은 유효 수가 2,250개이고, 결측치가 없다는 것을 의미한다. 부의
직업의 경우 유효 수가 2,013개, 결측치가 237개 있으며, 모의 직업의 경우에는 유효 수와
결측치가 각각 2,036개, 214개를 나타낸다.

통계량

		성별	학교지역	부의 직업	모의 직업
N	유효	2250	2250	2013	2036
	결측	0	0	237	214

2) 각 변인별 빈도표의 출력물

변수의 각 범주 집단, 빈도(N), 퍼센트(%), 유효퍼센트, 누적퍼센트가 나와 있다. 퍼센트는 결측치를 포함한 것이며, 유효퍼센트는 결측치를 제외한 퍼센트이다. 따라서 결측치가 없는 경우 퍼센트와 유효퍼센트가 동일하지만, 결측치가 있는 경우에는 퍼센트와 유효퍼센트가 다름을 유념해야 한다.

성별

		빈도	퍼센트	유효퍼센트	누적퍼센트
유효	남학생	1134	50.4	50.4	50.4
	여학생	1116	49.6	49.6	100.0
	합계	2250	100.0	100.0	

먼저 성별을 보면, 빈도표에 결측치가 없음을 확인할 수 있다. 청소년의 성별은 남학생 1,134명으로 50.4%를 차지하고, 여학생은 1,116명으로 49.6%를 차지한다.

모의 직업

		빈도	퍼센트	유효퍼센트	누적퍼센트
유효	관리전문직	355	15.8	17.4	17.4
	사무직	245	10.9	12.0	29.5
	서비스판매직	511	22.7	25.1	54.6
	단순노무직 등	279	12.4	13.7	68.3
	무직, 전업주부	646	28.7	31.7	100.0
	합계	2036	90.5	100.0	
결측	시스템결측값	214	9.5		
합계		2250	100.0		

　다음으로, 모의 직업에서 결측치는 214개이다. 따라서 결측치를 포함한 퍼센트와 214개의 결측치를 제외한 유효퍼센트가 다름을 알 수 있다. 유효퍼센트를 기준으로 모의 직업은 무직 및 전업주부 집단이 646명(31.7%)이고, 서비스판매직 집단이 511명(25.1%)이며, 관리전문직 집단이 355명(17.4%), 단순노무직 등 집단이 279명(13.7%), 사무직 집단이 245명(12.0%)으로 나타났다.

　다음으로 분석대상자의 인구사회학적 특성 중 가구연간소득이 있다. 가구연간소득 또는 연령과 같이 비율척도나 등간척도로 측정한 변수는 평균과 표준편차를 제시할 필요가 있다. 이럴 경우 빈도분석의 통계량으로 들어가서 연구자가 파악하고자 하는 통계량을 선택한 후 분석 결과에 대한 정보를 제시하면 된다. 가구연간소득에 대한 중심경향과 산포도 분석을 실행하기 위해 다음과 같은 경로로 들어간다.

분석 – 기술통계량 – 빈도분석

A 빈도분석

왼쪽 부분에서 빈도분석을 실행할 변수(가구연간소득)를 오른쪽 변수로 이동시킨다. 이후
통계량을 누른다.

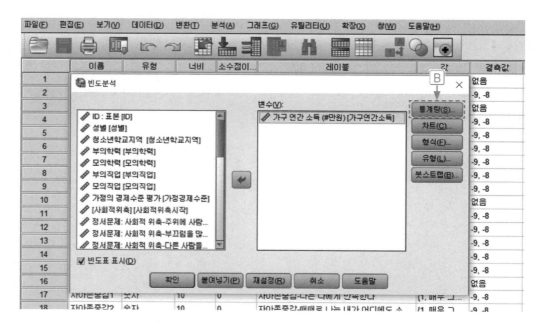

B 통계량

오른쪽 상단에서 중심경향의 평균, 중위수, 최빈값을 선택한다. 또한 왼쪽 하단의 산포도에서 표준화 편차, 최소값, 최대값을 선택한 후 계속을 누른다. 이후 확인을 누르면 가구연간 소득에 대한 중심경향과 산포도의 분석 결과가 나온다.

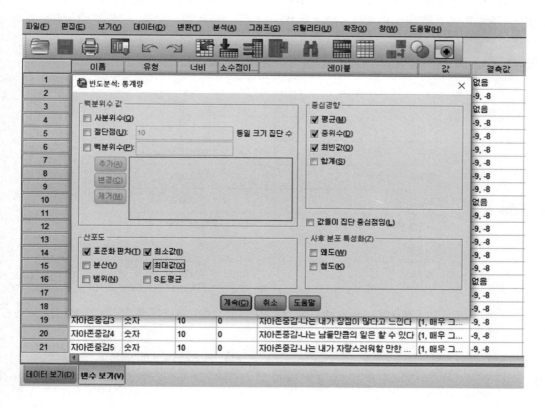

| 중심경향과 산포도의 빈도분석 결과표를 보는 방법 |

중심경향과 산포도의 빈도분석 실행 후 통계량과 각 변수별 빈도표의 출력물이 나온다. 앞서 빈도표의 출력물을 보는 것에 대한 내용은 배웠다. 따라서 통계량의 출력물을 보는 방법에 대해 살펴보자. 참고로, 논문에서 통계치를 작성할 때, 소수점 셋째 자리에서 반올림해서 두 번째 자리까지 작성하면 된다.

다음 통계량의 출력물을 보면, 유효, 결측, 평균, 중위수, 최빈값, 표준화 편차, 최소값, 최대값이 각각 나온다.

통계량

가구연간소득		
N	유효	2148
	결측	102
평균		4677.7747
중위수		4000.0000
최빈값		5000.00
표준화 편차		2722.76806
최소값		.00
최대값		40000.00

먼저 가구연간소득의 분석에 사용된 응답자의 전체 유효 수와 결측치가 나온다. 즉 가구연간소득의 전체 유효 수는 2,148개이고, 결측치는 102개이다.

- 평균(mean)은 산술평균으로 가구연간소득의 평균값을 나타낸다. 가구연간소득의 평균은 4,677.77만 원이다.
- 중위수(median)는 자료를 크기순으로 정렬했을 때 정 가운데에 해당하는 값으로 가구연간소득의 경우 4,000만 원이다.
- 최빈값(mode)은 전체 응답 사례 중 가장 빈도가 높은 값을 말한다. 본 분석 결과에서 가구연간소득이 5,000만 원에 해당하는 사례의 빈도가 가장 높다.
- 표준화 편차(standard deviation)는 평균으로부터 떨어진 거리의 평균을 말하고, 가구연간소득의 표준화 편차는 2,722.77만 원이다.
- 최소값(minimum)과 최대값(maximum)이 있다. 전체 응답 사례 중 가장 낮은 값인 가구연간소득의 최소값은 0원이고, 전체 응답 사례 중 가장 높은 값의 가구연간소득의 최대값은 40,000만 원이다.

③ 빈도분석 결과를 활용한 논문 작성

대부분의 연구에서 '조사대상자의 인구사회학적 특성' 또는 '분석대상자의 일반적 특성'을 작성할 때 빈도분석의 결과를 사용하게 된다. 분석대상자의 일반적 특성은 연구보고서의 연구방법 중 조사대상을 소개하는 부분에 분석 결과를 표로 작성하고 그에 대한 내용을 기술하면 된다.

　만약 각 변인마다의 결측치를 제외한 유효퍼센트로 제시할 때 주의할 점은 분석케이스의 합계의 숫자가 각 변인별 결측치로 인해 차이가 있음을 표 하단에 표시한다.

1) 분석 결과를 표로 작성한다

┃ 표 6.1　분석대상자의 일반적 특성

(N=2,250)

구분		빈도	퍼센트
청소년의 성별	남자	1,134	50.4
	여자	1,116	49.6
청소년의 학교지역	서울	212	9.4
	경기, 인천	482	21.4
	그 외 지역	1,556	69.2
부의 학력	고졸 이하	904	44.7
	초대졸 이상	1,117	55.3
모의 학력	고졸 이하	1,179	57.5
	초대졸 이상	873	42.5
부의 직업	관리, 전문직	484	24.0
	사무직	294	14.6
	서비스, 판매직	440	21.9
	단순노무직 등	741	36.8
	무직	54	2.7
모의 직업	관리, 전문직	355	17.4
	사무직	245	12.0
	서비스, 판매직	511	25.1

(계속)

구분		빈도	퍼센트
모의 직업	단순노무직 등	279	13.7
	무직, 전업주부	646	31.7
가구연간소득	M(SD)	4,678	2,723

* 합계는 각 변인별 결측값에 의해 차이가 있다.

출처 : 이유리, 박은정, 이성훈(2015). 중학생의 학습습관 유형에 따른 학업성취와 삶의 만족도 차이. 학습자중심교과교육연구, 15(11), 621-641.

2) 분석 결과표에 대한 해석을 작성한다

분석대상자의 일반적 특성을 보면 표 6.1과 같다. 남학생은 1,134명(50.4%), 여학생은 1,116명(49.6%)으로 나타났고, 학교지역은 그 외 지역이 3/5(69.2%) 이상을 차지하며, 경기 및 인천지역이 1/5(21.4%) 정도를 보이고, 서울이 9.4%로 나타났다. 부의 학력은 초대졸 이상이 과반수(55.3%)의 비율을 보이고, 고졸 이하가 44.7%의 비율을 보였다. 모의 학력은 고졸 이하가 절반(57.5%) 이상을 차지하고, 초대졸 이상이 42.5%의 분포를 보였다. 부의 직업의 경우 단순노무직/기능/장치/농림 종사자가 1/3(36.8%) 이상의 높은 비율을 보였고, 관리/전문직 종사자가 24.0%, 서비스/판매직 종사자가 21.9% 순으로 나타났다. 모의 직업의 경우에는 무직/전업주부 집단이 31.7%로 가장 높은 비율을 보였고, 다음으로 서비스/판매직 집단이 25.1%, 관리/전문직 집단이 17.4% 순으로 나타났다. 가구연간소득은 평균 4,678만 원으로 나타났다.

꼭 기억할 사항

빈도분석을 통해 자료의 기본적인 특성을 파악할 수 있다. 일반적으로 학술논문에서 '분석대상자의 인구사회학적 특성'을 제시할 때 활용된다. 빈도분석 실행 후 빈도표를 볼 때, 각 변수에서 결측치가 있는지 확인해야 한다. 즉, 변수의 빈도표에 결측치가 없을 경우 빈도와 퍼센트를 살펴보고, 결측치가 있을 경우에는 빈도와 유효퍼센트까지 살펴봐야 한다. 또한 연구보고서에서 결측치를 제외한 유효퍼센트를 작성했다면 해당 표에 각주를 통해 결측치로 인해 각 변인별 합계가 차이가 있음을 제시한다.

■ **빈도분석의 통계량 부분에 대한 용어 정리**

구분		내용
중심경향	평균	산술평균 값
	중위수	자료를 크기순으로 정렬했을 때 정 가운데에 해당하는 값
	최빈값	전체 응답 사례 중 가장 빈도가 높은 값
산포도	표준화 편차	평균으로부터 떨어진 거리의 평균
	최소값	전체 응답 사례 중 가장 낮은 값
	최대값	전체 응답 사례 중 가장 높은 값

기술통계

기술통계분석에서는 정규분포성을 살펴볼 수 있고, 각 변인들에 대한 표준화를 실시하여 표준화된 값의 새로운 변수를 저장할 수 있다. 일반적으로 기술통계는 등간척도와 비율척도의 변인에 대한 평균과 표준편차를 분석할 때 사용한다. 예를 들어 연령과 월평균 소득과 같은 비율척도의 연속적인 데이터의 평균과 표준편차를 구할 때 기술통계를 사용한다. 변수의 측정도구가 리커트 척도, 예를 들어 '전혀 그렇지 않다'(1점)에서 '매우 그렇다'(5점)까지로 측정한 경우에도 등간척도로 가정하여 평균과 표준편차에 대한 기술통계분석을 이용할 수 있다.

중심경향도 자료분포의 특성을 나타내는 중요한 측도이나 중심경향도만으로는 자료의 특성을 충분하게 요약할 수 없다. 예를 들어 두 자료 모두 똑같은 평균을 가질지라도 자료의 분포 상태는 전혀 다를 수 있다. 따라서 자료의 산포도가 자료의 특성치로서 중요하다. 분산이란 주어진 자료가 평균값 가까이에 얼마나 집중되어 있는가를 나타내며 표준편차는 분산의 양의 제곱근으로 S에 해당한다.

$$\text{모분산 } \sigma^2 = \frac{\Sigma(x_i - \mu)^2}{N}, \quad \text{표준분산 } S^2 = \frac{\Sigma(x_i - \bar{x})^2}{n-1}$$

분산[1]은 각 자료의 평균으로부터의 편차의 제곱으로 계산되기 때문에 원래의 자료보다 큰 단위로 계산되어 해석상 불편한 점이 있어 원래의 자료 단위로 조정하기 위해서 분산의 제곱근인 표준편차를 주로 이용한다.

---

1. 분산이란 각 자료의 평균으로부터의 편차의 제곱으로 주어진 자료가 평균값 가까이에 얼마나 집중되어 있는가를 나타낸다. 따라서 큰 값의 분산은 자료들이 평균으로부터 멀리 떨어져 흩어진 상태로 분포되어 있는 것을 의미하며, 작은 값의 분산은 자료들이 평균 가까이에 집중되어 있음을 의미한다.

1 기술통계 분석 실행

기술통계를 실행하는 방법을 익히기 위해서 다음의 연구문제를 예로 들어 학습습관의 기술통계 분석을 살펴보자. 학습습관[2]은 총 18문항으로 성취가치(7문항), 숙달목적지향성(2문항), 행동통제(5문항), 학업시간관리(4문항) 4개의 하위영역으로 구성되어 있다. 기술통계분석에서는 전체 학습습관의 각 하위영역별로 평균과 표준편차를 구한다.

> **[연구문제]**
> 중학생의 학습습관의 실태는 어떠한가?

기술통계를 실행하기 위해서는 다음과 같은 경로로 들어간다.

> **분석 – 기술통계량 – 기술통계**

---

2. 학습습관은 한국청소년정책연구원(www.nypi.re.kr)의 한국 아동·청소년패널 조사(KCYPS) 원자료 중 하나로 부록의 설문지 문 4)에 있다.

A 기술통계

왼쪽에서 전체 학습습관, 성취가치, 숙달목적지향성, 행동통제, 학업시간관리의 변인을 오른
쪽 변수로 이동시킨 후 확인을 누르면 기술통계량의 출력물이 나온다.

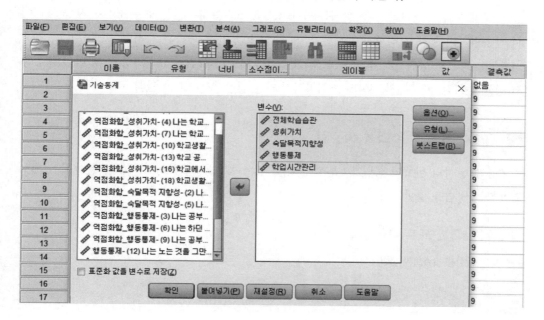

2 기술통계 분석 결과 해석

기술통계 분석을 실행했다면, 분석 결과를 보는 방법에 대해 살펴보고자 한다. 분석을 실행
하고 나면, 기술통계량의 출력물이 나온다.

　기술통계량의 분석 결과표를 보면 N, 최소값, 최대값, 평균, 표준편차가 있다.

기술통계량					
	N	최소값	최대값	평균	표준편차
전체 학습습관	2250	1.00	4.00	2.6765	.47335
성취가치	2250	1.00	4.00	2.9075	.59459
숙달목적지향성	2250	1.00	4.00	2.7153	.69327
행동통제	2250	1.00	4.00	2.4460	.49262
학업시간관리	2250	1.00	4.00	2.5409	.66814
유효 수(목록별)	2250				

N은 기술통계 분석을 위해 투입되었던 각 변수들의 분석케이스의 수를 나타내고, 최소값과 최대값은 전체 응답 사례 중 가장 낮은 값과 가장 높은 값을 의미한다. 또한 평균(M)과 표준편차(SD)를 통해 전반적 경향을 살펴볼 수 있다. 각 변수에 대한 평균값의 비교를 통해 가장 높은 영역과 낮은 영역의 수준 실태를 상대적으로 기술할 수 있다. 보통 소수점 셋째 자리에서 반올림하여 둘째 자리까지 제시한다. 예를 들어 전체 학습습관은 평균 2.68점이고, 표준편차는 .47이다. 성취가치(평균 2.91점, 표준편차 .59)의 하위영역이 가장 높은 반면 행동통제(평균 2.45점, 표준편차 .49)의 하위영역이 가장 낮은 것을 알 수 있다.

❸ 기술통계 분석 결과를 활용한 논문 작성

기술통계 분석의 실행이 끝난 후 분석 결과를 보는 방법을 익혔다. 이제는 논문에서 실제로 활용하는 방법을 알아보자.

1) 분석 결과를 표로 작성한다

▌표 7.1 중학생 학습습관 실태

(N=2,250)

구분		M	SD
전체 학습습관		2.68	.47
하위영역	성취가치	2.91	.59
	숙달목적지향성	2.72	.69
	행동통제	2.45	.49
	학업시간관리	2.54	.67

출처 : 이유리, 박은정, 이성훈(2015). 중학생의 학습습관 유형에 따른 학업성취와 삶의 만족도 차이. 학습자중심교과교육연구, 15(11), 621-641.

2) 분석 결과표에 대한 해석을 작성한다

중학생의 학습습관의 실태를 살펴보기 위해 기술통계를 실시한 결과는 표 7.1과 같다. 중학생의 전체 학습습관 수준은 평균 2.68점이고, 표준편차는 .47로 나타났다. 중학생의 학습습관을 하위영역으로 구분하여 살펴보면, 성취가치가 평균 2.91점(SD .59)으로 가장 높고, 다음은 숙달목적지향성이 평균 2.72점(SD .69), 학업시간관리가 평균 2.54점(SD .67), 행동통제가 평균 2.45점(SD .49)순으로 높았다. 즉 중학생의 학습습관은 성취가치 수준이 가장 높은 반면 행동통제가 가장 낮았다.

4 기술통계에서 변수를 표준화시키는 방법

표준화는 표준화된 평균편차를 말한다. 사례 수와 평균값이 다른 두 집단의 경우에는 표준편차 또는 평균편차가 어느 한쪽이 크거나 작은 것만 가지고 두 집단의 크기를 크다 작다로 규정할 수 없다. 즉, 두 집단의 사례 수와 평균이 다른 경우, 과연 어느 집단의 분산(변량)이 더 심한지 알 수 없다. 이런 경우, 그 집단의 평균을 0, 분산을 1로 만들어주는 평균편차를 표준화해준다. 그러면 서로 다른 집단 간의 분산의 크기를 이용해 평균의 크기를 비교할 수 있기 때문이다(우수명, 2015, p. 157).

표준화를 실행하는 방법을 익히기 위해 표준화시킬 변수(사회적 위축, 자아존중감; 4점 리커트 척도)를 이용해서 살펴보고자 한다. 변수를 표준화시키기 위해서는 다음과 같은 경로로 들어간다.

분석 – 기술통계량 – 기술통계

A 기술통계

기술통계의 왼쪽에서 표준화시킬 두 변인(사회적 위축, 자아존중감)을 오른쪽 변수로 이동시킨다. 이후 **표준화 값을 변수로 저장**을 선택한 후 확인을 누르면 사회적 위축과 자아존중감의 표준화된 새로운 변수가 생성된다.

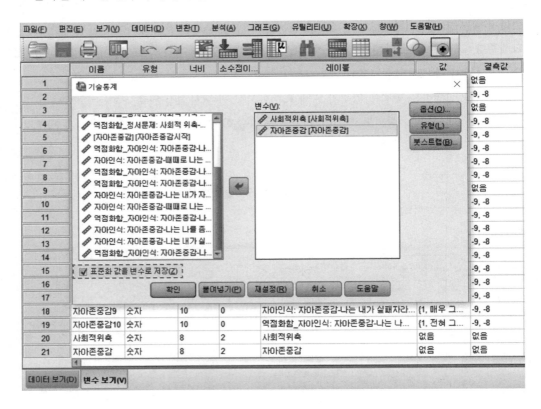

꼭 기억할 사항

기술통계를 통해 각 변수별 평균과 표준편차를 구할 수 있다. 일반적으로 학술논문에서 각 변수에 대한 실태를 살펴볼 때 활용된다. 기술통계는 등간척도와 비율척도로 구성된 연속형의 변수를 분석할 때 실시한다. 또한 연구보고서에서는 실태에 대한 분석 결과를 평균, 표준편차와 함께 제시한다.

■ **기술통계분석의 옵션 부분에 대한 용어 정리**

구분		내용
평균		산술평균값으로 평균값
합계		변수에 대한 총합계
산포도	표준편차	평균으로부터 떨어진 거리의 평균
	최소값	전체 응답 사례 중 가장 낮은 값
	최대값	전체 응답 사례 중 가장 높은 값

신뢰도 분석

신뢰도(reliability)는 동일한 개념을 같은 측정 방법으로 측정한 경우 결과가 비슷하게 나오는가 하는 일관성 정도이다. 이 중 척도문항의 내적일관성을 측정하는 신뢰도 분석은 Cronbach의 알파를 이용한다. 즉 하나의 개념을 측정하는 문항들이 동질적인 요소로 구성되어 있는지를 알아보는 것이다. 문항들 간의 평균 상관관계에 근거해서 서로 양의 상관관계를 갖는다고 가정을 하면 그 범위는 0~1까지이다. 신뢰 기준은 학자들에 따라 다소 상이하나, Cronbach의 알파값이 .60 이상이면 신뢰할 만한 수준이라고 판단한다.

　Cronbach의 알파를 이용한 신뢰도 분석은 다항목 척도에 대한 내적일관성 분석이므로 단일 문항으로 측정한 척도는 분석의 대상이 아니다. 또한 서로 다른 척도의 문항들끼리 내적일관성을 분석하는 것이 아니기 때문에 같은 변수를 측정하기 위해 구성했던 문항들만 분석도구에 투입시켜야 한다. 다항목 척도의 문항 중 역점화해야 하는 문항을 먼저 역점화한 후 분석을 실시해야 함을 유의하도록 한다.

1 신뢰도 분석 실행

신뢰도 분석을 실행하는 방법을 익히기 위해서 학교생활적응 척도의 내적일관성 분석을 토대로 살펴보자. 학교생활적응[1]은 총 18문항으로 학습활동(5문항), 학교규칙(5문항), 교우관계(3문항), 교사관계(5문항) 4개의 하위영역으로 구성되어 있다. 여기에서는 각 하위영역별 신뢰도와 전체 학교생활적응의 신뢰도를 각각 구한다. 먼저 학습활동에 대한 신뢰도 분석을 실행하기 위해서는 다음과 같은 경로로 들어간다.

분석 – 척도분석 – 신뢰도 분석

---

1. 학교생활적응은 한국청소년정책연구원(www.nypi.re.kr)의 한국 아동 · 청소년패널 조사(KCYPS) 원자료 중 하나로 부록의 설문지 문 3)에 있다.

A 신뢰도 분석

왼쪽에서 신뢰도 분석을 실행하고자 하는 변수들(학습활동의 5개의 문항)을 오른쪽의 항목
으로 이동시킨다. 이후 통계량을 클릭한다.

B 통계량

다음에 대한 기술통계량 부분에서 항목, 척도, 항목제거시 척도를 선택한 후 계속을 누른다. 이후 확인 버튼을 누르면 학습활동에 대한 신뢰도 분석 결과가 나온다. 학습활동의 신뢰도 분석을 실행했다면, 다음으로 학교규칙, 교우관계, 교사관계의 각 하위영역별 신뢰도 분석과 전체 학교생활적응에 대한 분석을 동일한 방법으로 수행하면 된다.

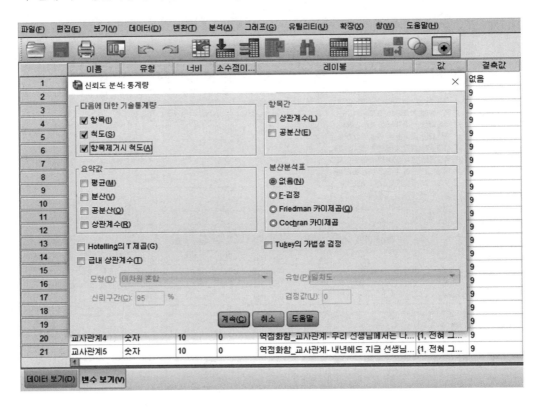

2 신뢰도 분석 결과 해석

신뢰도 분석을 실행했다면, 분석 결과를 보는 방법에 대해 살펴보고자 한다. 분석을 실행하고 나면, 케이스 처리 요약, 신뢰도 통계량, 항목 통계량, 항목 총계 통계량, 척도 통계량의 출력물이 나온다.

1) 케이스 처리 요약의 출력물

신뢰도 분석에 사용된 유효 케이스 수와 백분율, 제외된 수와 백분율, 전체 수와 백분율을 보여주는 것이다. 다음의 분석 결과를 보면, 유효 케이스가 2,052개이고, 100.0%의 백분율임을 알 수 있다.

케이스 처리 요약

		N	%
케이스	유효	2052	100.0
	제외됨[a]	0	.0
	합계	2052	100.0

a. 목록별 삭제는 프로시저의 모든 변수를 기준으로 한다.

2) 신뢰도 통계량의 출력물

Cronbach의 알파는 학습활동의 신뢰성을 보여주는 계수이다. 항목 수는 신뢰도 분석을 위해 투입된 문항 수를 말한다. 즉, 학습활동(5문항)에 대한 신뢰도 수준은 .775로 나타났다. Cronbach의 알파가 .60 이상이면 신뢰할 수 있는 수준으로 본다. 따라서 성취가치는 신뢰할 수 있는 수준이라고 판단할 수 있다.

신뢰도 통계량

Cronbach의 알파	항목 수
.775	5

3) 항목 통계량의 출력물

항목 통계량은 학습활동(5문항)의 각 문항별 평균과 표준화 편차를 보여주고, 분석에 사용된 유효 수를 의미한다.

항목 통계량

	평균	표준화 편차	N
1. 학교 수업시간이 재미있다.	2.63	.698	2052
2. 학교 숙제를 빠뜨리지 않고 한다.	2.86	.729	2052
3. 수업시간에 배운 내용을 잘 알고 있다.	2.71	.665	2052
4. 모르는 것이 있을 때 다른 사람(부모님이나 선생님 또는 친구들)에게 물어본다.	3.00	.717	2052
5. 공부시간에 딴짓을 한다.	2.56	.696	2052

4) 항목 총계 통계량의 출력물

항목 총계 통계량

	항목이 삭제된 경우 척도 평균	항목이 삭제된 경우 척도 분산	수정된 항목-전체 상관관계	항목이 삭제된 경우 Cronbach 알파
1. 학교수업 시간이 재미있다.	11.12	4.400	.538	.736
2. 학교 숙제를 빠뜨리지 않고 한다.	10.89	4.193	.582	.721
3. 수업시간에 배운 내용을 잘 알고 있다.	11.04	4.217	.661	.696
4. 모르는 것이 있을 때 다른 사람(부모님이나 선생님 또는 친구들)에게 물어본다.	10.75	4.346	.537	.737
5. 공부시간에 딴짓을 한다.	11.19	4.693	.427	.772

항목 총계 통계량은 항목이 삭제된 경우 척도 평균, 항목이 삭제된 경우 척도 분산, 수정된 항목(전체 상관관계), 항목이 삭제된 경우 Cronbach 알파의 값이 나온다.

구체적으로 살펴보면, 항목이 삭제된 경우 척도 평균은 신뢰도 분석 시 각 측정항목이 제외되었을 때의 나머지 전체 척도의 평균값이다. 위의 분석 결과표를 보면, 학습활동 1번의 "학교수업 시간이 재미있다"는 문항을 제외했을 경우 나머지 학습활동 4개 문항들의 합들의 평균값은 11.12를 의미한다.

항목이 삭제된 경우 척도 분산은 각 측정 항목이 제외되었을 때의 나머지 전체 척도의 분산을 말한다. 즉 학습활동 1번의 "학교수업 시간이 재미있다"는 문항을 제외했을 때 경우 나머지 학습활동 4개 문항들의 합들의 분산은 4.400을 의미한다.

수정된 항목-전체 상관관계는 해당하는 개별 항목과 이를 제외한 나머지 항목들 간의 피어슨 상관계수를 의미한다. 학습활동의 5개의 항목들은 .427~.661로 전반적으로 높으나 상대적으로 비교해보면 5번이 .427로 낮음을 알 수 있다.

마지막으로, 항목이 삭제된 경우 Cronbach 알파는 각 측정 항목이 제외되었을 때 나머지 측정 항목들의 신뢰성 계수를 나타낸다. 학습활동 1번의 "학교수업 시간이 재미있다"는 문항이 제외되었을 때 나머지 학습활동 4개의 신뢰도가 .736이라는 것을 의미한다. 앞서 학습활동(5문항)의 신뢰도가 .775로 나타났고, 항목이 삭제된 경우 Cronbach 알파 수준에서 각 문항별 값이 전체 학습활동 수준(.775)보다 낮게 나타났다. 따라서 학습활동의 5문항은 신뢰 수준을 낮추는 측정 항목이 없는 것을 알 수 있다.

5) 척도 통계량의 출력물

척도 통계량을 보면, 왼쪽부터 평균, 분산, 표준화 편차, 항목 수가 나온다. 즉, 학습활동의 5개 문항을 신뢰도 분석을 위해 하나의 변수로 합한 평균과 표준화 편차를 의미한다.

척도 통계량

평균	분산	표준화 편차	항목 수
13.75	6.463	2.542	5

③ 신뢰도 분석 결과를 활용한 논문 작성

신뢰도 분석의 실행이 끝난 후 분석 결과를 보는 방법을 익혔다. 이제는 논문에서 실제로 활용하는 방법을 알아보자. 신뢰도 분석에 대한 결과는 연구보고서의 연구방법 중 **측정도구**에 기술한다.

　앞서 학교생활적응에 대한 신뢰도 분석을 실시한 것을 토대로 작성하면 다음과 같다.

---

2. 측정도구

가. 학교생활적응

학교생활적응은 학습활동(5문항), 학교규칙(5문항), 교우관계(3문항), 교사관계(5문항)의 4개 하위영역으로 1~4점까지의 4점 리커트 척도로 점수가 높을수록 학교생활에 적응을 잘하는 것을 의미한다. 학교생활적응 하위영역의 신뢰도는 학습활동 .775, 학교규칙 .749, 교우관계 .663, 교사관계 .795로 나타났으며, 전체 학교생활적응의 신뢰도는 .856으로 신뢰할 수 있는 수준을 보였다.

 꼭 기억할 사항

Cronbach의 알파값이 .60 이상이면 신뢰할 만한 수준으로 본다. 신뢰도 분석을 실시하기 전, 변수 중 역점화할 항목이 있는 경우에는 미리 역점화시킨 후 실행해야 한다.

　만약 요인분석을 통해 척도에서 제거된 항목이 있다면 나머지 항목에 대한 신뢰도 분석을 다시 하여, 논문에는 최종적으로 분석에 사용된 측정도구의 척도별 신뢰도를 분석하여 제시하도록 한다. 뿐만 아니라 연구방법의 측정도구에서 이에 대한 설명을 구체적으로 기술해야 한다.

타당도 및 요인분석

타당도(validity)란 측정하고자 하는 개념을 얼마나 정확하게 측정했는가에 관한 것이다. 따라서 어떠한 변수의 개념을 측정하기 위해 다항목 척도를 구성할 때, 가장 중요한 것은 변수의 개념적 정의와 조작적 정의를 정확하고 구체적으로 하는 작업이다. 또한 변수의 개념을 구성하는 하위속성들을 분류하여 하위영역별로 측정문항을 구성할 수 있다. 즉 척도의 수많은 측정항목을 몇 가지의 요인으로 묶어줌으로써 척도의 차원을 단순화할 수 있다.

이와 같이 하나의 개념을 측정하기 위해 몇 가지의 하위영역으로 속성을 분류하여 다항목 척도를 구성한 경우, 이때 측정도구의 개념 타당도를 요인분석(factor analysis)을 통해 판단할 수 있다. 또한 처음부터 의도하여 하위영역을 구분하지는 않았지만 요인분석을 통해 몇 가지 하위요인으로 척도의 차원을 단순화하거나 다른 속성을 가진 측정항목이 있는지 판단할 수 있다. 즉 요인에 포함되지 않거나 포함되더라도 중요도가 낮은 측정항목을 찾아 제거할 수 있다.

1 요인분석 실행

요인분석을 실행하는 방법을 익히기 위해 학교생활적응의 요인분석을 토대로 살펴보고자 한다. 먼저 요인분석을 실시할 학교생활적응[1]의 문항(총 20문항)에 대해 알아보자.

1. 학교 수업시간이 재미있다.
2. 학교 숙제를 빠뜨리지 않고 있다.
3. 수업 시간에 배운 내용을 잘 알고 있다.
4. 모르는 것이 있을 때 다른 사람(부모님이나 선생님 또는 친구들)에게 물어본다.
5. 공부시간에 딴짓을 한다.
6. 당번이나 1인 1역 등 반에서 맡은 활동을 열심히 한다.
7. 복도나 계단을 다닐 때 뛰지 않고 조용히 다닌다.
8. 학교 물건을 내 것처럼 소중히 사용한다.
9. 화장실이나 급식실에서 차례를 잘 지킨다.
10. 휴지나 쓰레기를 버릴 때 꼭 휴지통에 버린다.
11. 우리 반 아이들과 잘 어울린다.
12. 친구와 다투었을 때 먼저 사과한다.
13. 내 짝이 교과서나 준비물을 안 가져왔을 때 함께 보거나 빌려준다.
14. 친구가 하는 일을 방해한다.
15. 놀이나 모둠활동을 할 때 친구들이 내 말을 잘 따라준다.
16. 선생님을 만나면 반갑게 인사한다.
17. 선생님과 이야기하는 것이 편하다.
18. 학교 밖에서 선생님을 만나면 반갑다.
19. 우리 선생님께서는 나에게 친절하시다.
20. 내년에도 지금 선생님이 담임선생님을 해주셨으면 좋겠다.

위의 학교생활적응의 요인분석을 실행하기 위해서는 아래와 같은 경로로 들어간다.

분석 – 차원 축소 – 요인분석

---

1. 학교생활적응은 한국청소년정책연구원(www.nypi.re.kr)의 한국 아동 · 청소년패널 조사(KCYPS) 원자료 중 하나로 부록의 설문지 문3)에 있다.

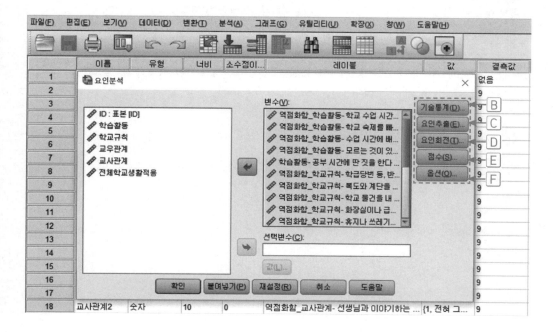

	이름	유형	너비			값	결측값
1	ID	숫자	10			없음	없음
2	학습활동1	숫자	10		학교 수업 시간이 재...	{1, 전혀 그...	9
3	학습활동2	숫자	10		학교 숙제를 빠뜨리지...	{1, 전혀 그...	9
4	학습활동3	숫자	10		수업 시간에 배운 내...	{1, 전혀 그...	9
5	학습활동4	숫자	10		모르는 것이 있을 때 ...	{1, 전혀 그...	9
6	학습활동5	숫자	10		에 딴 짓을 한다	{1, 매우 그...	9
7	학교규칙1	숫자	10		학급당변 등, 반에서 ...	{1, 전혀 그...	9
8	학교규칙2	숫자	10		복도와 계단을 다닐 ...	{1, 전혀 그...	9
9	학교규칙3	숫자	10		학교 물건을 내 것처...	{1, 전혀 그...	9
10	학교규칙4	숫자	10		화장실이나 급식실에...	{1, 전혀 그...	9
11	학교규칙5	숫자	10		휴지나 쓰레기를 버릴...	{1, 전혀 그...	9
12	교우관계1	숫자	10		전...	{1, 전...	9
13	교우관계2	숫자	10		전혀 ...	{1, 전혀 ...	9
14	교우관계3	숫자	10		전혀 ...	{1, 전혀 ...	9
15	교우관계4	숫자	10		가 하는 일을 방해한다	{1, 매우 그...	9
16	교우관계5	숫자	10		놀이나 모둠활동을 할...	{1, 전혀 그...	9
17	교사관계1	숫자	10		선생님을 만나면 반갑...	{1, 전혀 그...	9
18	교사관계2	숫자	10		선생님과 이야기하는 ...	{1, 전혀 그...	9
19	교사관계3	숫자	10		학교 밖에서 선생님을...	{1, 전혀 그...	9

A 요인분석

메뉴: 보고서(P), 기술통계량(E), 베이지안 통계량(B), 표(B), 평균 비교(M), 일반선형모형(G), 일반화 선형 모형(Z), 혼합 모형(X), 상관분석(C), 회귀분석(R), 로그선형분석(O), 신경망(W), 분류분석(F), 차원 축소(D) ▸ [요인분석(F)..., 대응일치분석(C), 최적화 척도법(O)], 척도분석(A), 비모수검정(N), 시계열 분석(T), 생존분석(S), 다중반응(U), 결측값 분석(Y), 다중대체(T)

A 요인분석

왼쪽 부분에서 요인분석을 실시할 변수들(학교생활적응 20문항)을 오른쪽의 변수로 이동시
킨다.

	이름	유형	너비	소수점이...	레이블	값	결측값
18	교사관계2	숫자	10	0	역점화함_교사관계- 선생님과 이야기하는 ...	{1, 전혀 그...	9

요인분석 대화상자:

변수들:
- ID : 표본 [ID]
- 학습활동
- 학교규칙
- 교우관계
- 교사관계
- 전체학교생활적응

변수(V):
- 역점화함_학습활동-학교 수업 시간...
- 역점화함_학습활동-학교 숙제를 빠...
- 역점화함_학습활동- 수업 시간에 배...
- 역점화함_학습활동- 모르는 것이 있...
- 학습활동- 공부 시간에 딴 짓을 한다...
- 역점화함_학교규칙-학급당변 등, 반...
- 역점화함_학교규칙- 복도와 계단을 ...
- 역점화함_학교규칙- 학교 물건을 내 ...
- 역점화함_학교규칙- 화장실이나 급...
- 역점화함_학교규칙- 휴지나 쓰레기...

선택변수(C):

버튼: 기술통계(D) B, 요인추출(E) C, 요인회전(T) D, 점수(S) E, 옵션(O) F

확인 붙여넣기(P) 재설정(R) 취소 도움말

B 기술통계

통계량 부분에서 일변량 기술통계, 초기해법을 클릭한다. 상관행렬 부분에서는 계수, KMO와
Bartlett의 구형성 검정을 클릭한 후 계속을 누른다. 이때, 기술통계로 들어가면 초기해법은
이미 선택되어 있다. 따라서 나머지 세 가지만 선택하면 된다.

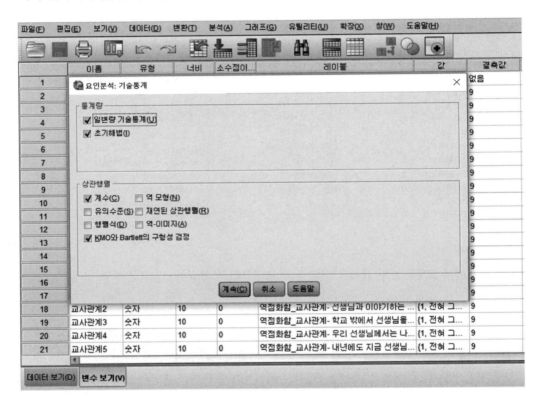

C 요인추출

방법 부분에서 주성분을 선택한다. 최초 분석 시 방법은 주성분으로 지정되어 있기 때문에 그
대로 두면 된다. 따라서 요인추출 부분은 따로 선택하는 것 없이 계속을 누른다.

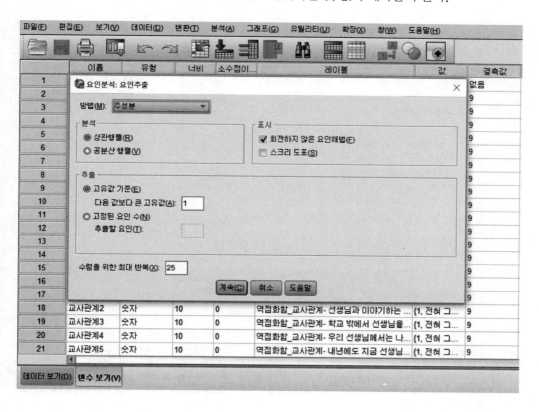

D **요인회전**

방법 부분에서 베리멕스(Varimax)를 선택한 후 계속을 누른다. 요인분석은 모든 변수들에 대한 상관관계행렬을 구해 주성분 분석을 이용하여 요인을 추출한다. 이때 보다 해석이 쉬운 행렬로 요인들을 회전시키는데, 일반적으로 베리멕스법을 이용한다.

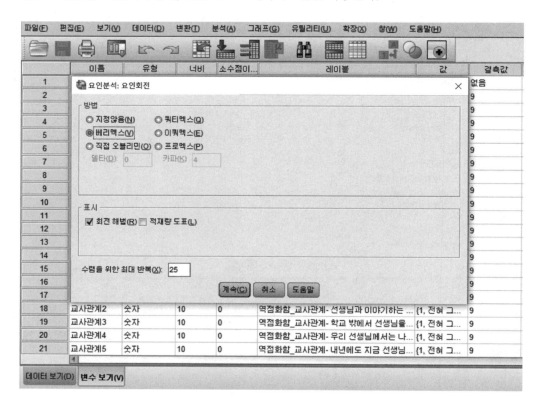

E 점수

변수로 저장을 선택한 후 계속을 누른다. 방법 부분에서 회귀는 이미 선택되어 있다.

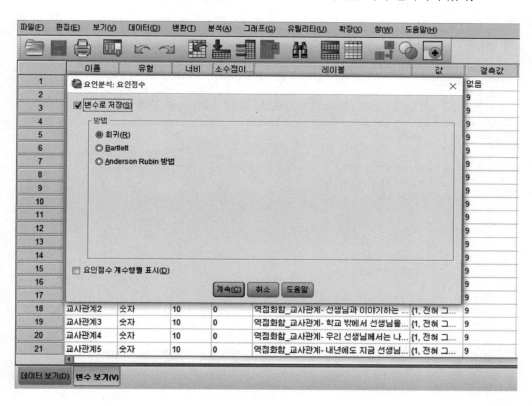

F 옵션

결측값 부분에서 목록별 결측값 제외를 선택한다. 그러나 최초 분석 시 선택되어 있기 때문에 이 부분은 신경 쓰지 않아도 된다. 다만 계수표시형식 부분에서 크기순 정렬을 선택한 후 계속을 누른다. 이후 확인 버튼을 누르면 요인분석에 대한 분석 결과가 출력된다.

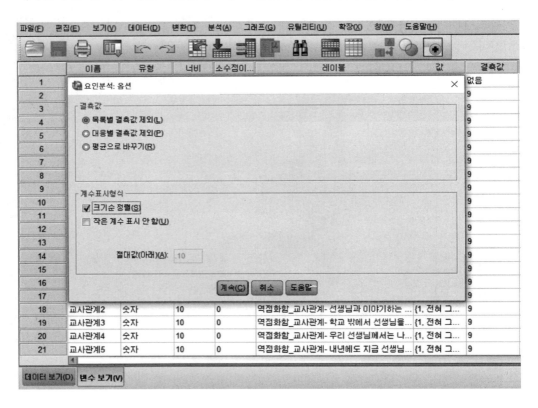

② 요인분석 결과 해석

요인분석을 실행했다면, 이제 요인분석 실시 후 분석 결과를 보는 방법에 대해 살펴보고자한다. 분석을 실시하고 나면, KMO와 Bartlett의 검정, 공통성, 설명된 총분산, 회전된 성분행렬의 출력물이 나온다.

1) KMO와 Bartlett의 검정 출력물

KMO(Kaiser-Meyer-Olkin) 측도는 요인분석에 대한 변수들의 선정이 잘되었는지 또는 아닌지를 나타낸다. KMO의 값이 .90 이상이면 아주 좋은 것을 나타내고, .80~.89이면 좋은편이고, .70~.79이면 적당한 수준이며, .60 이상이면 받아들일 수 있는 수준으로 본다. 또한Bartlett의 구형성 검정치는 유의수준이 .05 미만이면 요인분석 사용이 적합하다고 판단할 수있다. 다음의 분석 결과표를 보면 KMO 측도는 .891로 나타났고, Bartlett의 구형성 검정치는 .05 미만으로 요인분석의 사용이 적합하며 공통요인이 존재한다고 판단할 수 있다.

KMO와 Bartlett의 검정

표본 적절성의 Kaiser-Meyer-Olkin 측도		.891
Bartlett의 구형성 검정	근사 카이제곱	12557.501
	자유도	190
	유의확률	.000

2) 공통성의 출력물

요인분석에 투입된 각 문항별 초기값이 나오고, 요인분석 시 **주성분 분석**으로 요인을 추출하였기 때문에 이에 의해 추출된 값인 **공통성**이 나온다. 공통성은 0.4 이하가 나오면 그 문항은 삭제하고 다시 요인분석을 실시하는 것이 좋다. 다음의 분석 결과에서는 12번과 14번 문항의 공통성이 각각 .348, .251로 나타나 두 문항을 삭제한 후 다시 요인분석을 실시하고자 한다. 때문에 설명된 총분산, 회전된 성분행렬의 출력물은 문항 제시 후 요인분석을 재실행하는 부분에서 살펴보고자 한다.

공통성

	초기	추출
1. 학교 수업시간이 재미있다.	1.000	.572
2. 학교 숙제를 빠뜨리지 않고 한다.	1.000	.575
3. 수업시간에 배운 내용을 잘 알고 있다.	1.000	.668
4. 모르는 것이 있을 때 다른 사람(부모님이나 선생님 또는 친구들)에게 물어본다.	1.000	.500
5. 공부시간에 딴짓을 한다.	1.000	.458
6. 학급 당번 등 반에서 맡은 활동을 열심히 한다.	1.000	.451
7. 복도와 계단을 다닐 때 뛰지 않고 조용히 다닌다.	1.000	.446
8. 학교 물건을 내 것처럼 소중히 사용한다.	1.000	.567
9. 화장실이나 급식실에서 차례를 잘 지킨다.	1.000	.577
10. 휴지나 쓰레기를 버릴 때 꼭 휴지통에 버린다.	1.000	.545
11. 우리반 아이들과 잘 어울린다.	1.000	.604
12. 친구와 다투었을 때 먼저 사과한다.	1.000	.348
13. 내 짝이 교과서나 준비물을 안 가져왔을 때 함께 보거나 빌려준다.	1.000	.614
14. 친구가 하는 일을 방해한다.	1.000	.251
15. 놀이나 모둠활동을 할 때 친구들이 내 말을 잘 따라준다.	1.000	.448
16. 선생님을 만나면 반갑게 인사한다.	1.000	.566
17. 선생님과 이야기하는 것이 편하다.	1.000	.641
18. 학교 밖에서 선생님을 만나면 반갑다.	1.000	.672
19. 우리 선생님께서는 나에게 친절하시다.	1.000	.622
20. 내년에도 지금 선생님께서 담임선생님을 해주셨으면 좋겠다.	1.000	.498

* 추출 방법 : 주성분 분석

3 문항 제거 후 요인분석 재실행

앞서 학교생활적응의 요인분석을 실행한 결과 12번과 14번 문항의 공통성이 각각 .348, .251로 나타나 두 문항을 삭제한 후 다시 요인분석을 실시하고자 한다. 따라서 학교생활적응의 요인분석을 재실행하기 위해서는 다음과 같은 경로로 들어간다.

분석 – 차원 축소 – 요인분석

A **요인분석**

왼쪽 부분에서 요인분석을 실시할 변수들(학교생활적응 18문항)을 오른쪽의 변수로 이동시킨다.

B 기술통계

통계량 부분에서 일변량 기술통계, 초기해법을 클릭하고, 상관행렬 부분에서는 계수, KMO와 Bartlett의 구형성 검정을 클릭한 후 계속을 누른다. 이때 기술통계로 들어가면 초기 해법은 이미 선택되어 있다. 따라서 나머지 세 가지만 선택한다.

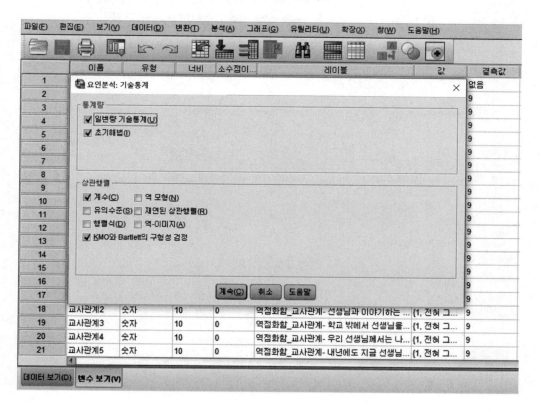

C 요인추출

방법 부분에서 주성분을 선택한 후 계속을 누른다(참고로, 최초 분석 시 방법은 주성분으로 지정되어 있기 때문에 그대로 두면 된다).

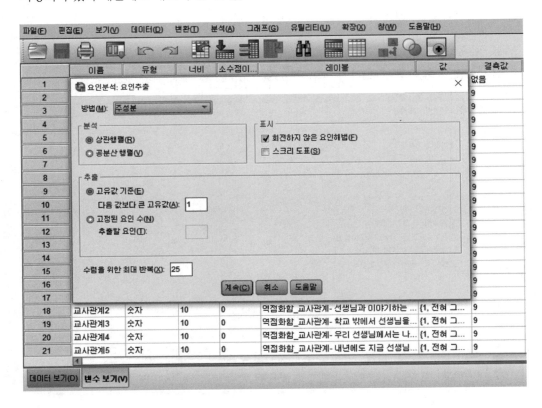

D   요인회전

방법 부분에서 베리멕스를 선택한 후 계속을 누른다.

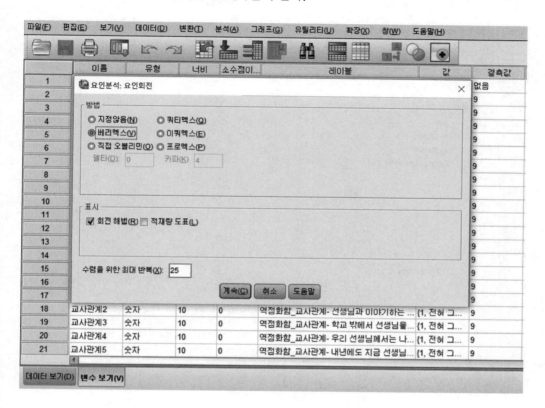

E 점수

변수로 저장을 선택한 후 계속을 누른다. 방법 부분에서 회귀는 이미 선택되어 있다.

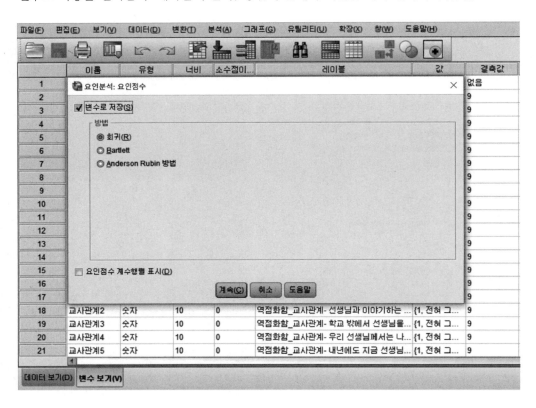

F **옵션**

결측값 부분에서 목록별 결측값 제외를 선택한다(최초 분석 시 선택되어 있기 때문에 이 부분
은 신경 쓰지 않아도 된다). 또한 계수표시형식 부분에서 크기순 정렬을 선택한 후 계속을 누
른다. 이후 확인 버튼을 누르면 재요인분석에 대한 분석 결과가 출력된다.

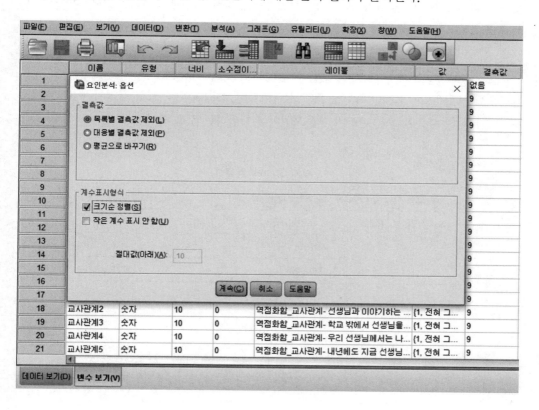

4 문항 제거 후 요인분석 재실행한 분석 결과 해석

앞서 학교생활적응에 대한 요인분석을 실시한 결과 12번과 14번 문항의 공통성이 .40 이하로 나타나 두 문항을 제거한 후 다시 요인분석을 실시하였다. 따라서 이에 대한 분석 결과를 보는 방법을 다시 살펴보고자 한다. 요인분석을 재분석한 KMO와 Bartlett의 검정, **공통성, 설명된 총분산, 회전된 성분행렬**의 출력물에 대해 살펴보자.

1) KMO와 Bartlett의 검정 출력물

재분석한 요인분석의 KMO 측도는 .887로 나타났고, Bartlett의 구형성 검정치는 .05 미만으로 요인분석의 사용이 좋은 편이며 공통요인이 존재한다는 것을 확인할 수 있다.

KMO와 Bartlett의 검정

표본 적절성의 Kaiser - Meyer - Olkin 측도		.887
Bartlett의 구형성 검정	근사 카이제곱	11698.211
	자유도	153
	유의확률	.000

2) 공통성의 출력물

공통성의 출력물을 보면, 각 문항별 공통성은 0.4 이하가 나오지 않는 것을 알 수 있다. 따라서 다음의 문항을 포함하고자 한다.

공통성

	초기	추출
1. 학교 수업시간이 재미있다.	1.000	.576
2. 학교 숙제를 빠뜨리지 않고 한다.	1.000	.591
3. 수업시간에 배운 내용을 잘 알고 있다.	1.000	.676
4. 모르는 것이 있을 때 다른 사람(부모님이나 선생님 또는 친구들)에게 물어본다.	1.000	.506
5. 공부시간에 딴짓을 한다.	1.000	.444
6. 학급 당번 등 반에서 맡은 활동을 열심히 한다.	1.000	.462
7. 복도와 계단을 다닐 때 뛰지 않고 조용히 다닌다.	1.000	.465
8. 학교 물건을 내 것처럼 소중히 사용한다.	1.000	.589
9. 화장실이나 급식실에서 차례를 잘 지킨다.	1.000	.588
10. 휴지나 쓰레기를 버릴 때 꼭 휴지통에 버린다.	1.000	.549
11. 우리 반 아이들과 잘 어울린다.	1.000	.619
13. 내 짝이 교과서나 준비물을 안 가져왔을 때 함께 보거나 빌려준다.	1.000	.620
15. 놀이나 모둠활동을 할 때 친구들이 내 말을 잘 따라준다.	1.000	.447
16. 선생님을 만나면 반갑게 인사한다.	1.000	.587
17. 선생님과 이야기하는 것이 편하다.	1.000	.639
18. 학교 밖에서 선생님을 만나면 반갑다.	1.000	.674
19. 우리 선생님께서는 나에게 친절하시다.	1.000	.627
20. 내년에도 지금 선생님께서 담임선생님을 해주셨으면 좋겠다.	1.000	.520

* 추출 방법 : 주성분 분석

3) 설명된 총분산의 출력물

설명된 총분산에서는 회전 제곱합 적재량 부분을 검토하도록 한다. 요인의 고유치 1 이상을 체크한 결과, 최대 네 가지의 성분(2.205)으로 구성되었다. 분산설명력을 요인별로 보면 15.313%, 14.638%, 14.511%, 12.248%로 각각 나타났고, 전체 누적설명력은 순차적으로 15.313%, 29.951%, 44.462%, 56.710%로 나타나 총 네 가지의 성분으로 구성할 때 약 57%

를 보이고 있다. 요인분석의 전체 누적설명력은 60% 이상이면 매우 바람직한 것으로 보고 있고, 50% 이상인 경우도 잘된 것으로 보고 수렴하였다.

설명된 총분산

성분	초기 고유값			추출 제곱합 적재량			회전 제곱합 적재량		
	전체	% 분산	누적 %	전체	% 분산	누적 %	전체	% 분산	누적 %
1	5.502	30.564	30.564	5.502	30.564	30.564	2.756	15.313	15.313
2	1.930	10.722	41.286	1.930	10.722	41.286	2.635	14.638	29.951
3	1.525	8.472	49.758	1.525	8.472	49.758	2.612	14.511	44.462
4	1.251	6.952	56.710	1.251	6.952	56.710	2.205	12.248	56.710
5	.878	4.879	61.589						
6	.815	4.526	66.115						
7	.729	4.049	70.164						
8	.641	3.563	73.726						
9	.598	3.325	77.051						
10	.567	3.147	80.198						
11	.516	2.865	83.062						
12	.500	2.776	85.839						
13	.494	2.744	88.583						
14	.475	2.641	91.224						
15	.444	2.466	93.689						
16	.431	2.395	96.084						
17	.386	2.147	98.231						
18	.318	1.769	100.000						

* 추출 방법 : 주성분 분석

4) 회전된 성분 행렬의 출력물

요인분석 시 베리멕스 회전법에 의해 출력된 결과물을 나타낸다. 총 18문항이 4개의 요인으로 묶인 것을 알 수 있다. 즉, 요인 1에는 문항 18번, 문항 17번, 문항 19번, 문항 20번, 문항 16번이고, 요인 2에는 문항 9번, 문항 8번, 문항 10번, 문항 7번, 문항 6번이며, 요인 3에는 문항 3번, 문항 2번, 문항 1번, 문항 5번, 문항 4번, 요인 4의 경우에는 문항 11번, 문항 13번, 문항 15번이 포함되어 묶여 있다. 여기서는 요인적재량(factor loading)을 확인해야 하는데, 일반적으로 ±0.4 이상으로 보고 있다.

　만약 요인분석 결과 시 기존의 선행연구에서의 하위영역과 동일하게 묶여지지 않거나 개념적으로 동일하지 않은 어떤 문항이 하나의 요인으로 묶여 있는 경우에는 그 문항을 삭제한 후 다시 요인분석을 실시해야 한다. 다음의 회전된 성분 행렬 결과 문항별 요인적재량이 모두 .40 이상인 것으로 나타났으며, 학교생활적응의 요인분석 결과도 기존 연구의 이론적인 것과 유사하게 나타나 학교생활적응의 요인분석 결과가 적합하다는 것을 확인할 수 있다.

회전된 성분 행렬[a]

	성분			
	1	2	3	4
18. 학교 밖에서 선생님을 만나면 반갑다.	.779	.060	.122	.223
17. 선생님과 이야기하는 것이 편하다.	.749	.027	.163	.225
19. 우리 선생님께서는 나에게 친절하시다.	.735	.206	.134	.164
20. 내년에도 지금 선생님께서 담임선생님을 해주셨으면 좋겠다.	.704	.111	.064	−.084
16. 선생님을 만나면 반갑게 인사한다.	.541	.148	.147	.500
9. 화장실이나 급식실에서 차례를 잘 지킨다.	.087	.738	.147	.120
8. 학교 물건을 내 것처럼 소중히 사용한다.	.199	.720	.157	.081
10. 휴지나 쓰레기를 버릴 때 꼭 휴지통에 버린다.	.086	.702	.059	.213
7. 복도와 계단을 다닐 때 뛰지 않고 조용히 다닌다.	.023	.662	.099	−.128
6. 학급 당번 등 반에서 맡은 활동을 열심히 한다.	.093	.547	.221	.324
3. 수업시간에 배운 내용을 잘 알고 있다.	.101	.143	.786	.165
2. 학교 숙제를 빠뜨리지 않고 한다.	.052	.304	.692	.131
1. 학교 수업시간이 재미있다.	.325	−.006	.673	.130
5. 공부시간에 딴짓을 한다.	.049	.100	.656	−.038
4. 모르는 것이 있을 때 다른 사람(부모님이나 선생님 또는 친구들)에게 물어본다.	.132	.164	.611	.298
11. 우리 반 아이들과 잘 어울린다.	.176	−.012	.076	.763
13. 내 짝이 교과서나 준비물을 안 가져왔을 때 함께 보거나 빌려 준다.	.104	.326	.101	.702
15. 놀이나 모둠 활동을 할 때 친구들이 내 말을 잘 따라준다.	.125	.076	.223	.637

* 추출 방법 : 주성분 분석
* 회전 방법 : 카이저 정규화가 있는 베리멕스
a. 5 반복계산에서 요인회전이 수렴되었다.

5 요인분석 결과 해석

학교생활적응에 대한 요인분석의 실행이 끝난 후 분석 결과를 보는 방법을 익혔다. 이제는 분석 결과를 논문에서 실제로 활용하는 방법을 알아보기로 한다.

1) 분석 결과를 표로 작성한다

표 9.1 학교생활적응의 요인분석

문항	요인 1	요인 2	요인 3	요인 4
학교 밖에서 선생님을 만나면 반갑다.	.779	.060	.122	.223
선생님과 이야기하는 것이 편하다.	.749	.027	.163	.225
우리 선생님께서는 나에게 친절하시다.	.735	.206	.134	.164
내년에도 지금 선생님께서 담임선생님을 해주셨으면 좋겠다.	.704	.111	.064	−.084
선생님을 만나면 반갑게 인사한다.	.541	.148	.147	.500
화장실이나 급식실에서 차례를 잘 지킨다.	.087	.738	.147	.120
학교 물건을 내 것처럼 소중히 사용한다.	.199	.720	.157	.081
휴지나 쓰레기를 버릴 때 꼭 휴지통에 버린다.	.086	.702	.059	.213
복도와 계단을 다닐 때 뛰지 않고 조용히 다닌다.	.023	.662	.099	−.128
학급당번 등 반에서 맡은 활동을 열심히 한다.	.093	.547	.221	.324
수업시간에 배운 내용을 잘 알고 있다.	.101	.143	.786	.165
학교 숙제를 빠뜨리지 않고 한다.	.052	.304	.692	.131
학교 수업시간이 재미있다.	.325	−.006	.673	.130
공부시간에 딴짓을 한다.	.049	.100	.656	−.038
모르는 것이 있을 때 다른 사람(부모님이나 선생님 또는 친구들)에게 물어본다.	.132	.164	.611	.298
우리 반 아이들과 잘 어울린다.	.176	−.012	.076	.763
내 짝이 교과서나 준비물을 안 가져왔을 때 함께 보거나 빌려준다.	.104	.326	.101	.702
놀이나 모둠 활동을 할 때 친구들이 내 말을 잘 따라준다.	.125	.076	.223	.637
고유값	2.76	2.64	2.61	2.21
설명변량	15.31	14.64	14.51	12.25
누적변량	15.31	29.95	44.46	56.71

2) 분석 결과표에 대한 해석을 작성한다

고등학생의 학교생활적응 구성요인이 어떻게 추출되는지 살펴보기 위해 주성분 분석(principle component analysis)을 실시하였고, 요인회전은 베리멕스를 사용하였다.

그 결과 표 9.1과 같이 학교생활적응의 내용은 4개의 요인으로 추출되었다. 요인 1은 학교 밖에서 선생님을 만나면 반갑고 이야기하는 것이 편하며, 나에게 친절하실 뿐 아니라 내년에도 담임선생님이 되셨으면 좋겠고, 반갑게 인사하는 문항을 포함하고 있어 '교사관계'요인으로 보았다. 요인 2는 학교 안에서 화장실이나 급식실에서 차례 지키기, 학교 물건 소중히 사용하기, 휴지통에 버리기, 복도나 계단 조용히 다니기, 맡은 활동 열심히 하기와 관련된 문항을 '학교규칙'요인, 그리고 요인 3은 수업시간 배운 내용 알고 있기, 학교 숙제 잘하기, 수업시간이 재미있고, 공부시간에 딴짓하지 않으며, 모르는 것을 다른 사람에게 물어보는 등 수업시간과 관련된 활동을 중시한다는 점에서 '학습활동'으로 명명하였다. 마지막으로 요인 4는 같은 반 친구들과 잘 어울리고, 교우와 교과서나 준비물을 함께 보거나 빌려주며, 친구들이 본인의 말을 잘 따라주는 등 학교 교우들과의 관계를 중시하는 '교우관계'요인으로 보았다. 즉 학교생활적응은 교사관계, 학교규칙, 학습활동, 교우관계의 4개의 요인으로 추출된 것을 알 수 있다.

꼭 기억할 사항

하나의 개념을 측정하고자 할 때, 다항목의 척도로 변수를 구성할 수 있다. 이때 하나의 개념변수에 여러 하위영역의 차원으로 구성할 수 있는데, 하위영역별 속성에 맞게 정확히 개념적으로 문항이 구성되었는지 확인하기 위해 요인분석을 실시할 필요가 있다. 요인분석 실행 후, 공통성 분석 결과에서 문항의 공통성이 .40 이하이면 삭제한 후 다시 요인분석을 실시해야 한다. 또한 회전된 성분행렬 분석 결과에서 요인적재량이 .40 이하이면 그 문항을 제거한 후 재요인분석을 실행해야 한다. 그리고 KMO 측도는 .90~.60 이상으로 보고, 전체 누적 설명력은 60% 이상이면 매우 바람직하나 50% 이상도 인정할 수 있는 수준으로 판단한다.

■ **요인분석에서 확인할 사항**

구분	내용
KMO	자료가 요인분석에 적합한지 여부 검정 0.90 이상(아주 좋음), 0.80 이상(좋은 편), 0.70 이상(보통), 0.60 이상(인정할 수 있는 수치)
Bartlett의 구형성 검정치	요인분석 사용이 적합, 공통요인이 존재한다는 결론 유의수준이 .05 미만
요인적재량	각 변수와 요인 간의 상관관계의 정도 ±0.4 이상
공통성	0.40 이상
고유치	요인의 고유치는 1 이상 전체 누적 설명력은 60% 이상이면 매우 바람직하고, 50% 이상도 인정할 수 있는 수치

10 CHAPTER

변수계산

변수계산은 기존 변수를 변환하거나 새로운 변수를 생성해야 할 때 사용하는 도구이다. 대표적으로 다항목 척도의 총화평정척도(summated means scale)를 하나의 변수로 총합하기 위해 사용된다. 예를 들어, 학습습관(총 18문항) 변수는 성취가치(7문항), 숙달목적지향성(2문항), 행동통제(5문항), 학업시간관리(4문항)의 네 가지 하위영역으로 구성되어 있다. 이때 전체 학습습관이라는 하나의 변수값과 각각의 하위영역의 총합의 값이 필요하다. 따라서 전체 학습습관 변수는 모든 문항(18문항)을 합한 총점 또는 총점을 전체의 문항 수(18문항)로 나눈 평균으로 산출한다. 마찬가지로 네 가지 하위영역의 각각 해당하는 문항의 응답값을 합한 총점 또는 총점을 해당 문항 수로 나눈 평균으로 새로운 변수를 산출한다.

또한 각각 다른 2개의 변수를 하나의 변수로 합하여 새로운 변수로 생성할 때 변수계산을 통해서 새로운 변수에 대한 응답범주를 만들 수 있다. 예를 들어, 사회적 위축(고, 저)과 자아존중감(고, 저)이라는 2개의 변수가 있는데, 각각의 변수에 대한 응답범주는 높은 집단과 낮은 집단의 2개의 범주로 구성되어 있다. 이때 사회적 위축이 높으면서 자아존중감이 높은 집단(1), 사회적 위축이 높으면서 자아존중감이 낮은 집단(2), 사회적 위축이 낮으면서 자아존중감이 높은 집단(3), 사회적 위축이 낮으면서 자아존중감이 낮은 집단(4)의 4개의 응답범주를 가진 새로운 변수를 만들 수 있다.

그 외에 상호작용항을 만들 때 변수계산에서 실행한다. 2개의 변수를 곱한 상호작용항은 조절효과를 검증하기 위해 필요한 값이다(제19장 참조). 표준화시킨 후 상호작용항을 만드는 방법과 평균중심화시킨 후 상호작용항을 만드는 두 가지 방법이 있다.

1 변수계산 실행

변수계산을 실행하는 방법을 익히기 위해 실제 논문에서 사용된 변수를 이용하여 살펴보고자 한다. 변수계산을 할 대상 변수는 삶의 만족도[1]이다. 삶의 만족도의 설문문항(총 3문항-4점 리커트 척도)은 다음과 같다.

> 1. 나는 사는 게 즐겁다.
> 2. 나는 걱정거리가 별로 없다.
> 3. 나는 내 삶이 행복하다고 생각한다.

삶의 만족도라는 새로운 변수로 생성하기 위해 다음과 같은 경로로 들어간다.

변환 – 변수계산

---

1. 삶의 만족도는 한국청소년정책연구원(www.nypi.re.kr)의 한국 아동·청소년패널 조사(KCYPS) 원자료 중 하나로 부록의 설문지 문 10)에 있다.

A **변수계산**

왼쪽의 목표변수 부분에 계산하고자 하는 변수명(삶의 만족도 평균)을 입력한다. 이때 띄어쓰기를 하거나 특수문자(*, &, −)는 입력하면 안 되고, 밑줄(_)과 마침표(.)는 사용할 수 있다. 다만 마침표(.)의 경우는 변수명 마지막에 입력(삶의 만족도 평균.)했을 때 "변수명의 마지막 문자가 잘못되었습니다"라는 문구가 뜨니 주의하도록 한다.

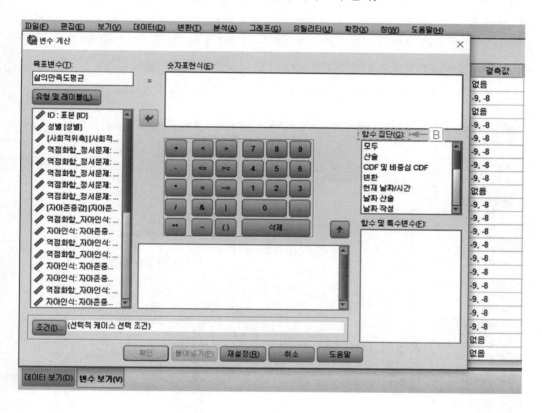

B 함수 집단

다음으로 오른쪽의 함수 집단과 함수 및 특수변수를 선택한다. 이때 새로운 변수 계산을 총점으로 할 것인지 또는 평균으로 산출할 것인지 선택해야 한다. 만약 '삶의 만족도 평균'을 만든다면 함수집단에서 통계를 선택하고, 함수 및 특수변수에서는 Mean을 선택하면 된다. 즉, 함수집단에서 통계를 선택, 함수 및 특수변수에서 Mean을 선택하면 숫자 표현식에 Mean이 나온다.

마지막으로 왼쪽 부분에서 목표변수 항목을 선택해야 한다. 삶의 만족도에 해당하는 3개의 문항을 숫자표현식으로 이동[숫자표현식 : Mean(삶의 만족도1, 삶의 만족도2, 삶의 만족도3)]시킨 후 확인을 누르면 삶의 만족도 평균이라는 새로운 변수가 만들어진다.

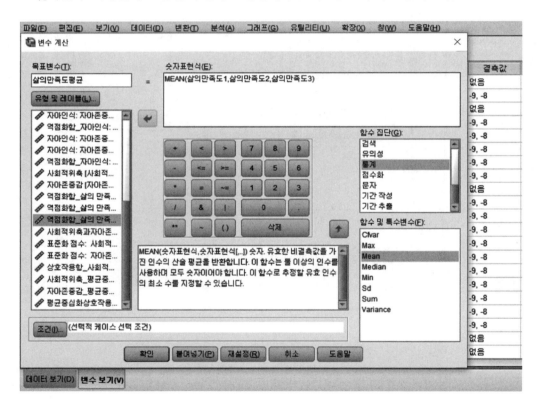

　변수계산에서 함수를 이용하지 않고, 숫자표현식에 수동으로 '(삶의 만족도1＋삶의 만족도2＋삶의 만족도3)/3'을 입력하여 실행한 것과 동일한 값이 산출되는 방법이 있다. 평균은 문항 전체를 합한 후 '변수의 개수'로 나눈 것이므로, 총문항 개수가 3개일 경우에는 3으로 나누어야 한다.

　연산기능 중 (괄호)를 선택한다. 왼쪽에서 계산할 변수(삶의 만족도1)를 오른쪽으로 이동시키고 연산기능 중 더하기(＋)를 선택한다. 다시 왼쪽에서 계산할 변수(삶의 만족도2)를 오른쪽으로 이동시키고 연산기능 중 더하기(＋)를 선택한다. 또 다시 왼쪽에서 삶의 만족도3을 오른쪽으로 이동시킨 이후 총문항 개수의 숫자로 나누어야 한다. 이때 조심할 점은 연산기능 중 나눗셈(/)을 괄호 밖에 놓은 후 문항 개수의 숫자 3을 선택하는 것이다. 즉 숫자표현식이 다음의 그림과 동일하게 나오도록 작성해야 한다[(삶의 만족도1＋삶의 만족도2＋삶의 만족도3)/3]. 이후 확인을 누르면 삶의 만족도 평균이라는 새로운 변수가 만들어진다.

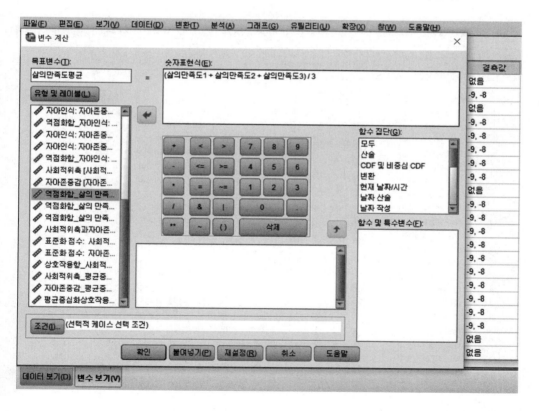

2 2개의 변수를 하나의 변수로 합쳐 새로운 변수로 생성하는 방법

2개의 변수를 하나의 변수로 합쳐서 새로운 변수로 생성하는 방법을 알아보기 위해 실제 논문에서 사용된 변수를 이용하여 살펴보고자 한다.

사회적 위축[2](고, 저)과 자아존중감[3](고, 저)의 2개의 변수를 하나의 변수로 만들고자 한다. 즉 사회적 위축 수준이 높으면서 자아존중감이 높은 집단(1), 사회적 위축 수준이 높으면서 자아존중감이 낮은 집단(2), 사회적 위축 수준이 낮으면서 자아존중감이 높은 집단(3), 사회적 위축 수준이 낮으면서 자아존중감이 낮은 집단(4)이다. 이를 수행하기 위해 다음과 같은 경로로 들어간다.

변환 – 변수계산

---

2. 사회적 위축은 한국청소년정책연구원(www.nypi.re.kr)의 한국 아동 · 청소년패널 조사(KCYPS) 원자료 중 하나로 부록의 설문지 문7)에 있다.

3. 자아존중감은 한국청소년정책연구원(www.nypi.re.kr)의 한국 아동 · 청소년패널 조사(KCYPS) 원자료 중 하나로 부록의 설문지 문 6)에 있다.

A 변수계산

왼쪽의 목표변수 부분에 2개의 변수를 합쳐서 새로운 변수로 생성할 **변수명**(사회적 위축과
자아존중감)을 작성한다. 이때에도 마찬가지로 띄어쓰기를 하거나 특수문자(*, &, −)는 입
력하면 안 되고, 밑줄(_)과 마침표(.)는 사용할 수 있다.

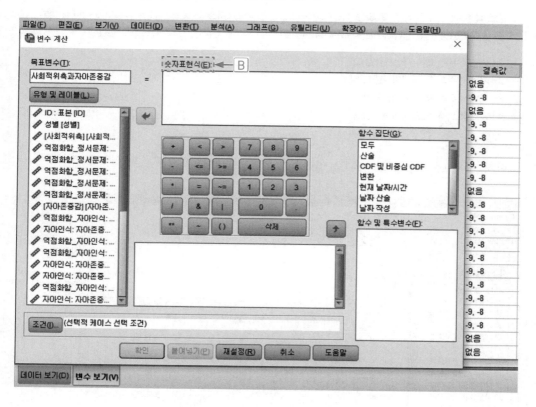

B 숫자표현식

여기서 사회적 위축과 자아존중감을 조합하여 하나의 새로운 변수를 생성할 값을 지정한다. 다음과 같이 새로운 변수의 응답범주로 구성하고자 한다.

> 사회적 위축(① 높은 집단, ② 낮은 집단)과 자아존중감(① 높은 집단, ② 낮은 집단)을 조합하여 하나의 새로운 변수로 생성할 때, 응답범주는 4개로 구성한다.
>
> 1=사회적 위축 고 & 자아존중감 고
> 2=사회적 위축 고 & 자아존중감 저
> 3=사회적 위축 저 & 자아존중감 고
> 4=사회적 위축 저 & 자아존중감 저

먼저, 숫자표현식에 응답범주 1을 입력하고 조건을 클릭한다.

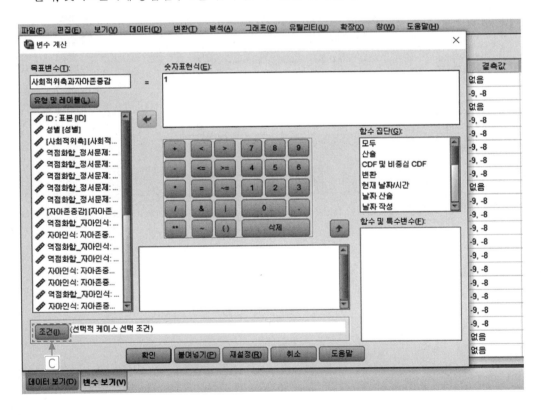

C **조건**

조건을 클릭하면 **변수 계산 : 케이스 조건**의 화면이 나온다. 모든 케이스 포함과 다음 조건을 만족하는 케이스 포함의 부분에서 **다음 조건을 만족하는 케이스 포함**을 클릭하면 다음과 같은 화면이 나온다. 여기서는 앞에서 설정한 응답범주의 조건을 만들어주어야 한다.

만드는 방법은 다음과 같다. 왼쪽에서 사회적 위축 변수를 오른쪽으로 이동시킨 후 아래에 연산기능 중 =, 1, &를 클릭한다. 이후 왼쪽에서 자아존중감 변수를 오른쪽으로 이동시키고 연산기능 중 =, 1을 클릭하여 다음과 같은 식을 만든다. 즉 (사회적 위축=1 & 자아존중감=1)의 조건을 만든 후 계속을 클릭한 후 확인을 누른다.

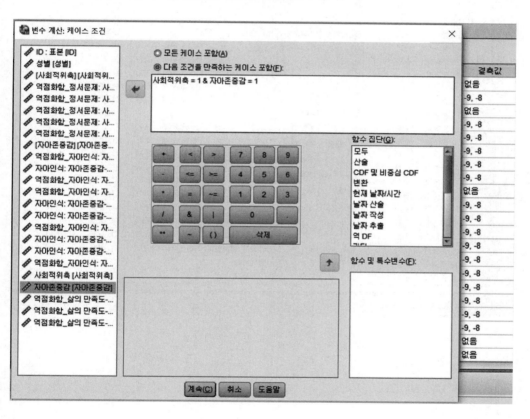

다음은 앞에서 설정한 응답범주 2의 조건을 만들어야 한다. 이를 위해 다음과 같은 경로로 들어간다.

변환 – 변수계산

A 변수계산

변수계산으로 들어가면 이전에 응답범주 1의 조건을 만들어놓은 것이 동일하게 나타난다.
여기서는 기존의 숫자표현식에 1로 되어 있던 숫자를 2로 바꾼 후, 조건을 클릭한다.

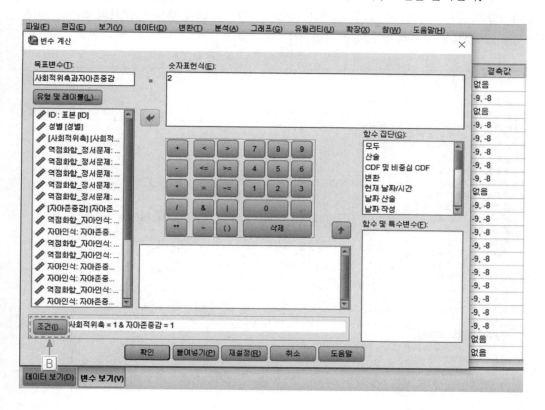

B **조건**

조건으로 들어가면 다음 조건을 만족하는 케이스 포함 부분에 이전의 응답범주 1에 해당하는 '사회적 위축=1 & 자아존중감=1'이 나타난다. 이때 응답범주 2에 해당하는 조건의 케이스를 만들어야 한다. 즉, 다음 조건을 만족하는 케이스 포함 부분에서 '사회적 위축=1 & 자아존중감=2'를 만든 후 계속을 클릭한다.

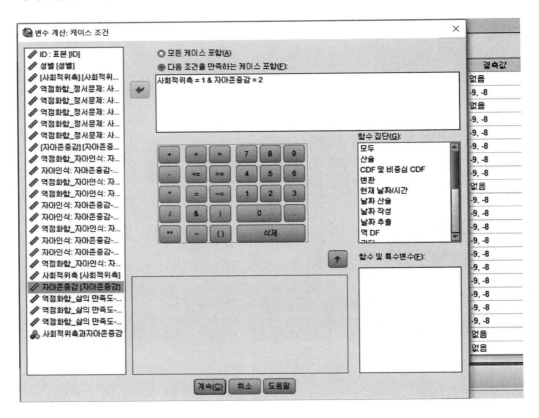

이후 확인을 누르면 "기존 변수를 변경하시겠습니까?"라는 문구가 나온다. 이때 확인을 누르면 동일한 대상 변수에 두 번째 조건에 해당하는 응답범주가 만들어진다.

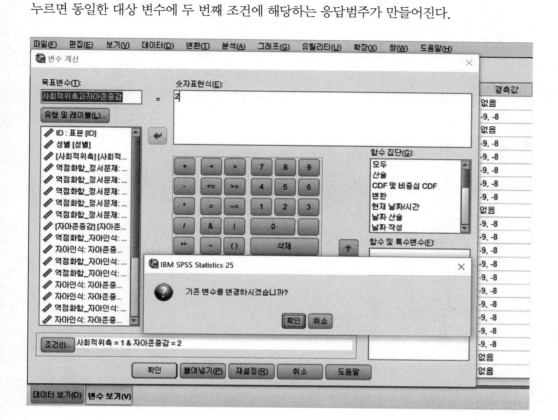

이러한 방법으로 3의 조건(사회적 위축＝2 & 자아존중감＝1)과 4의 조건(사회적 위축＝2 & 자아존중감＝2)에 해당하는 응답범주를 만들고 나면 최종적으로 사회적 위축과 자아존중감을 조합한 새로운 하나의 변수가 생성된다.

3 상호작용항을 만드는 방법

상호작용항은 조절효과분석 방법에서 필요하다. 상호작용항을 만드는 것이 **변수계산에서** 실행되기 때문에 미리 배워두기로 하자.

상호작용항을 만드는 방법은 두 가지가 있다. 하나는 2개의 변수를 **표준화**시킨 후 상호작용항을 만드는 것이다. 다른 하나는 **평균중심화**(Mean Centering)시킨 후 상호작용항을 만드는 것이다. 상호작용항을 만드는 방법을 익히기 위해 학술지에 게재된 논문에서 실행되었던 변인을 토대로 진행하고자 한다.

> 상호작용항 : 사회적 위축과 자아존중감(4점 리커트 척도)

1) 표준화 점수를 이용하여 상호작용항을 만드는 방법

2개의 변수를 표준화시킨 후 상호작용항을 만드는 방법을 알아보고자 한다.

(1) 사회적 위축과 자아존중감의 2개의 변수를 표준화시킨다

변수를 표준화시키기 위해서는 다음과 같은 경로로 들어간다.

> **분석 – 기술통계량 – 기술통계**

A 기술통계

기술통계의 왼쪽에서 표준화시킬 두 변인(사회적 위축, 자아존중감)을 오른쪽 변수로 이동시킨다. 이후 표준화 값을 변수로 저장을 선택한 후 확인을 누르면 사회적 위축과 자아존중감의 표준화된 새로운 변수가 생성된다.

(2) 상호작용항을 만든다

앞서 사회적 위축과 자아존중감을 표준화시켰다. 이제는 상호작용항을 만들면 된다. 상호작용항의 식은 [(Z)사회적 위축×(Z)자아존중감]이다. 상호작용항을 만들기 위해서는 다음과 같은 경로로 들어간다.

변환 – 변수계산

	파일(F) 편집(E) 보기(V) 데이터(D) 변환(T) 분석(A) 그래프(G) 유틸리티(U) 확장(X) 창(W) 도움말(H)					
		이름	유형		값	결측값
1	ID	숫자			없음	없음
2	성별	숫자			{1, 남자}...	-9, -8
3	사회적위축...	숫자			없음	없음
4	사회적위축1	숫자		사회적 위축-주위에	{1, 전혀 그...	-9, -8
5	사회적위축2	숫자		사회적 위축-부끄럼	{1, 전혀 그...	-9, -8
6	사회적위축3	숫자		사회적 위축-다른 사...	{1, 전혀 그...	-9, -8
7	사회적위축4	숫자		사회적 위축-수줍어...	{1, 전혀 그...	-9, -8
8	사회적위축5	숫자		사회적 위축-사람들...	{1, 전혀 그...	-9, -8
9	자아존중감...	숫자			없음	없음
10	자아존중감1	숫자		자아존중감-나는 나...	{1, 전혀 그...	-9, -8
11	자아존중감2	숫자		-때때로 나는 내가 ...	{1, 매우 그...	-9, -8
12	자아존중감3	숫자		자아존중감-나는 내...	{1, 전혀 그...	-9, -8
13	자아존중감4	숫자		자아존중감-나는 남...	{1, 전혀 그...	-9, -8
14	자아존중감5	숫자		-나는 내가 자랑스러...	{1, 매우 그...	-9, -8
15	자아존중감6	숫자		-때때로 나는 내가 ...	{1, 매우 그...	-9, -8
16	자아존중감7	숫자		자아존중감-나는 내...	{1, 전혀 그...	-9, -8
17	자아존중감8	숫자		-나는 나를 좀 더 존...	{1, 매우 그...	-9, -8
18	자아존중감9	숫자	10	0	자아인식: 자아존중감-나는 내가 실패자라...	{1, 매우 그...	-9, -8
19	자아존중감10	숫자	10	0	역점화함_자아인식: 자아존중감-나는 나...	{1, 전혀 그...	-9, -8
20	사회적위축	숫자	8	2	사회적위축	없음	없음
21	자아존중감	숫자	8	2	자아존중감	없음	없음

변환 메뉴 항목:
- 변수 계산(C)... ← A
- Programmability 변환...
- 케이스 내의 값 빈도(O)...
- 값 이동(F)...
- 같은 변수로 코딩변경(S)...
- 다른 변수로 코딩변경(R)...
- 자동 코딩변경(A)...
- 더미변수 작성
- 시각적 구간화(B)...
- 최적 구간화(I)...
- 모형화를 위한 데이터 준비(P) ▶
- 순위변수 생성(K)...
- 날짜 및 시간 마법사(D)...
- 시계열 변수 생성(M)...
- 결측값 대체(V)...
- 난수 생성기(G)...
- 변환 중지   Ctrl+G

데이터 보기(D) **변수 보기(V)**

A 변수계산

왼쪽의 목표변수 부분에 상호작용항을 만들어서 새로운 변수로 생성할 변수명(상호작용항_
사회적 위축과 자아존중감)을 작성한다.

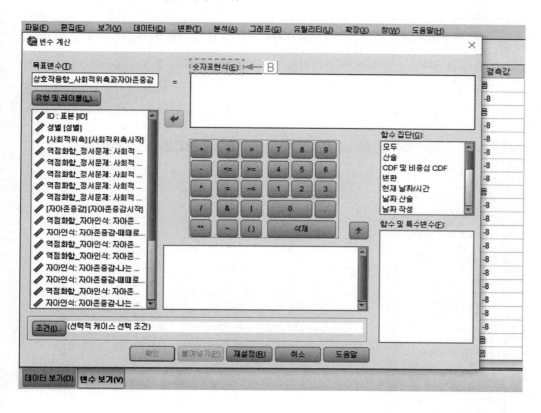

B **숫자표현식**

숫자표현식 부분에서는 2개의 변수를 곱한다. 따라서 'Z사회적 위축×Z자아존중감'으로 만든 후 확인을 누르면 상호작용항이 만들어진다.

변수계산에서 상호작용항을 만드는 숫자표현식에 대해 구체적으로 살펴보자. 숫자표현식을 만들기 위해 연산기능 중 (괄호)를 선택한다. 왼쪽에서 계산할 변수(Z사회적 위축)를 오른쪽으로 이동시키고 연산기능 중 곱하기(∗)를 선택한다. 다시 왼쪽에서 계산할 변수(Z자아존중감)를 오른쪽으로 이동시키고 확인을 누르면 상호작용항이 만들어진다. 즉 다음과 같은 숫자표현식(Z사회적 위축 ∗ Z자아존중감)을 만든 후 확인을 누르면 상호작용항이 생성된다.

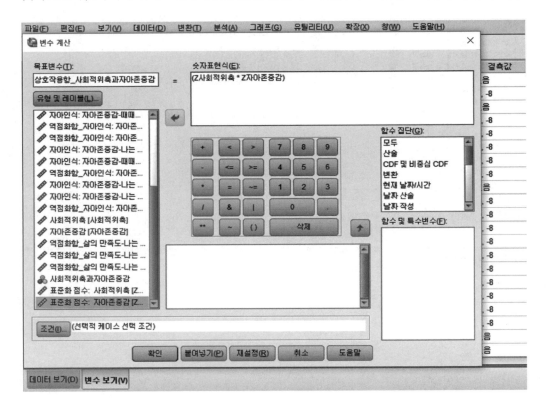

2) 평균점수를 이용하여 상호작용항을 만드는 방법

평균중심화시킨 후 상호작용항을 만드는 방법을 알아보자.

(1) 사회적 위축과 자아존중감의 2개 변수에 평균과 표준편차를 구한다

평균과 표준편차를 구하기 위해서는 다음과 같은 경로로 들어간다.

> 분석 – 기술통계량 – 기술통계

A **기술통계**

기술통계의 왼쪽에서 평균을 구할 변인(사회적 위축, 자아존중감)을 오른쪽 변수로 이동시킨 후 확인을 누른다. 이때 각 변인에 대한 평균을 기억해야 한다(사회적 위축 : 평균 2.1965/자아존중감 : 평균 3.0212).

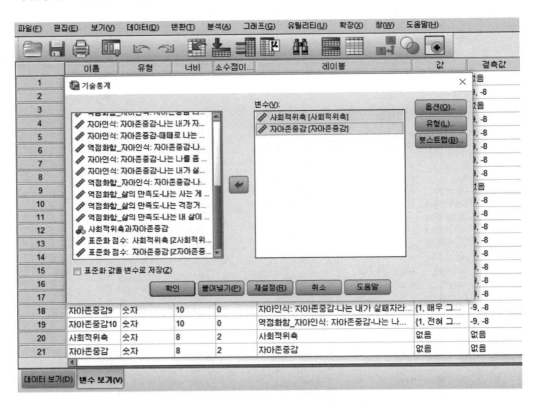

(2) 평균중심화를 만든다

앞서 사회적 위축(2.1965)과 자아존중감(3.0212)의 평균을 구했다. 이제 **평균중심화**를 만들기 위해 다음과 같은 경로로 들어간다.

변환 – 변수계산

파일(F)	편집(E)	보기(V)	데이터(D)	변환(T)	분석(A)	그래프(G)	유틸리티(U)	확장(X)	창(W)	도움말(H)

	이름	유형		이블	값	결측값
			📊 변수 계산(C)... ◀─ A			
			➕ Programmability 변환...			
1	ID	숫자	👥 케이스 내의 값 빈도(O)...		없음	없음
2	성별	숫자	값 이동(F)...		{1, 남자}...	-9, -8
3	사회적위축...	숫자	📊 같은 변수로 코딩변경(S)...		없음	없음
4	사회적위축1	숫자	📊 다른 변수로 코딩변경(R)...	사회적 위축-주위에	{1, 전혀 그...	-9, -8
5	사회적위축2	숫자	📊 자동 코딩변경(A)...	사회적 위축-부끄럽...	{1, 전혀 그...	-9, -8
6	사회적위축3	숫자	➕ 더미변수 작성	사회적 위축-다른 사...	{1, 전혀 그...	-9, -8
7	사회적위축4	숫자	📊 시각적 구간화(B)...	사회적 위축-수줍어...	{1, 전혀 그...	-9, -8
8	사회적위축5	숫자	📊 최적 구간화(I)...	사회적 위축-사람들...	{1, 전혀 그...	-9, -8
9	자아존중감...	숫자	모형화를 위한 데이터 준비(P) ▶		없음	없음
10	자아존중감1	숫자	📊 순위변수 생성(K)...	자아존중감-나는 나...	{1, 전혀 그...	-9, -8
11	자아존중감2	숫자	📊 날짜 및 시간 마법사(D)...	-때때로 나는 내가	{1, 매우 그...	-9, -8
12	자아존중감3	숫자	📊 시계열 변수 생성(M)...	자아존중감-나는 내...	{1, 전혀 그...	-9, -8
13	자아존중감4	숫자	📊 결측값 대체(V)...	자아존중감-나는 남...	{1, 전혀 그...	-9, -8
14	자아존중감5	숫자	⚫ 난수 생성기(G)...	-나는 내가 자랑스러...	{1, 매우 그...	-9, -8
15	자아존중감6	숫자		-때때로 나는 내가 ...	{1, 매우 그...	-9, -8
16	자아존중감7	숫자	📊 변환 중지 Ctrl+G	자아존중감-나는 내...	{1, 전혀 그...	-9, -8
17	자아존중감8	숫자		-나는 나를 좀 더 존...	{1, 매우 그...	-9, -8
18	자아존중감9	숫자	10	0	자아인식: 자아존중감-나는 내가 실패자라...	{1, 매우 그...	-9, -8
19	자아존중감10	숫자	10	0	역점화함_자아인식: 자아존중감-나는 나...	{1, 전혀 그...	-9, -8
20	사회적위축	숫자	8	2	사회적위축	없음	없음
21	자아존중감	숫자	8	2	자아존중감	없음	없음

데이터 보기(D)   **변수 보기(V)**

A 변수계산

왼쪽의 목표변수 부분에 평균중심화를 시켜서 새로운 변수로 생성할 변수명의 이름을 작성한다. 여기에서는 '사회적 위축_평균중심화'라고 정하기로 한다. 이제 평균중심화를 실행한다. 즉, 기존의 사회적 위축의 변수에서 사회적 위축의 평균값을 빼준다. 이를 숫자표현식(사회적 위축-2.1965)으로 작성한 후 확인을 클릭하면 평균중심화된 사회적 위축의 새로운 변수가 만들어진다.

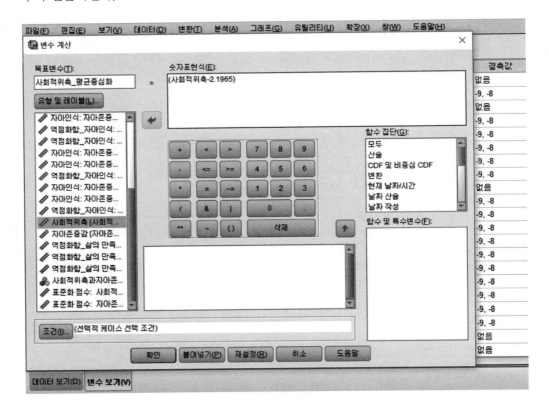

다시 '변환 > 변수계산'으로 들어가서 자아존중감도 동일한 방법으로 만든다.

	이름	유형			이블	값	결측값
			변수 계산(C)...				
			Programmability 변환...	← A			
			케이스 내의 값 빈도(O)...			없음	없음
1	ID	숫자	값 이동(F)...			{1, 남자}...	-9, -8
2	성별	숫자				없음	없음
3	사회적위축...	숫자	같은 변수로 코딩변경(S)...			{1, 전혀 그...	-9, -8
4	사회적위축1	숫자	다른 변수로 코딩변경(R)...		사회적 위축-주위에 ...	{1, 전혀 그...	-9, -8
5	사회적위축2	숫자	자동 코딩변경(A)...		사회적 위축-부끄럼...	{1, 전혀 그...	-9, -8
6	사회적위축3	숫자	더미변수 작성		사회적 위축-다른 사...	{1, 전혀 그...	-9, -8
7	사회적위축4	숫자	시각적 구간화(B)...		사회적 위축-수줍어...	{1, 전혀 그...	-9, -8
8	사회적위축5	숫자	최적 구간화(I)...		사회적 위축-사람을 ...	{1, 전혀 그...	-9, -8
9	자아존중감...	숫자	모형화를 위한 데이터 준비(P) ▶			없음	없음
10	자아존중감1	숫자			자아존중감-나는 나...	{1, 전혀 그...	-9, -8
11	자아존중감2	숫자	순위변수 생성(K)...		-때때로 나는 내가 ...	{1, 매우 그...	-9, -8
12	자아존중감3	숫자	날짜 및 시간 마법사(D)...		자아존중감-나는 내...	{1, 전혀 그...	-9, -8
13	자아존중감4	숫자	시계열 변수 생성(M)...		자아존중감-나는 남...	{1, 전혀 그...	-9, -8
14	자아존중감5	숫자	결측값 대체(V)...		-나는 내가 자랑스러...	{1, 매우 그...	-9, -8
15	자아존중감6	숫자	난수 생성기(G)...		-때때로 나는 내가 ...	{1, 매우 그...	-9, -8
16	자아존중감7	숫자			자아존중감-나는 내...	{1, 전혀 그...	-9, -8
17	자아존중감8	숫자	변환 중지 Ctrl+G		-나는 나를 좀 더 존...	{1, 매우 그...	-9, -8
18	자아존중감9	숫자	10	0	자아존중감-나는 내가 실패자라...	{1, 매우 그...	-9, -8
19	자아존중감10	숫자	10	0	역접화함_자아인식: 자아존중감-나는 나...	{1, 전혀 그...	-9, -8
20	사회적위축	숫자	8	2	사회적위축	없음	없음
21	자아존중감	숫자	8	2	자아존중감	없음	없음

데이터 보기(D) | 변수 보기(V)

A 변수계산

목표변수에 '자아존중감_평균중심화'를 입력하고, 숫자표현식 부분에 동일한 방법(자아존중감-3.0212)을 이용하여 평균중심화된 자아존중감에 대한 새로운 변수를 만든다.

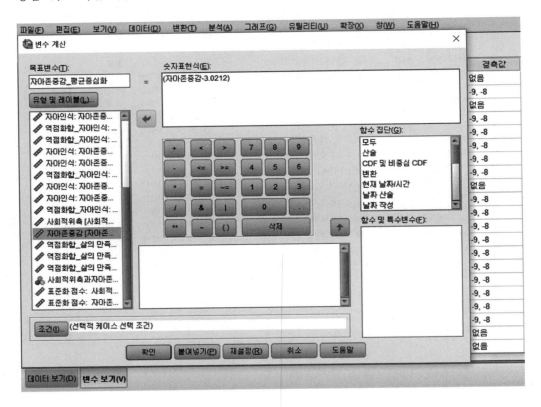

(3) 상호작용항을 만든다

평균중심화된 사회적 위축과 자아존중감의 상호작용항을 만든다. 상호작용항의 식은 '사회적 위축_평균중심화×자아존중감_평균중심화'이다. 상호작용항을 만들기 위해서는 다음과 같은 경로로 들어간다.

변환 - 변수계산

파일(F)	편집(E)	보기(V)	데이터(D)	변환(T)	분석(A)	그래프(G)	유틸리티(U)	확장(X)	창(W)	도움말(H)

변수 계산(C)... ← A

Programmability 변환...

케이스 내의 값 빈도(O)...

값 이동(F)...

같은 변수로 코딩변경(S)...

다른 변수로 코딩변경(R)...

자동 코딩변경(A)...

더미변수 작성

시각적 구간화(B)...

최적 구간화(I)...

모형화를 위한 데이터 준비(P) ▸

순위변수 생성(K)...

날짜 및 시간 마법사(D)...

시계열 변수 생성(M)...

결측값 대체(V)...

난수 생성기(G)...

변환 중지   Ctrl+G

	이름	유형			미블	값	결측값
1	ID	숫자				없음	없음
2	성별	숫자				{1, 남자}	-9, -8
3	사회적위축...	숫자				없음	없음
4	사회적위축1	숫자			사회적 위축-주위에 ...	{1, 전혀 그...	-9, 8
5	사회적위축2	숫자			사회적 위축-부끄럼...	{1, 전혀 그...	-9, 8
6	사회적위축3	숫자			사회적 위축-다른 사...	{1, 전혀 그...	-9, 8
7	사회적위축4	숫자			사회적 위축-수줍어...	{1, 전혀 그...	-9, 8
8	사회적위축5	숫자			사회적 위축-사람을 ...	{1, 전혀 그...	-9, 8
9	자아존중감...	숫자				없음	없음
10	자아존중감1	숫자			자아존중감-나는 나...	{1, 전혀 그...	-9, 8
11	자아존중감2	숫자			-때때로 나는 내가 ...	{1, 매우 그...	-9, 8
12	자아존중감3	숫자			자아존중감-나는 내...	{1, 전혀 그...	-9, 8
13	자아존중감4	숫자			자아존중감-나는 남...	{1, 전혀 그...	-9, 8
14	자아존중감5	숫자			-나는 내가 자랑스러...	{1, 매우 그...	-9, 8
15	자아존중감6	숫자			-때때로 나는 내가 ...	{1, 매우 그...	-9, 8
16	자아존중감7	숫자			자아존중감-나는 내...	{1, 전혀 그...	-9, 8
17	자아존중감8	숫자			-나는 나를 좀 더 존...	{1, 매우 그...	-9, 8
18	자아존중감9	숫자	10	0	자아인식: 자아존중감-나는 내가 실패자라...	{1, 매우 그...	-9, 8
19	자아존중감10	숫자	10	0	역점화함_자아인식: 자아존중감-나는 나...	{1, 전혀 그...	-9, 8
20	사회적위축	숫자	8	2	사회적위축	없음	없음
21	자아존중감	숫자	8	2	자아존중감	없음	없음

데이터 보기(D) | 변수 보기(V)

A 변수계산

왼쪽의 목표변수 부분에 상호작용항을 만들어서 새로운 변수로 생성할 변수명을 작성한다. 여기에서는 '평균중심화 상호작용항_사회적 위축과 자아존중감'으로 정하기로 한다. 또한 숫자표현식 부분에서는 2개의 변수를 곱한다. 따라서 '(사회적 위축_평균중심화×자아존중감_평균중심화)'로 만든 후 확인을 누르면 상호작용항이 만들어진다.

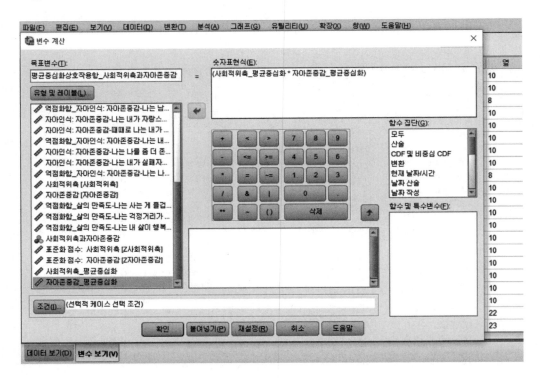

꼭 기억할 사항

변수계산의 창에 있는 연산기능을 알아두면 편리하다.

■ 연산기능

+	더하기	<	~보다 작다	>	~보다 크다
−	빼기	<=	~보다 작거나 같다	>=	~보다 크거나 같다
*	곱하기	=	같다	~=	~와 같지 않다
/	나누기	&	또한, 교집합	|	또는, 합집합
**	제곱	~	아니다	( )	조건의 식을 만들 때 사용

SPSS 통계분석 실행

이 장에서는 본격적으로 연구문제를 검증하기 위한 통계분석 방법에 대해 살펴보고자 한다. 첫째, 두 변수 간의 독립성 또는 관련성을 검증하는 연구문제의 경우는 변수의 척도수준 및 독립변수의 집단 수를 고려하여 이에 해당하는 통계분석을 한다. 독립변수와 종속변수가 명목척도 또는 서열척도로 구성되어 있으면 교차분석을 실시하여 두 변수의 빈도분포의 차이를 통해 두 변수 간 독립성을 분석한다. 한편 종속변수는 등간척도 이상인데, 독립변수가 2개의 집단이라면 T 검정(t-test)을 실시하고, 독립변수가 3개 이상인 집단부터는 일원배치 분산분석(ANOVA)을 실시하여 집단 간의 유의미한 차이를 밝힌다. 또한 등간척도 이상의 독립변수와 종속변수 간의 상관성 및 상관의 방향성을 살펴보기 위해 상관분석을 실시한다.

둘째, 독립변수가 종속변수에 미치는 영향을 살펴보는 연구문제의 경우 단순회귀분석과 다중회귀분석을 활용할 수 있다. 1개의 독립변수를 투입하여 종속변수에 유의미한 영향을 살펴본다면 단순회귀분석을 실시하고, 2개 이상의 독립변수를 투입한다면 다중회귀분석을 실시한다. 이 외에도 가장 영향력 있는 독립변수군과 상대적 영향력의 크기를 파악할 수 있는 위계적 회귀분석, 독립변수에 영향을 받으면서 종속변수에 영향을 미치는 매개효과분석, 그리고 독립변수와 종속변수의 인과관계에서 그 크기나 방향을 변화시키는 조절효과분석에 대해 알아보고자 한다.

한편 종속변수가 범주형인 경우에는 로지스틱 회귀분석을 실시하도록 한다. 종속변수의 범주형이 2개인 경우에는 이항로지스틱 회귀분석을 실시하고, 3개 이상부터는 다항로지스틱 회귀분석을 실시하면 된다. 마지막으로 모집단의 개체들을 유사성에 근거하여 동일 집단으로 분류하는 군집분석을 소개하고자 한다.

11 CHAPTER

교차분석

교차분석(x^2 검정, 카이제곱검정)은 명목척도 또는 서열척도의 범주형의 두 변수의 관계를 조사하는 통계기법이다. 두 변수의 범주를 행과 열로 교차한 각각 셀에 해당하는 빈도분포의 차이를 이용하여 두 변수 간의 독립성과 관련성을 분석한다.

예를 들면, 선호하는 휴대폰 디자인(A, B, C)은 성별(남, 여)과 관련이 있는지 분석하는 경우이다. 두 변수가 각각 3개와 2개의 범주이며 교차표는 3*2개의 총 6개 셀(cell)이 생긴다. 총응답빈도를 이용하여 변수의 범주에 따라 차이가 없다고 가정할 때 6개의 각 셀에 해당하는 기대되는 빈도를 구하고 실제 측정된 빈도와 비교함으로써 두 변수가 독립적인지 아니면 관련성을 갖는지를 판단한다.

실제빈도와 기대빈도의 차이를 판정하는 통계량인 카이제곱값 공식은 다음과 같다.

$$\frac{\Sigma(fo-fe)^2}{fe} \quad *fo : 실제빈도, \quad fe : 기대빈도$$

즉 실제빈도와 기대빈도의 차이가 크면 카이제곱값이 커진다. t 분포, F 분포처럼 카이제곱 통계량은 X_2 분포에서 계산된 X_2값과 기준이 되는 X_2값을 비교한다. 계산된 카이제곱값이 기준의 카이제곱값보다 크다면 통계적으로 유의한 차이가 있는 것이다.

1 교차분석 실행

교차분석을 실행하는 방법을 알아보기 위해 학술지에 게재된 논문에서 사용되었던 내용을 바탕으로 살펴보고자 한다. 다음의 연구문제[1]를 토대로 실행하고자 한다.

> **[연구문제 1]**
> 소득계층과 부의 학력은 독립적인가?
>
> **[연구문제 2]**
> 소득계층과 청소년의 성별은 독립적인가?

위의 연구문제를 검증하기 위해 교차분석을 실시하고자 한다. 교차분석은 범주형인 두 변수의 서로 교차하는 셀에 해당하는 빈도수를 이용하는 분석이다. 소득계층은 상층, 중층, 하층의 3개의 범주, 부의 학력은 고졸 이하, 초대졸, 대졸 이상의 3개의 범주, 청소년의 성별은 남, 여의 2개의 범주로 되어 있다.

교차분석은 다음과 같은 경로로 들어가면 된다.

> **분석 – 기술통계량 – 교차분석**

---

1. 가구소득과 청소년의 성별, 부의 학력은 한국청소년정책연구원(www.nypi.re.kr)의 한국 아동 · 청소년패널 조사(KCYPS) 원자료 중 하나로 부록의 설문지 문 18), 문 22-2), 문 24)에 있다.

A 교차분석

왼쪽 부분에서 독립변수에 해당하는 소득계층 변수를 열 칸으로 이동시킨다. 또한 왼쪽 부분에서 종속변수에 해당하는 부의 학력, 청소년의 성별을 행 칸으로 이동시킨다.

이후 통계량을 누른다.

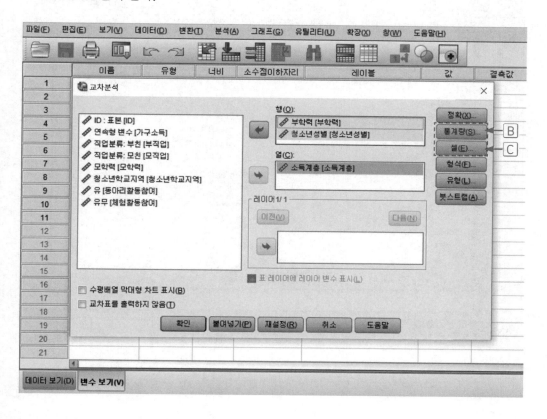

B 통계량

카이제곱을 선택한 후 계속을 누른다. 이후 셀을 누른다.

C 셀

빈도에서 **관측빈도**는 지정되어 있다. 여기서는 퍼센트 부분의 교차분석의 독립변수에 해당하는 퍼센트 옵션(열)만 선택하는 것이 편리하다. 교차분석 후 출력 결과에서 보다 쉽게 독립변수의 분포를 알 수 있기 때문이다(우수명, 2015, p. 164). 이후 계속을 누른 후 확인을 누르면 소득계층에 따른 인구사회학적 특성의 분포 차이 검정 결과가 나온다.

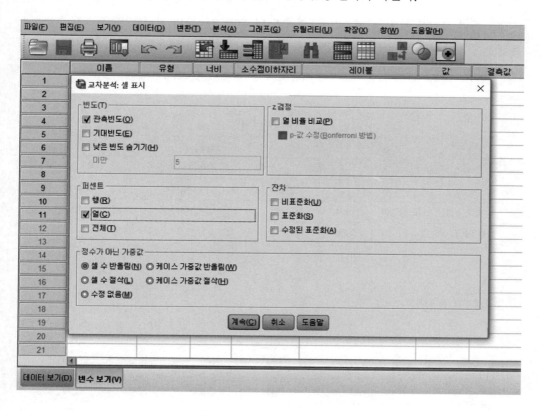

2 교차분석 결과 해석

교차분석을 실행했다면, 분석 결과를 보는 방법에 대해 살펴보고자 한다. 분석을 실행하고 나면, 케이스 처리 요약, 교차표, 카이제곱검정의 출력물이 나온다.

1) 케이스 처리 요약의 출력물

케이스 처리 요약을 보면, 유효, 결측, 전체가 나온다. 즉, 부의 학력의 경우 전체 2,150명 중 분석에 사용된 유효 수는 1,991명이고, 결측 케이스는 159명이다. 청소년의 성별은 전체 2,150명 중 분석에 사용된 유효 수는 2,150명이고, 결측 케이스는 없다는 것을 의미한다.

케이스 처리 요약

	케이스					
	유효		결측		전체	
	N	퍼센트	N	퍼센트	N	퍼센트
부 학력_3집단* 소득_상중하	1991	92.6%	159	7.4%	2150	100.0%
성별* 소득_상중하	2150	100.0%	0	.0%	2150	100.0%

2) 교차표의 출력물

교차표

			소득_상중하			전체
			하층	중층	상층	
부 학력	고졸 이하	빈도	378	388	130	896
		소득_상중하 중%	71.7%	45.6%	21.2%	45.0%
	초대졸	빈도	37	99	64	200
		소득_상중하 중%	7.0%	11.6%	10.4%	10.0%
	대졸 이상	빈도	112	363	420	895
		소득_상중하 중%	21.3%	42.7%	68.4%	45.0%
전체		빈도	527	850	614	1991
		소득_상중하 중%	100.0%	100.0%	100.0%	100.0%

교차표는 부의 학력과 성별에 대한 2개의 출력물이 각각 나온다. 먼저 앞의 교차표를 보면, 소득계층에 따른 부의 학력 분포를 나타낸다. 소득계층의 하층에서는 부의 학력이 고졸 이하 집단이 378명(71.7%)의 높은 분포를 보이고, 다음은 대졸 이상 집단이 112명(21.3%), 초대졸 집단이 37명(7.0%)의 분포를 보였다. 중층에서는 고졸 이하 집단(388명, 45.6%)과 대졸 이상 집단(363명, 42.7%)이 각각 40%대의 분포를 보이며, 초대졸 집단이 99명(11.6%)으로 나타났다. 상층은 대졸 이상 집단(420명, 68.4%)이 높은 분포를 차지하고, 다음으로는 고졸 이하 집단(130명, 21.2%), 초대졸 집단(64명, 10.4%)순으로 나타났다.

다음으로 청소년의 성별에 대한 교차표를 살펴보자.

교차표

			소득_상중하			전체
			하층	중층	상층	
성별	남자	빈도	355	422	312	1089
		소득_상중하 중%	53.2%	48.8%	50.4%	50.7%
	여자	빈도	312	442	307	1061
		소득_상중하 중%	46.8%	51.2%	49.6%	49.3%
전체		빈도	667	864	619	2150
		소득_상중하 중%	100.0%	100.0%	100.0%	100.0%

청소년의 성별 분포를 나타내는 것으로, 즉 소득계층의 하층에서는 남학생이 355명(53.2%)의 분포를 보이고, 여학생은 312명(46.8%)의 분포를 보였다. 중층에서는 남학생 집단이 422명(48.8%)이고, 여학생 집단이 442명(51.2%)으로 나타났다. 상층의 경우에는 남학생이 312명(50.4%)의 분포를 차지하고, 여학생이 307명(49.6%)의 분포를 차지하였다.

참고

위의 교차표의 출력물을 보는 방법에서 독립변수의 열의 퍼센트를 중심으로 살펴보았다. 교차분석의 실행에서 '셀 옵션' 선택 부분에서 퍼센트의 열을 선택했기 때문이다. 이는 앞서 출력 결과물에서 보다 쉽게 독립변수의 분포를 알 수 있기 때문이라는 점을 배웠다(우수명, 2015, p. 164). 그렇다면, 교차분석의 '셀 옵션'에서 퍼센트의 행, 열, 전체를 모두 선택한 경우와 비교해보자.

다음의 교차표는 셀 옵션의 퍼센트 부분에서 행, 열, 전체를 모두 선택하였다.

행의 퍼센트는 교차표에서 가로의 전체 합계가 100%가 되고, **열**의 퍼센트는 교차표에서 세로의 전체 합계가 100%가 된다. 전체의 퍼센트는 전체의 빈도 대비의 각 셀의 분포를 말한다.

즉, 위의 셀 옵션에서 퍼센트의 행, 열, 전체를 모두 선택한 경우와 비교해보면, 독립변수의 열만 옵션으로 선택한 출력 결과를 보다 효과적으로 파악할 수 있다는 점을 알 수 있다.

성별*소득_상중하 교차표

			소득_상중하			전체
			하층	중층	상층	
성별	남자	빈도	355	422	312	1089
		성별 중%	32.6%	38.8%	28.7%	100.0%
		소득_상중하 중%	53.2%	48.8%	50.4%	50.7%
		전체%	16.5%	19.6%	14.5%	50.7%
	여자	빈도	312	442	307	1061
		성별 중%	29.4%	41.7%	28.9%	100.0%
		소득_상중하 중%	46.8%	51.2%	49.6%	49.3%
		전체%	14.5%	20.6%	14.3%	49.3%
전체		빈도	667	864	619	2150
		성별 중%	31.0%	40.2%	28.8%	100.0%
		소득_상중하 중%	100.0%	100.0%	100.0%	100.0%
		전체%	31.0%	40.2%	28.8%	100.0%

3) 카이제곱 검정의 출력물

Pearson 카이제곱은 카이제곱 검정의 결과이다. 여기서는 Pearson 카이제곱값과 근사 유의확률(양측검정)을 확인하면 된다. 유의확률이 $p < .05$이면 통계적으로 유의미한 분포의 차이가 있는 반면, $p \geq .05$이면 유의한 집단 간 분포의 차이가 없는 것으로 판단한다.

카이제곱 검정은 부의 학력과 성별에 대한 2개의 출력물이 각각 나온다. 먼저 부의 학력에 대한 카이제곱 검정 출력물을 보면, 다음의 Pearson 카이제곱 값이 310.172이고, 근사 유의확률이 .000으로 나타나 소득계층에 따른 부의 학력 분포는 차이가 있다는 것을 확인할 수 있다.

카이제곱 검정_부의 학력

	값	자유도	근사 유의확률(양측검정)
Pearson 카이제곱	310.172[a]	4	.000
우도비	322.551	4	.000
선형 대 선형결합	302.092	1	.000
유효 케이스 수	1991		

a. 0 셀(.0%)은(는) 5보다 작은 기대빈도를 가지는 셀이다.
최소기대빈도는 52.94이다.

다음으로 성별에 대한 Pearson 카이제곱 값이 2.911이고, 근사 유의확률이 .233으로 나타나 소득계층에 따른 청소년의 성별 분포는 차이가 없다는 것을 알 수 있다.

카이제곱 검정_청소년의 성별

	값	자유도	근사 유의확률(양측검정)
Pearson 카이제곱	2.911[a]	2	.233
우도비	2.913	2	.233
선형 대 선형결합	1.087	1	.297
유효 케이스 수	2150		

a. 0 셀(.0%)은(는) 5보다 작은 기대빈도를 가지는 셀이다.
최소기대빈도는 305.47이다.

3 교차분석 결과를 활용한 논문 작성

교차분석의 실행이 끝난 후 분석 결과를 보는 방법을 익혔다. 이제는 논문에서 실제로 작성하는 방법을 알아보기로 한다.

1) 분석 결과를 표로 작성한다

표 11.1 **소득계층별 인구사회학적 특성의 차이**

구분		하층[a] (n=667, 31.0%)	중층[a] (n=864, 40.2%)	상층[a] (n=619, 28.8%)	X^2
부 학력	고졸 이하	378(71.7)	388(45.6)	130(21.2)	310.172***
	초대졸	37(7.0)	99(11.6)	64(10.4)	
	대졸 이상	112(21.3)	363(42.7)	420(68.4)	
	계	527(100.0)	850(100.0)	614(100.0)	
모 학력	고졸 이하	454(80.1)	496(59.0)	214(35.0)	265.443***
	초대졸	32(5.6)	102(12.1)	71(11.6)	
	대졸 이상	81(14.3)	242(28.8)	327(53.4)	
	계	567(100.0)	840(100.0)	612(100.0)	
청소년 성별	남자	355(53.2)	422(48.8)	312(50.4)	2.911
	여자	312(46.8)	442(51.2)	307(49.6)	
	계	667(100.0)	864(100.0)	619(100.0)	
청소년 학교지역	서울	40(6.0)	61(7.1)	90(14.5)	36.029***
	인천/경기	138(20.7)	168919.4)	124(20.0)	
	그 외 지역	489(73.3)	635(73.5)	405(65.4)	
	계	667(100.0)	864(100.0)	619(100.0)	

***$p<.001$

a. 계는 결측값에 의해 차이가 있을 수 있다.

출처 : 박은정, 이유리, 이성훈(2016). 부모의 소득계층별 청소년의 사회자본이 진로정체감에 미치는 영향 : 중학교 3학년을 중심으로. 한국청소년학회, 23(5), 237-263.

2) 분석 결과표에 대한 해석을 작성한다

소득계층별 인구사회학적 특성의 차이를 살펴보기 위해 교차분석을 실시한 결과는 표 11.1과 같다. 소득계층에 따른 인구사회학적 특성은 청소년의 성별을 제외한 모든 변수에서 통계적으로 유의한 차이가 나타났다. 먼저 하층의 경우, 부모의 학력은 고졸 이하 집단 비율(부 학력 71.7%, 모 학력 80.1%)이 특히 높았다. 청소년의 학교지역은 서울(6.0%)이 다른 소득계층에 비해 다소 낮은 비율을 차지하고 있었다. 중층을 보면, 부 학력은 초대졸 이상 집단이 절반(54.3%) 이상을 차지하고 있었고, 청소년의 학교지역은 서울/인천/경기 외 지역이 73.5%를 차지하는 것으로 나타났다. 상층의 부모의 학력을 살펴보면 초대졸 이상 집단(부 학력 78.8%, 모 학력 65.0%)이 다른 소득계층보다 특히 높았고, 청소년의 학교지역은 서울(14.5%)의 비율이 특히 높은 데 비해 서울/인천/경기 외 지역(65.4%)의 비율은 낮다.

 ## 꼭 기억할 사항

교차분석은 두 변수의 관계를 조사하는 통계기법으로 명목척도 또는 서열척도의 범주형인 경우 사용한다. 교차분석은 두 변수의 범주를 행과 열로 교차한 각각의 셀에 해당하는 빈도분포의 차이를 구할 수 있다. 이때 교차분석의 셀 표시 옵션 부분에서 독립변수의 열 백분율만을 선택하면 분석 결과를 쉽게 볼 수 있다.

12 ^{CHAPTER}

T 검정

Ⅰ 독립표본 T 검정

독립표본 T 검정(t-test)은 서로 다른 두 표본 집단의 해당 변수의 평균 차이가 통계적으로 유의한지를 파악할 때 이용하는 통계기법이다. 즉 X라는 변수에 대한 A와 B집단의 각각 평균의 차이값이 단지 우연에 의한 것인지 아니면 통계적으로 유의한 차이에 의한 것인지를 밝히는 과정이 바로 T 검정이다. 예를 들면, 중학교 3학년 학생을 대상으로 수학시험 점수가 성별(남, 여)에 따라 차이가 있다고 할 수 있는지 분석하기 위해 독립표본 T 검정을 사용한다. 이때 수학시험 점수는 평균을 내야 하기 때문에 등간척도 또는 비율척도여야 한다.

T 검정의 원리는 각 표본의 분산과 두 표본을 합한 전체 집단의 분산을 이용하여 평균의 차이가 어느 정도 유의한가를 검정하는 것이다. 두 집단 간의 평균의 차이를 검정하기 위해서는 t 값을 계산해야 한다. 즉 평균의 차이에 대한 가설검정의 통계량인 t 값 공식은

$$\frac{1집단\ 평균 - 2집단\ 평균}{전체의\ 표준오차}$$

대체로 사회과학에서는 95%의 신뢰수준, 즉 유의수준 5%를 기준으로 사용한다. SPSS 프로그램은 기본적으로 유의수준 5%가 지정되어 있으며, 유의수준에 대응한 t 값(자유도[1]와 유의수준)을 t 분포에서 찾아서 계산된 t 값과 비교한다. 계산된 t 값이 기준이 되는 t 값보다 크다면 두 집단의 평균 차이는 통계적으로 유의한 차이가 있는 것으로, 같거나 작다면 통계적으로 유의한 차이가 없는 것으로 판단한다.

---

1. 자유도는 전체 케이스 수에서 집단 수를 빼면 된다.

1 독립표본 T 검정 실행

독립표본 T 검정을 실행하는 방법을 알아보기 위해 학술지에 게재된 논문에서 사용되었던 내용을 바탕으로 살펴보고자 한다. 다음의 연구문제를 토대로 실행하고자 한다.

[연구문제]
성별에 따른 생애목표는 어떠한 차이가 있는가?

위의 연구문제를 보면, 독립변수는 성별이고, 종속변수는 생애목표[2]이다. 독립변수인 성별은 남학생과 여학생의 **명목척도**로 구성되었고, 전체 생애목표는 가족목표, 성공목표, 성장목표, 사회기여목표의 4개의 하위영역으로 구성되어 있다. 즉 두 집단의 평균 비교를 위한 것으로 독립표본 T 검정을 실행해야 한다. 독립표본 T 검정을 실행하기 위해서는 다음과 같은 경로로 들어간다.

분석 – 평균 비교 – 독립표본 T 검정

---

2. 생애목표는 한국청소년정책연구원(www.nypi.re.kr)의 한국 아동·청소년패널 조사(KCYPS) 원자료 중 하나로 부록의 설문지 문 9)에 있다.

A 독립표본 T 검정

왼쪽에서 종속변수(전체 생애목표, 가족목표, 성공목표, 성장목표, 사회기여목표)를 검정변수 부분으로 이동시키고, 독립변수(성별)를 집단변수 부분으로 이동시킨다. 이후 집단 정의를 누른다.

B 집단 정의

지정값 사용 부분에서 집단 1과 집단 2를 지정해야 한다. 독립변수인 성별의 집단은 남학생과 여학생이다. 즉, 원자료에서 성별을 코딩할 때 남학생을 1로, 여학생을 2로 입력하였다. 따라서 지정값 사용에서 집단 1에는 1, 집단 2에는 2의 숫자를 각각 입력한 후 계속을 누른다. 만약 원자료에서 남학생 0, 여학생을 1로 코딩하였다면 지정값 사용에서 집단 1에 0, 집단 2에는 1을 각각 입력한 후 계속을 누르면 된다. 이후 확인을 누르면 성별에 따른 생애목표의 차이에 대한 분석 결과의 출력물이 나온다.

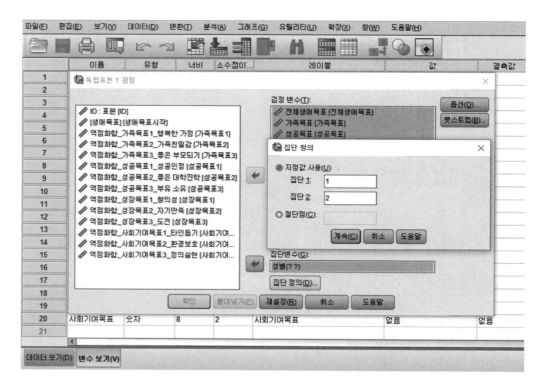

2 독립표본 T 검정 분석 결과 해석

독립표본 T 검정 분석을 실행했다면, 분석 결과를 보는 방법에 대해 살펴보고자 한다. 분석을 실행하고 나면, 집단통계량과 독립표본 검정의 출력물이 나온다.

1) 집단통계량의 출력물

집단통계량을 보면, 변수의 각 범주 집단, 빈도(N), 평균(M), 표준화 편차(SD), 표준오차 평균이 나와 있다. 우선 전체 생애목표를 보면, 남자는 평균 3.12점이고, 표준화 편차는 .35, 여자는 평균 3.13점이고, 표준화 편차는 .32점으로 나타났다. 다음으로 하위영역을 살펴보면, 가족목표는 남자가 평균 3.51점, 표준화 편차 .49이고, 여자의 평균은 3.52점, 표준화 편차 .47로 나타났다. 성공목표, 성장목표, 사회기여목표의 결과도 이와 같은 방법으로 해석하면 된다. 참고로 평균과 표준화 편차는 소수점 셋째 자리에서 반올림하여 둘째 자리까지 제시하면 된다.

집단통계량

		성별	N	평균	표준화 편차	표준오차 평균
전체 생애목표		남자	1067	3.1223	.35089	.01074
		여자	1024	3.1314	.32099	.01003
하위 영역	가족목표	남자	1067	3.5073	.49283	.01509
		여자	1024	3.5186	.46594	.01456
	성공목표	남자	1067	2.6554	.57052	.01747
		여자	1024	2.7448	.50238	.01570
	성장목표	남자	1067	3.1746	.46249	.01416
		여자	1024	3.1003	.45895	.01434
	사회기여목표	남자	1067	3.1518	.48948	.01498
		여자	1024	3.1621	.43819	.01369

2) 독립표본 검정의 출력물

결과를 분석하기 위해서는 먼저 두 집단의 분산의 동질성 여부를 살펴봐야 한다. 이러한 분산의 동질성 여부는 Levene의 등분산검정값으로 판단한다. 분석 결과에서 두 집단의 모분산이 동질적일 때는 결과표에서 등분산이 가정됨을 이용하고, 동질적이지 않을 때는 등분산이 가정되지 않음을 이용한다. 즉 Levene의 등분산검정의 유의확률이 $p \geqq .05$일 때는 두 분산이 유의하지 않으므로 등분산이 가정됨을, 그리고 $p < .05$일 때는 등분산이 가정되지 않음으로 판단하면 된다.

독립표본 검정

		Levene의 등분산검정		평균의 동일성에 대한 T 검정					차이의 95% 신뢰구간	
		F	유의확률	t	자유도	유의확률 (양쪽)	평균 차이	표준오차차이	하한	상한
전체생애목표	등분산이 가정됨	3.710	.054	−.620	2089	.536	−.00912	.01472	−.03800	.01975
	등분산이 가정되지 않음			−.621	2084.235	.535	−.00912	.01470	−.03795	.01 970
하위영역	가족목표 등분산이 가정됨	2.278	.131	−.534	2089	.593	−.01121	.02099	−.05238	.02995
	가족목표 등분산이 가정되지 않음			−.535	2088.533	.593	−.01121	.02097	−.05233	.02991
	성공목표 등분산이 가정됨	4.231	.040	−3.796	2089	.000	−.08937	.02355	−.13555	−.04320
	성공목표 등분산이 가정되지 않음			−3.806	2073.787	.000	−.08937	.02348	−.13543	−.04332
	성장목표 등분산이 가정됨	1.098	.295	3.690	2089	.000	.07437	.02016	.03484	.11390
	성장목표 등분산이 가정되지 않음			3.690	2086.661	.000	.07437	.02015	.03485	.11390
	사회기여목표 등분산이 가정됨	5.836	.016	−.505	2089	.613	−.01028	.02035	−.05018	.02962
	사회기여목표 등분산이 가정되지 않음			−.507	2079.010	.613	−.01028	.02030	−.05009	.02953

앞의 **독립표본 검정**의 결과표를 살펴보자. 여기서 등분산이 가정된 것과 가정되지 않은 경우의 두 가지에 대한 분석 결과표를 보는 방법에 대해 알아보자.

먼저 전체 생애목표의 Levene의 등분산검정 결과에 대한 F값과 유의확률을 확인해야 한다. 전체 생애목표의 Levene의 등분산검정의 유의확률은 .054, 즉 $p > .05$이므로 등분산이 가정된다. 따라서 등분산이 가정된 t값과 유의확률(양쪽)을 통해 두 집단 간의 차이가 있는지를 파악해야 한다. 전체 생애목표의 t값이 $-.620$이고, 유의확률(양쪽)은 $p > .536$으로 나타나 전체 생애목표는 남성과 여성의 집단 간 차이가 없다.

다음으로 성공목표의 Levene의 등분산검정 결과표를 보면, $p < .05$으로 등분산이 가정되지 않음을 확인할 수 있다. 따라서 등분산이 가정되지 않은 t값과 유의확률(양쪽)을 살펴보면, $-3.806(p < .001)$인 것으로 나타나 성공목표는 성별에 따라 통계적으로 유의한 차이가 있다.

이와 같은 방법으로 가족목표, 성장목표, 사회기여목표에 대한 독립표본 검정을 해석하면 된다.

❸ 독립표본 T 검정 분석 결과를 활용한 논문 작성

독립표본 T 검정 분석의 실행이 끝난 후 분석 결과를 보는 방법을 익혔다. 이제는 논문에서 실제로 활용하는 방법을 알아보기로 한다.

1) 분석 결과를 표로 작성한다

표 12.1 성별에 따른 생애목표와 학업성취도의 차이

(N=2,091)

구분		남학생 (N=1,067)		여학생 (N=1,024)		t
		M	SD	M	SD	
전체 생애목표		3.12	.35	3.13	.32	.620
하위 영역	가족목표	3.51	.49	3.52	.47	.534
	성공목표	2.66	.57	2.74	.50	3.806***
	성장목표	3.17	.46	3.10	.46	3.690***
	사회기여목표	3.15	.49	3.16	.44	.507
학업성취도		2.89	.81	2.96	.74	1.832

***$p < .001$

출처: 박은정, 이유리, 이성훈(2016). 남녀 고등학생의 생애목표 유형에 따른 자기조절학습과 학업성취의 차이. 교육종합연구, 14(3), 1-27.

2) 분석 결과표에 대한 해석을 작성한다

고등학생의 성별에 따른 생애목표, 학업성취의 차이를 분석하기 위해 t-test를 실시한 결과 표 12.1과 같다. 생애목표의 하위영역 중 성공목표와 성장목표는 성별에 따라 유의미한 차이가 나타났다. 구체적으로 여학생은 남학생에 비해 성공목표가 높은 반면, 남학생은 성장목표가 더 높은 것으로 나타났다. 반면 전체 생애목표, 가족목표, 사회기여목표의 하위영역과 학업성취는 성별에 따라 유의한 차이를 보이지 않았다.

II 대응표본 T 검정

대응표본 T 검정은 쌍체비교라고도 한다. 즉 쌍을 이루는(pair) 두 데이터 또는 사전사후검사처럼 서로 독립적이지 않은 두 집단의 차이를 비교하는 분석이다. 따라서 독립표본 T 검정과 달리 등분산 검정은 하지 않아도 되고 유의수준으로 차이가 있는지 없는지만 판단하면 된다.

예를 들어, 교육센터에서 '건강한 식습관 교육 프로그램'을 실시한다고 가정하자. 이때 교육 프로그램 참여자를 대상으로 프로그램 실시 전과 후의 식습관을 조사한다. 즉, 대응표본 T 검정은 동일 표본에게 동일한 변수를 사전과 사후 측정한 후 사전사후의 평균 차이를 검정함으로써 '교육 프로그램의 효과성'을 파악할 수 있다.

1 대응표본 T 검정 실행

대응표본 T 검정을 실행하는 방법을 예시를 통해 살펴보자. 독립표본의 분석은 단지 전체 아버지 집단의 학력과 전체 어머니 집단의 학력 차이를 분석한 것이다. 대응표본은 쌍으로 서로 부부관계인 아버지와 어머니의 학력이 통계적으로 차이가 있는지를 확인하는 것이다. 즉 쌍체비교라는 점을 기억하자. 다음의 연구문제를 토대로 실행한다.

[연구문제]
미취학 자녀를 둔 맞벌이 부부의 자녀 양육시간은 어떠한 차이가 있는가?

이 연구문제의 분석대상자는 미취학자녀를 둔 비농가 맞벌이 부부이다. 자녀 양육시간은 자녀돌봄, 가사공유, 여가공유시간으로 구분하였고, 맞벌이하는 남편과 부인의 자녀양육시간의 차이를 파악하기 위해 대응표본 T 검정을 실시하고자 한다. 이를 위해 다음과 같은 경로로 들어간다.

분석 – 평균 비교 – 대응표본 T 검정

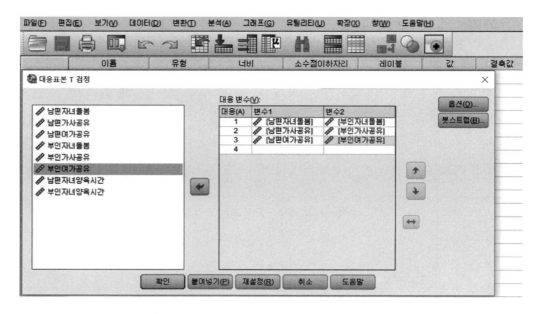

Ⓐ 대응표본 T 검정

왼쪽 부분에서 검정할 변수를 오른쪽 부분의 대응 변수로 이동시킨다. 앞서 검정하고자 하는 변수가 자녀돌봄, 가사공유, 여가공유시간의 3개의 변수이다. 따라서 대응변수 부분에서 대응 1의 경우 변수 1에 남편 자녀돌봄을 이동시키고, 변수 2에 부인 자녀돌봄을 이동시킨다. 또한 대응 2의 경우 변수 1에 남편 가사공유, 변수 2에 부인 가사공유를 각각 이동시킨다. 그리고 대응 3의 경우는 변수 1에 남편 여가공유, 변수 2에 부인 여가공유를 각각 이동시킨다. 이후 확인을 누르면 맞벌이 부부의 자녀양육시간의 차이에 대한 검정 결과물이 출력된다.

② 대응표본 T 검정 분석 결과 해석

대응표본 T 검정 분석을 실행했다면, 분석 결과를 보는 방법에 대해 살펴보고자 한다. 분석을 실행하고 나면, 대응표본 통계량, 대응표본 상관계수, 대응표본 검정의 출력물이 나온다.

1) 대응표본 통계량의 출력물

대응표본 통계량을 보면, 대응 1, 대응 2, 대응 3의 각각에 대한 평균, 유효 수, 표준화 편차, 표준오차 평균이 있다. 먼저 대응 1은 남편과 부인의 자녀돌봄시간으로 평균은 각각 49분, 127분으로 나타났다. 대응 2의 경우 가사공유시간으로 남편은 평균 39분이고, 부인은 평균 106분이다. 대응 3의 경우에는 남편의 여가공유시간은 평균 28분이며, 부인의 여가공유시간은 34분으로 나타났다.

대응표본 통계량

		평균	N	표준화 편차	표준오차 평균
대응 1	남편 자녀돌봄	49.1837	784	73.07581	2.60985
	부인 자녀돌봄	127.1811	784	106.54489	3.80517
대응 2	남편 가사공유	39.2219	784	57.91641	2.06844
	부인 가사공유	106.3776	784	87.95181	3.14114
대응 3	남편 여가공유	28.2015	784	56.12388	2.00442
	부인 여가공유	34.1454	784	57.50704	2.05382

2) 대응표본 상관계수의 출력물

대응표본 상관계수의 출력물은 대응 1, 대응 2, 대응 3의 각각에 대한 두 변수의 상관관계를 보여준다. 대응 1을 보면, 남편의 자녀돌봄과 부인의 자녀돌봄 간 두 변수의 상관성이 .268이고, 대응 2는 남편과 부인의 가사공유시간의 두 변수 간 상관성이 .131로 낮은 것을 알 수 있다. 또한 대응 3의 경우 남편의 여가공유시간과 부인의 여가공유시간 간 상관관계는 .617로 높은 것을 알 수 있다.

대응표본 상관계수

		N	상관계수	유의확률
대응 1	남편 자녀돌봄 & 부인 자녀돌봄	784	.268	.000
대응 2	남편 가사공유 & 부인 가사공유	784	.131	.000
대응 3	남편 여가공유 & 부인 여가공유	784	.617	.000

3) 대응표본 검정의 출력물

대응표본 검정의 출력물에서 확인할 사항은 t값과 유의확률(양쪽)이다. 다음의 결과물을 보면, 대응 1에서 남편 자녀돌봄과 부인 자녀돌봄의 차이가 평균 -77.99745, t값이 -19.521, 유의확률이 $p < .001$로 나타났다. 따라서 부인의 자녀 돌봄시간이 남편보다 많은 것을 알 수 있다. 대응 2는 남편의 가사공유시간과 부인의 가사공유시간의 차이가 평균 -67.15561이고, t값 $-19.043(p < .001)$으로 나타나 통계적으로 유의한 차이가 있는 것을 알 수 있다. 즉 부인의 가사공유시간이 남편보다 더 많다. 또한 대응 3은 남편의 여가공유시간과 부인의 여가공유시간의 차이에 대한 것으로 평균 -5.94388, t값이 -3.348이며 유의확률이 $p < .01$로 나타나 부인의 여가공유시간이 남편보다 많은 것을 확인할 수 있다. 만약 평균과 t값이 양수(+)로 나오면 남편의 자녀돌봄, 가사공유, 여가공유시간이 부인보다 더 많다는 것을 의미한다.

대응표본 검정

		대응 차					t	자유도	유의확률(양쪽)
		평균	표준화편차	표준오차평균	차이의 95% 신뢰구간				
					하한	상한			
대응 1	남편자녀돌봄 -부인자녀돌봄	-77.99745	111.87794	3.99564	-85.84089	-70.15401	-19.521	783	.000
대응 2	남편가사공유 -부인가사공유	-67.15561	98.74407	3.52657	-74.07827	-60.23295	-19.043	783	.000
대응 3	남편여가공유 -부인여가공유	-5.94388	49.71055	1.77538	-9.42894	-2.45882	-3.348	783	.001

이와 같은 방법으로 교육 프로그램의 효과성을 파악하기 위한 사전사후검사에 대한 대응표본 T 검정도 실행하면 된다.

❸ 대응표본 T 검정 분석 결과를 활용한 논문 작성

대응표본 T 검정 분석의 실행이 끝난 후 분석 결과를 보는 방법을 익혔다. 이제 논문에서 실제로 작성하는 방법을 알아보자.

1) 분석 결과를 표로 작성한다

표 12.2 미취학 자녀를 둔 맞벌이 부부의 자녀 양육시간의 차이

(단위 : 분)

구분	남편(N=784)		부인(N=784)		t
	M	SD	M	SD	
자녀돌봄시간	49	73	127	107	19.521***
가사공유시간	39	58	106	88	19.043***
여가공유시간	28	56	34	58	3.348**

**p<.01, ***p<.001

출처 : 박은정, 이성림(2013). 미취학 자녀를 둔 맞벌이 부부의 자녀 양육시간 유형에 따른 시간부족감 및 시간사용만족도의 차이. 한국가정관리학회지, 31(4), 97-11.

위 논문의 데이터 자료를 활용하여 대응표본 T 검정 분석을 실시했으나, 본 학회지 논문에는 대응표본 T 검정 분석 결과를 제시하지 않았다.

2) 분석 결과표에 대한 해석을 작성한다

미취학 자녀를 둔 맞벌이 부부의 자녀 양육시간의 차이를 비교하기 위해 paired t-test를 실시하였다. 그 결과 표 12.2와 같이 남편과 부인의 자녀돌봄, 가사공유, 여가공유의 모든 자녀양육시간에서 통계적으로 유의한 차이가 나타났다. 남편의 경우 자녀돌봄시간과 가사공유시간은 평균 49분, 39분이고, 여가공유시간은 평균 28분으로 세 영역 중 가장 짧은 것으로 나타났다. 부인의 경우에는 자녀돌봄이 평균 127분, 자녀와 함께한 가사활동은 평균 106분이며, 자녀와 함께한 여가활동은 평균 34분으로 다른 영역별 시간보다 상대적으로 짧은 것으로 나타났다. 남편과 비교할 때 세 영역 모두 부인의 자녀양육시간이 더 길며 남편과 부인 모두 여가공유시간이 세 영역 중 가장 짧은 시간을 보내는 공통점이 있다.

꼭 기억할 사항

T 검정은 두 가지 종류가 있다. 하나는 독립표본 T 검정으로 독립된 두 집단의 평균의 차이를 분석하는 것이다. 다른 하나는 대응표본 T 검정(쌍체비교)으로 쌍을 이루는 두 데이터 또는 사전사후검사와 같이 서로 독립적이지 않은 두 자료의 차이의 평균을 분석하는 것이다.

　독립표본 T 검정에서는 먼저 Levene의 등분산검정값을 통해 두 집단의 분산의 동질성 여부를 살펴봐야 한다. 그다음으로 평균의 동일성에 대한 T 검정의 유의확률을 통해 결과를 판단한다.

■ **독립표본 T 검정에서 확인할 사항**

구분	내용
Levene의 등분산 검정	독립변수 두 집단 분산의 동일성을 검정하는 것으로, Levene의 등분산 검정에 따라 T 검정을 살펴보는 방법이 상이할 수 있다. *등분산 검정(T 검정 보는 방법) • $p < .05$ 이면, 등분산이 가정되지 않음 • $p \geq .05$ 이면, 등분산이 가정됨
평균의 동일성에 대한 T 검정	T 검정 시, 양쪽 유의확률을 살펴본 후 두 집단 간 평균의 차이를 확인할 수 있다. 즉, $p < .05$ 이상이면 두 집단 간 통계적으로 유의미한 평균 차이가 있는 것으로 본다.

13 CHAPTER

일원배치 분산분석

일원배치 분산분석(Analysis of Variance, ANOVA 분석)과 T 검정은 집단의 평균 차이를 검증하는 것은 동일하다. 그러나 일원배치 분산분석은 두 집단 이상일 때, 분석을 실시한다는 점에서 T 검정과 차이가 있다. 일반적으로 세 집단 이상인 경우는 일원배치 분산분석을 실시하고 두 집단의 차이는 T 검정을 실시한다. 일원배치 분산분석에서는 분산의 동질성에 대한 검증에서 등분산 가정에 문제가 없는지 먼저 판단해야 한다. 또한 집단 간에 유의한 차이가 있다는 결과가 나오더라도 유의한 차이를 갖는 집단이 어느 것인가를 알아내야 의미 있는 해석을 할 수 있기 때문에 사후분석이 필요하다.

■ ANOVA분석에서 분산의 동질성 검증 및 사후분석
- 등분산이 가정된 경우 : 사후검정에는 Duncan법, Tukey법, Scheffe법이 있다. 주로 Duncan의 사후검정을 가장 많이 사용하며, Tukey법은 각 셀의 크기가 유사할 때 사용하고, Scheffe법은 각 셀의 크기가 다른 경우 사용한다.
- 등분산이 가정되지 않은 경우 : 분산의 동질성 검증에서 등분산 가정이 위배되면, Welch값(평균 차이 이용, 옵션에서 선택함)을 사용하며, 사후검정은 Dunnett T3를 체크한다.

평균의 차이를 검정하기 위해서는 F값을 계산한다$\left(F = \dfrac{\text{집단 간 분산}}{\text{집단 내 분산}}\right)$.

이 분산분석을 이용하여 표본들이 동일한 평균을 가진 모집단에서 추출된 것인지의 여부를 추론할 수 있다. t분포처럼 F통계량은 F분포에서 찾아서 계산된 F값과 기준이 되는 F값을 비교한다. 계산된 F값이 기준이 되는 F값보다 크다면 각 집단의 평균 차이는 통계적으로 유의한 차이가 있다고 본다. 그런데 t분포와는 달리 자유도는 분자의 자유도[1], 분모의 자유도[2]로 짝에 의해 분류된다.

---
1. 분자의 자유도 수=집단 수−1
2. 분모의 자유도 수=전체 표본 크기−집단 수

1 일원배치 분산분석 실행

일원배치 분산분석을 실행하는 방법을 알아보기 위해 학술지에 게재된 논문에서 사용되었던 내용을 바탕으로 살펴보고자 한다. 일원배치 분산분석은 두 집단 이상의 평균 비교라는 것을 염두에 두자. 다음의 연구문제[3]를 토대로 실행하고자 한다.

> **[연구문제]**
> 여자 초등학생의 또래애착 유형에 따른 학업성취도는 어떠한 차이가 있는가?

이 연구문제를 보면, 독립변수인 또래애착 유형의 경우 또래애착 안정형, 소통&신뢰 부족형, 또래애착 소외형, 또래애착 불안정형의 4개의 집단이다. 종속변수인 학업성취도는 지난 1학기 국어, 수학, 영어, 과학, 사회 등 열 과목에 대한 주관적인 성적이다. 각 과목에 대해 '매우 못했다'(1점)부터 '매우 잘했다'(5점)까지의 5점 리커트 척도로 열 과목에 대한 평균을 구했으며 점수가 높을수록 성적이 좋은 것을 말한다.

이 연구문제를 분석하기 위해 다음과 같은 경로로 들어간다.

> **분석 – 평균 비교 – 일원배치 분산분석**

---

3. 또래애착과 주관적 학업성취도는 한국청소년정책연구원(www.nypi.re.kr)의 한국 아동·청소년패널 조사(KCYPS) 원자료 중 하나로 부록의 설문지 문 12), 문 5-1)에 각각 있다.

A 일원배치 분산분석

왼쪽 부분에서 종속변수(학업성취도)에 들어갈 변수를 이동시킨다. 또한 왼쪽 부분에서 요인 (여학생의 또래애착 유형)에 들어갈 변수를 이동시킨다. 이후 사후분석을 누른다.

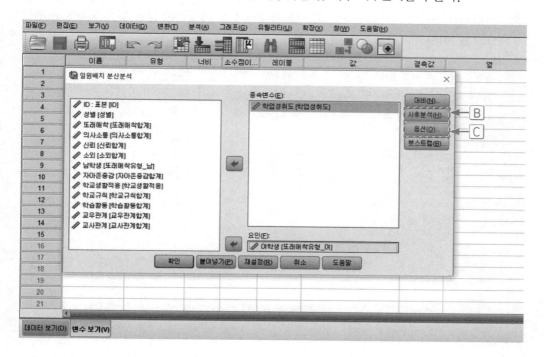

B **사후분석**

등분산을 가정함 부분에서 Tukey 방법, Duncan을 선택한다. 또한 등분산을 가정하지 않음 부분에서 Dunnett의 T3를 선택한 후 계속을 누른다. 여기서 등분산 가정에 따라 사후분석의 검정이 달라지기 때문에 등분산을 가정한 부분과 등분산을 가정하지 않은 부분 모두에 사후분석의 부분을 선택한다. 이후 옵션을 누른다.

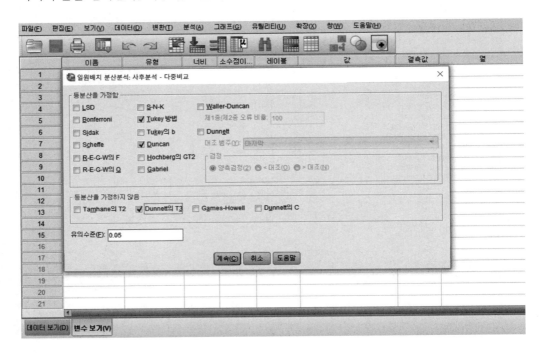

ⓒ **옵션**

통계량 부분에서 기술통계, 분산 동질성 검정, Welch를 선택한 후 계속을 누른다. Welch를 선택한 이유는 등분산 가정이 위배되면, Welch값(평균 차이 이용)을 사용해야 하기 때문에 옵션에서 선택한다. 이후 확인을 누르면 또래애착 유형에 따른 학업성취도의 차이에 대한 분석 결과가 나온다.

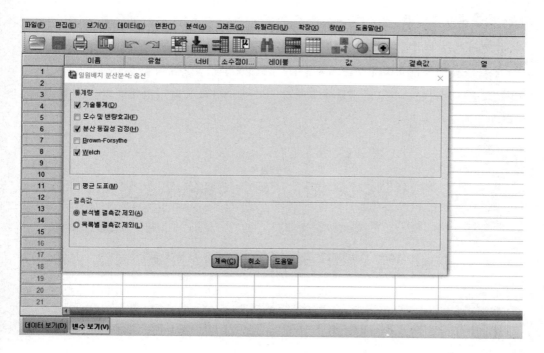

② 일원배치 분산분석 결과 해석

일원배치 분산분석을 실행했다면, 분석 결과를 보는 방법에 대해 살펴보고자 한다. 분석을 실행하고 나면, 기술통계량, 분산의 동질성 검정, ANOVA, 사후검정의 다중비교, 동질적 부분집합의 출력물이 나온다.

1) 기술통계의 출력물

기술통계에서는 독립변수가 종속변수에 대한 각 집단별 유효 수, 평균, 표준화 편차가 나온다. 가령, 또래애착 안정형의 수는 368개이고, 또래애착 안정형의 학업성취도 평균은 4.08점이며, 표준화 편차는 .56이다. 평균과 표준화 편차는 소수점 셋째 자리에서 반올림해서 둘째 자리까지 제시하면 된다.

기술통계

		N	평균	표준화 편차	표준화 오류	평균에 대한 95% 신뢰구간		최소값	최대값
						하한	상한		
학업 성취도	소통& 신뢰부족형	446	3.6883	.58024	.02747	3.6343	3.7423	1.80	5.00
	또래애착 소외형	87	3.7563	.62853	.06739	3.6224	3.8903	1.90	5.00
	또래애착 안정형	368	4.0788	.55781	.02908	4.0216	4.1360	2.50	5.00
	또래애착 불안정형	117	3.6504	.60167	.05562	3.5403	3.7606	2.00	5.00
	전체	1018	3.8309	.60801	.01906	3.7935	3.8683	1.80	5.00

2) 분산의 동질성 검정의 출력물

일원배치 분산분석에서 중요한 점은 분산의 동질성을 검정하는 것이다. 이때 Levene의 통계량과 유의확률로 확인하면 된다. 유의확률이 $p > .05$ 이상이면 등분산이 가정된 것이다. 아래의 분석 결과를 보면 Levene의 통계량이 .575($p > .05$)로 나타나 등분산이 가정된 것이다. 만약 유의확률이 $p < .05$ 이상이면 등분산이 가정되지 않은 것이다. 이럴 경우, Welch값을 사용한다.

분산의 동질성 검정

학업성취도

Levene 통계량	자유도 1	자유도 2	유의확률
.575	3	1014	.632

3) ANOVA의 출력물

ANOVA의 출력물에서는 종속변수에 대한 독립변수의 각 집단별 평균 차이가 유의한지를 확인한다. 이를 위해 F값과 유의확률을 확인한다. 유의수준이 $p<.05$ 이상이면 통계적으로 유의미한 차이가 있는 것이다.

다음의 ANOVA 결과를 보면, F값이 35.765($p<.001$)로 나타나 유의한 차이가 있는 것을 알 수 있다.

ANOVA

학업성취도

	제곱합	자유도	평균제곱	F	유의확률
집단-간	35.975	3	11.992	35.765	.000
집단-내	339.981	1014	.335		
전체	375.955	1017			

4) 사후검정의 다중비교의 출력물

사후검정의 다중비교에서는 두 집단의 평균 차이를 알려준다. 평균 차이의 공식은 (I-J)이다. 왼쪽의 구분을 보면 또래애착 유형(I) 집단에서 또래애착 유형(J) 집단의 각각의 평균의 차이에 대한 결과이다. 또한 유의확률의 부분에서 $p<.05$ 이상이면 평균의 차이는 유의한 것을 나타낸다.

다음의 다중비교의 분석 결과를 보면, 첫 번째 칸에서 또래애착 안정형은 나머지의 세 집단보다 각각 평균 차이가 유의미하게 높다는 것을 알 수 있다.

두 번째, 세 번째, 마지막 칸을 보면, 소통&신뢰부족형은 또래애착 안정형보다 −.39046이 낮고, 또래애착 소외형은 또래애착 안정형보다 −.32248이 낮으며, 또래애착 불안정형도 또래애착 안정형보다 −.42838이 통계적으로 유의하게 더 낮다는 것을 알 수 있다.

정리하면, 또래애착 안정형은 다른 세 집단(소통&신뢰부족형, 또래애착 소외형, 또래애착 불안정형)보다 유의하게 성적이 높다는 것을 보여준다.

다중비교

종속변수 : 학업성취도

구분			평균 차이 (I−J)	표준화 오류	유의확률	95% 신뢰구간	
	또래애착 유형(I)	또래애착 유형(J)				하한	상한
Tukey HSD	또래애착 안정형	소통&신뢰부족형	.39046*	.04078	.000	.2855	.4954
		또래애착 소외형	.32248*	.06903	.000	.1449	.5001
		또래애착 불안정형	.42838*	.06146	.000	.2702	.5865
	소통& 신뢰부족형	또래애착 안정형	−.39046*	.04078	.000	−.4954	−.2855
		또래애착 소외형	−.06798	.06786	.748	−.2426	.1067
		또래애착 불안정형	.03791	.06015	.922	−.1169	.1927
	또래애착 소외형	또래애착 안정형	−.32248*	.06903	.000	−.5001	−.1449
		소통&신뢰부족형	.06798	.06786	.748	−.1067	.2426
		또래애착 불안정형	.10589	.08197	.568	−.1050	.3168
	또래애착 불안정형	또래애착 안정형	−.42838*	.06146	.000	−.5865	−.2702
		소통&신뢰부족형	−.03791	.06015	.922	−.1927	.1169
		또래애착 소외형	−.10589	.08197	.568	−.3168	.1050

* 평균 차이는 0.05 수준에서 유의하다.

5) 동질적 부분집합의 출력물

동질적 부분집합은 여러 집단 간의 평균이 유의한 차이가 있다고 나오면, 평균과 표준편차의 특성에 따라 유사한 성격의 집단끼리 묶어서 유의한 차이를 갖는 집단이 어느 것인가를 알려준다. 앞서 분산의 등분산 검정 결과에서 등분산성이 가정되었다. 따라서 Duncnan의 사후검정으로 확인하면 된다. 만약 등분산성이 가정되지 않은 경우, Dunnett T3를 본다.

동질적 부분집합의 출력물에서 가장 중요한 점은 사후분석 결과를 해석하고 알파벳을 논문에서 표시하여 설명하는 방법이다. 즉 Duncan의 칸을 보면, 또래애착 안정형 집단이 부분집합 2에 속해 있고, 나머지 세 집단(또래애착 소외형, 소통&신뢰부족형, 또래애착 불안정형)은 부분집합 1에 속해 있다. 이는 부분집합 1에 속해 있는 세 집단(또래애착 소외형, 소통&신뢰부족형, 또래애착 불안정형)은 서로 집단 간 유의한 차이가 없는 것을 의미한다. 따라서 부분집합 1에 속한 세 집단에게 소문자 'b'를 표시하면 된다. 또한 부분집합 2에 속한 또래애착 안정형 집단은 부분집합 1과는 다른 곳에 속해 있기 때문에 나머지 세 집단과는 통계적으로 유의미한 차이가 있다는 것을 의미한다. 따라서 부분집합 2에는 소문자 'a'를 표시한다. 일반적으로 사후분석 결과에서 알파벳 표시는 평균이 높은 집단을 'a'로 표시한다.

동질적 부분집합

학업성취도

	또래애착 유형	N	유의수준=0.05에 대한 부분집합	
			1	2
Tukey HSD[a, b]	또래애착 불안정형	117	3.6504	
	소통&신뢰부족형	446	3.6883	
	또래애착 소외형	87	3.7563	
	또래애착 안정형	368		4.0788
	유의확률		.359	1.000
Duncan[a, b]	또래애착 불안정형	117	3.6504	
	소통&신뢰부족형	446	3.6883	
	또래애착 소외형	87	3.7563	
	또래애착 안정형	368		4.0788
	유의확률		.123	1.000

동질적 부분집합에 있는 집단에 대한 평균이 표시된다.
a. 조화평균 표본 크기 159.995를(을) 사용한다.
b. 집단 크기가 동일하지 않다. 집단 크기의 조화 평균이 사용된다. I 유형 오차수준은 보장되지 않는다.

사후분석 결과를 해석하고 알파벳을 논문에서 표시하는 방법을 익혔다면 논문에서 설명하는 방법은 다음과 같다. 또래애착 안정형이 나머지 세 집단과 통계적으로 유의미한 집단 간의 차이가 있는 것을 알 수 있다. 또래애착 소외형(3.76점), 소통&신뢰부족형(3.69점), 또래애착 불안정형(3.65점)은 서로 집단 간 유의한 차이가 나타나지 않았고, 또래애착 안정형의 학업성취도는 평균 4.08점으로 이들 세 집단과는 통계적으로 유의미한 차이가 나타났다.

통계분석을 처음 접하는 경우 일원배치 분산분석에서 동질적 부분집합의 출력물을 보고, 사후분석 결과를 해석하여 알파벳을 표시하는 것이 쉽지 않다. 따라서 동질적 부분집합의 출력물의 예시를 통해 다시 한 번 살펴보고자 한다.

동질적 부분집합

			유의수준=0.05에 대한 부분집합	
	학교급	N	1	2
Tukey HSD[a, b]	고등학교	2015	3.1279	
	중학교	2058	3.1558	3.1558
	초등학교	2067		3.1738
	유의확률		.198	.508
Duncan[a, b]	고등학교	2015	3.1279	
	중학교	2058	3.1558	3.1558
	초등학교	2067		3.1738
	유의확률		.085	.267

의사소통

동질적 부분집합에 있는 집단에 대한 평균이 표시된다.

a. 조화평균 표본 크기 2046.413을(를) 사용한다.

b. 집단 크기가 동일하지 않다. 집단 크기의 조화 평균이 사용된다. I 유형 오차수준은 보장되지 않는다.

　위의 동질적 부분집합의 출력물에서 Duncan 칸을 보면, 초등학교 집단은 부분집합 2에 속하고, 중학교 집단은 부분집합 1과 2에 모두 속하며, 고등학교 집단은 부분집합 1에 속한다. 이는 초등학교 집단은 고등학교 집단과는 서로 유의한 차이가 있다는 것을 의미하고, 초등학교 집단은 부분집합 2로 의사소통 수준이 가장 높다. 따라서 알파벳 'a'를 표시하면 된다. 고등학교 집단의 경우 부분집합 1에 속하고 초등학교 집단보다 의사소통 수준이 유의하게 낮아 알파벳 'b'를 표시한다. 중학교 집단의 경우에는 부분집합 1과 2에 모두 속하기 때문에 초등학교 및 고등학교 집단과는 서로 유의한 차이가 없다는 것을 의미하고, 중학교 집단은 알파벳 'ab'를 표시한다. 즉 청소년의 의사소통 수준은 초등학생(3.17점)이 가장 높고, 다음으로 중학생(3.16점), 고등학생(3.13점)순으로 낮아졌으며, 초등학생 집단과 고등학생 집단에서만 서로 유의한 집단 간 차이가 나타났다.

③ 일원배치 분산분석 결과를 활용한 논문 작성

일원배치 분산분석의 실행이 끝난 후 분석 결과를 보는 방법을 익혔다. 이제는 논문에서 실제로 작성하는 방법을 알아보기로 한다. 앞서 일원배치 분산분석 실행과 분석 결과를 보는 방법을 알아보기 위해 일부분만을 다루었다. 따라서 이 표와 이에 대한 내용이 상이할 수 있음을 제시한다.

1) 분석 결과를 표로 작성한다

그림 13.1 여자 초등학생의 또래애착 유형에 따른 자아존중감, 성적, 학교생활적응의 차이

구분	자아존중감	성적	학교생활적응	하위영역			
				학교규칙	학습활동	교우관계	교사관계
	M	M	M	M	M	M	M
또래애착 안정형	$3.40a^+$	4.08a	3.50a	3.46a	3.44a	3.60a	3.50a
소통&신뢰부족형	$3.09b^+$	3.69b	3.11c	3.10c	3.02b	3.18c	3.13c
또래애착 소외형	$2.87c^+$	3.76b	3.24b	3.23b	3.08b	3.27b	3.37b
또래애착 불안정형	$2.77d^+$	3.65b	2.94d	3.03c	2.89c	2.88d	2.95d
F	99.431^{***}	35.765^{***}	121.590^{***}	54.572^{***}	81.636^{***}	181.345^{***}	41.748^{***}

$***p<.001$

+ Duncan's Multiple Range Test / a>b>c>d

출처 : 이유리, 박은정, 이성훈(2016). 초등 5학년 남녀아동의 또래애착 유형에 따른 개인발달과 발달환경의 차이. 학습자중심교과교육연구, 16(12), 337-366.

2) 분석 결과표에 대한 해석을 작성한다

여학생의 또래애착 유형에 따른 자아존중감, 성적, 학교생활적응의 차이를 살펴보기 위해 일원배치 분산분석 및 Duncan의 사후검정을 실시하였다. 표 13.1과 같이 여학생의 또래애착 유형에 따라 자아존중감, 성적, 학교생활적응에서 통계적으로 유의미한 차이가 나타났다.

자아존중감은 또래애착 안정형(3.40점)이 가장 높은 수준을 보였고, 다음은 소통&신뢰부족형(3.09점)이 높았으며, 또래애착 소외형(2.87점), 또래애착 불안정형(2.77점)순이다. Duncan의 사후검정을 실시한 결과, 자아존중감의 경우 또래애착 유형의 네 집단 간 사이에서 유의한 차이를 보였다.

성적의 경우에는 또래애착 안정형(4.08점)이 소통&신뢰부족형(3.69점), 또래애착 소외형(3.76점), 또래애착 불안정형(3.65점)의 세 유형과 집단 간 차이를 보이며 가장 높았다.

전체 학교생활적응과 교우 및 교사와의 관계는 또래애착 안정형의 수준이 가장 높았고, 다음으로 또래애착 소외형, 소통&신뢰부족형, 또래애착 불안정형 순으로 네 유형 모두에서 집단 간 차이가 나타났다. 학교생활적응의 하위요인 중 학습활동의 경우에는 또래애착 소외형(3.08점)과 소통&신뢰부족형(3.02점)은 서로 집단 간 차이를 보이지 않았고, 이들 두 유형은 또래애착 안정형(3.44점), 또래애착 불안정형(2.89점)과는 서로 집단 간 차이를 보이는 것으로 밝혀졌다. 또한 학교규칙의 하위요인은 소통&신뢰부족형(3.10점)과 또래애착 불안정형(3.03점)은 집단 간 차이를 보이지 않았고, 이들 두 유형은 또래애착 안정형(3.46점), 또래애착 소외형(3.23점)과는 통계적으로 서로 집단 간 차이를 보였다.

4 연속형 변수를 범주형 변수로 변환하는 방법

총화평정척도의 총합산한 평균값과 같이 실수의 모든 값을 가질 수 있는 연속형 변수를 집단 범주로 구분하여 집단에 따라 종속변수의 차이를 분석하는 경우에 해당한다. 여기서는 5점 리커트 척도로 구성된 다항목 척도를 상, 중, 하의 세 집단으로 응답범주를 분류하여 종속변수에 대한 차이를 검증하는 방법에 대해 살펴보고자 한다. 검정 방법을 알아보기 위해 학술지에 게재된 논문에서 사용되었던 내용을 바탕으로 살펴보고자 한다.

[연구문제]
중학생의 시간관리에 따른 학업성취도는 어떠한 차이가 있는가?

위의 연구문제를 보면, 독립변수는 시간관리이고, 종속변수는 학업성취도이다. 시간관리는 총 19문항이고, 각 문항에 대해 '전혀 아니다'(1점)부터 '매우 그렇다'(5점)까지의 5점 리커트 척도로 구성되었다. 일원배치 분산분석은 **독립변수가 명목척도이고, 세 집단 이상인 경우** 실시한다. 따라서 시간관리의 독립변수를 상, 중, 하의 세 집단으로 응답범주를 분류한 후 학업성취도에 대한 차이 검증을 실시해야 한다.

시간관리[4]의 설문문항(총 19문항-5점 리커트 척도)은 다음과 같다.

나는 무슨 일을 할 때
 1. 분명한 목적을 가지고 있다.
 2. 목표(장기, 중기, 단기)를 세운다.
 3. 행동에 옮길 수 있는 구체적인 목표를 세운다.
 4. 목표 달성 예정일을 정한다.
 5. 해야 할 일의 우선 순서를 정한다.
 6. 일의 중요도(중요한 일과 덜 중요한 일)에 따라 순서를 정한다.
 7. 일의 긴급도(급히 처리해야 할 일과 급하지 않는 일)에 따라 순서를 정한다.
 8. 일의 중요도와 긴급도 모두를 고려하여 순서를 정한다.
 9. 계획 세우는 시간을 따로 마련한다.
10. 계획(장기, 중기, 단기)을 세운다.
11. 계획을 세우고 계획한 일 및 그 일에 필요한 소요 시간을 써본다.
12. 빡빡한 계획보다는 여유 있는 계획을 세운다.
13. 계획표에 따라 생활하는 편이다.
14. 계획한 것을 실천하는 데 별 어려움을 느끼지 않는다.
15. 실행하는 데 어려움이 생기더라도 강한 의지력과 투지를 발휘하여 목표를 달성한다.
16. 일의 진행과정과 성과에 대해 평가해본다.
17. 이 일이 정말 나에게 필요한 일이고 가치 있는 일인지 생각해본다.
18. 내가 끝내지 못한 일은 무엇이고 그 원인은 무엇인지 생각해본다.
19. 다음 계획에 반영시켜야 될 것이 무엇인지 생각해본다.

---

4. 박은정, 김외숙(2008). 중학생의 시간관리 : 관련변수 및 학업성취도와의 관계. 한국가족자원경영학회지, 12(1), 41-55.

시간관리의 상중하 수준에 따른 학업성취도의 차이를 검증하기 위해 시간관리를 다음과 같은 방법으로 범주를 분류하고자 한다.

1) 시간관리에 대한 기술통계를 실시하여 평균과 표준편차를 구한다

기술통계를 실시하기 위해 다음과 같은 경로로 들어간다.

분석 – 기술통계량 – 기술통계

[A] **기술통계**

왼쪽에서 시간관리의 변수를 오른쪽으로 이동시킨 후 확인을 누르면 기술통계량의 출력물이 나온다. 시간관리의 평균은 3.13점이고, 표준편차는 .63점이다.

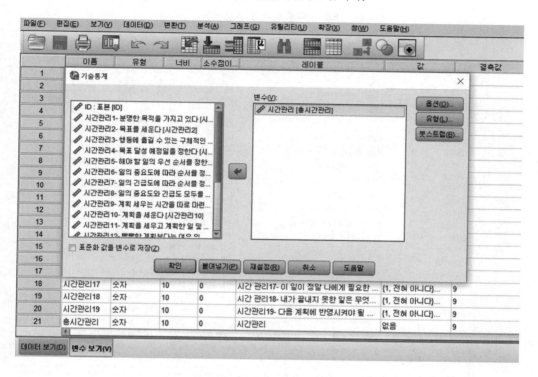

2) 시간관리에 대해 M − 1SD, M + 1SD를 실시한다

$(3.13 - 0.63) = 2.50 / (3.13 + 0.63) = 3.76$

3) 위의 시간관리의 평균과 표준편차에 대한 가감산 결과에 따라 세 집단으로 분류한다

4) 시간관리를 상중하의 세 집단으로 분류한 점수를 토대로 새로운 변수로 만든다

새로운 변수로 변경하기 위해 다음과 같은 경로로 들어간다.

변환 – 다른 변수로 코딩변경

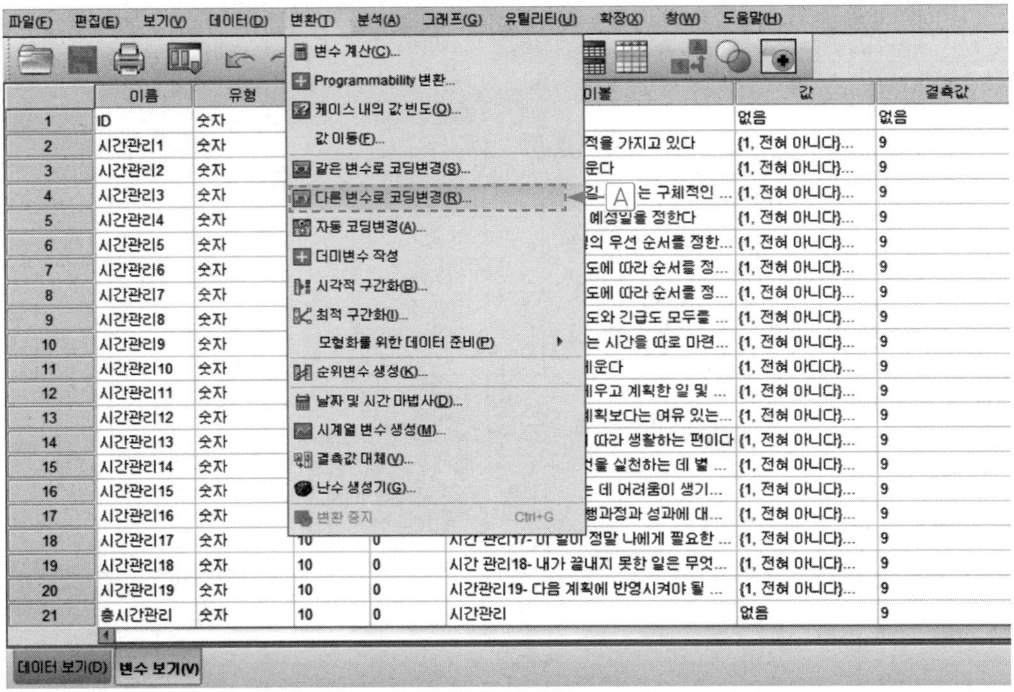

A 　**다른 변수로 코딩변경**

왼쪽에서 시간관리의 변수를 찾아 우측(숫자변수 → 출력변수)으로 이동시킨다. 출력변수 부분에서 이름에 새로운 변수명(범주형시간관리)을, 레이블에 설명(상중하집단)을 입력한 후변경을 클릭한다. 이후 기존값 및 새로운 값을 클릭한다.

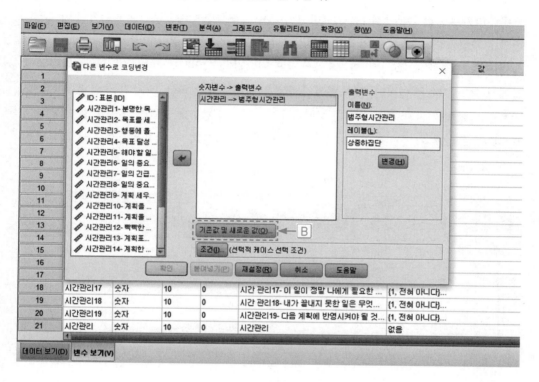

B 기존값 및 새로운 값

시간관리를 상중하의 세 집단으로 응답범주(1=하 집단, 2=중 집단, 3=상 집단)를 지정한다.

먼저 왼쪽의 기존값 부분에서 최저값에서 다음 값까지 범위를 클릭한 후 2.50을 입력하고 오른쪽의 새로운 값 부분에서 1을 입력하고 추가를 클릭하면 최저값부터 2.50점까지 하 집단의 범위로 지정된다. 다음으로 왼쪽의 기존값 부분에서 범위를 클릭하여 중 집단(2.51~3.76점)의 범위를 지정한다. 즉, 범위의 2개의 빈칸에 변수값을 삽입하면 된다. 여기서는 각각의 빈칸에 2.51과 3.76을 입력한 후 오른쪽의 새로운 값에 2를 입력한 후 추가를 클릭한다. 마지막으로 왼쪽의 기존값 부분에서 다음 값에서 최고값까지 범위를 클릭한 후 3.77을 입력한 후 오른쪽의 새로운 값에 3을 입력하고 추가를 클릭하면 3.77부터 최고값까지가 상 집단의 범위로 지정된다.

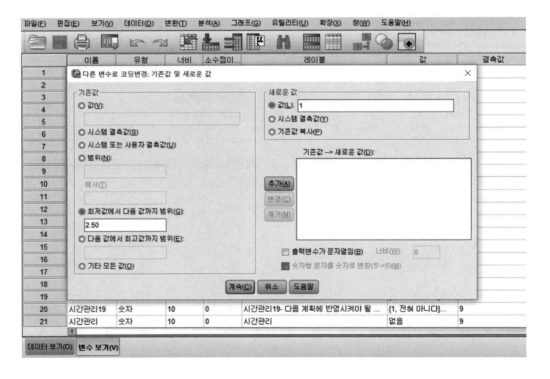

즉, 다음과 같이 범위가 지정된다(Lowest thru 2.50 → 1/2.51 thru 3.76 → 2/3.77 thru Highest → 3). 이후 계속을 누르고, 확인을 누르면 시간관리가 상중하의 세 집단으로 응답범주를 분류한 새로운 변수가 생성된다.

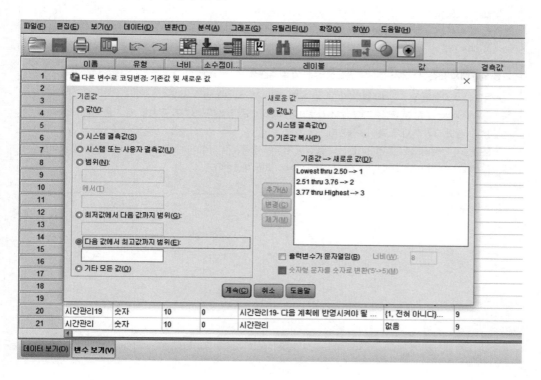

5) 시간관리 수준에 따른 학업성취도의 차이를 검증하기 위해 일원배치 분산분석을 실시한다

이상과 같이 변수를 재분류한 경우 이러한 내용을 논문에서 제시해야 한다. 논문에서 작성하는 방법은 다음과 같다.[5]

> 중학생의 시간관리는 최저 1.15점에서 최고 4.85점의 분포를 보이고, 평균은 3.13점, 표준편차는 .63으로 나타났다. 시간관리의 평균 ±표준편차를 기준으로 1.15~2.50점이면 시간관리 수준이 낮은 집단, 2.51~3.76점이면 시간관리 수준이 중간 집단, 3.77~4.85점이면 높은 집단으로 재분류하였다.

---

5. 박은정, 김외숙(2008). 중학생의 시간관리 : 관련변수 및 학업성취도와의 관계. 한국가족자원경영학회지, 12(1), 41-55.

꼭 기억할 사항

일원배치 분산분석은 두 집단 이상(일반적으로 세 집단 이상)의 독립변수에 따른 종속변수의 평균 차이를 검증할 때 실시한다. 일원배치 분산분석에서는 분산의 동질성에 대한 검증을 판단하고, 사후분석에 대한 결과도 제시해야 한다.

■ **일원배치 분산분석에서 분산의 동질성 검증 및 사후분석**

• 등분산이 가정된 경우 : 사후검정에는 Duncan법, Tukey법, Scheffe법이 있다.
  주로 Duncan의 사후검정을 가장 많이 사용하며, Tukey법은 각 셀의 크기가 유사할 때 사용하고, Scheffe법은 각 셀의 크기가 다른 경우 사용한다.

• 등분산이 가정되지 않은 경우 : 분산의 동질성 검증에서 등분산 가정이 위배되면, Welch값(평균 차이 이용, 옵션에서 선택함)을 사용하며, 사후검정은 Dunnett T3를 체크한다.

14

상관관계분석

상관관계분석(correlation analysis)은 양적 변수들 간의 관계를 조사하는 통계기법이다. 즉 한 변수가 변화함에 따라 다른 변수가 어떻게 변화하는지 양적 변수들 간의 같이 변화하는 분산을 이용하여 관련성을 분석한다. 상관관계의 계수는 0~±1 사이로, 계수값이 클수록 두 변수 간의 관련성이 높다는 것이다. 또한 변화의 방향이 +이면 한 변수값이 커지면 다른 변수값도 함께 커지는 것이며, 음(-)이라면 두 변수가 역의 상관이 있음을 나타낸다.

상관계수의 공식은 다음과 같다. 구체적으로 분모는 x의 표준편차와 y의 표준편차를 곱한 것이며, 분자는 변수 x의 값에서 변수 x의 평균을 뺀 x편차와 변수 y의 값에서 변수 y의 평균을 뺀 y편차를 곱한 값이다.

$$r = \frac{\Sigma(x-\overline{x})(y-\overline{y})}{\sqrt{\Sigma(x-\overline{x})^2 \times \Sigma(y-\overline{y})^2}}$$

상관관계의 분석 시, 관련성의 정도를 파악하는 기준은 다음과 같다.

상관관계 계수	상관관계의 정도	상관관계 계수	상관관계의 정도
± 0.9 이상	매우 높은 상관성	± 0.2~± 0.4 미만	낮은 상관성
± 0.7~± 0.9 미만	높은 상관성	± 0.2 미만	상관성 거의 없음
± 0.4~± 0.7 미만	다소 높은 상관성		

1 상관관계분석 실행

상관관계분석을 실행하는 방법을 알아보기 위해 학술지에 게재된 논문에서 사용되었던 내용을 바탕으로 살펴보고자 한다. 다음과 같은 연구문제[1]를 토대로 실행하고자 한다.

> **[연구문제]**
> 부모의 방임, 자기조절학습, 공동체의식, 학업성취의 관계는 어떠한가?

이 연구문제를 검증하기로 한다. 상관관계분석을 실행하기 위해서는 다음과 같은 경로로 들어간다.

> **분석 – 상관분석 – 이변량 상관계수**

---

1. 부모의 방임, 자기조절학습, 공동체의식, 학업성취는 한국청소년정책연구원(www.nypi.re.kr)의 한국 아동·청소년패널 조사(KCYPS) 원자료 중 하나로 부록의 설문지 문 11), 문 4), 문 15), 문 5-1)에 각각 있다.

A 이변량 상관계수

왼쪽에서 상관관계분석을 실시할 변수들(부모의 방임, 자기조절학습, 공동체의식, 학업성취)을 오른쪽 부분의 변수로 이동시킨다. 상관계수는 Pearson을 선택하고, 유의한 상관계수 플래그(F)도 선택하도록 한다. 이는 .05 미만의 유의한 상관계수에 별(*) 표시를 하는 기능이다. 변수 간 유의수준의 방향성을 알고 있거나 음의 방향 또는 양의 방향 중 한쪽만 검정하기를 원한다면 유의성 검정에서 단측을 선택하면 되지만, 그렇지 않다면 검정 양측을 선택하도록 한다. 이후 옵션을 누른다.

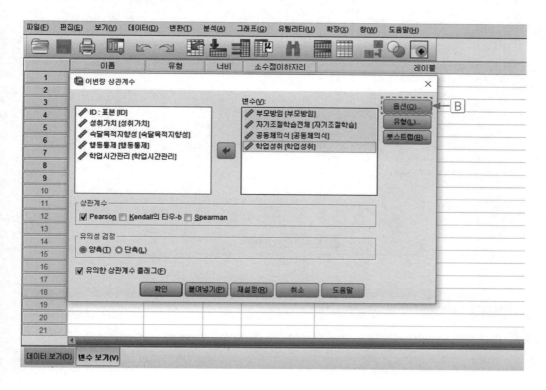

참고

상관계수

1. Pearson은 두 변수가 등간척도 또는 비율척도인 경우, 정규분포를 따른다는 가정하에 선택한다.
2. Spearman(또는 Kendall의 타우-b)은 한 변수라도 순위를 측정하는 서열척도인 경우, 정규분포를 따르지 않을 때 선택한다. 결과는 피어슨의 결과와 거의 비슷하게 나온다.

B 옵션

통계량 부분에서 평균과 표준편차를 선택하면 분석 결과에 각 변수들의 평균과 표준편차가 표시된다. 만약 평균과 표준편차값의 표시가 필요 없다면 선택하지 않으면 된다. 상관관계의 결과와는 상관없는 것이다. 계속을 누르고 나와서 다시 확인을 누르면 상관관계분석 결과에 대한 출력물이 나온다.

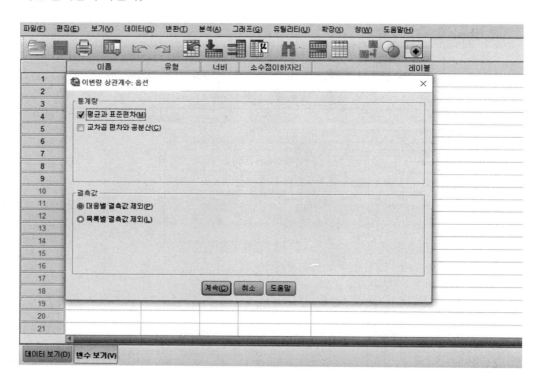

② 상관관계분석 결과 해석

상관관계분석을 실행했다면, 분석 결과를 보는 방법에 대해 살펴보고자 한다. 분석을 실행하고 나면, 기술통계량, 상관관계의 출력물이 나온다.

1) 기술통계량의 출력물

기술통계량

	평균	표준편차	N
부모방임	1.6305	.59507	2217
자기조절학습	2.8728	.50685	2200
공동체의식	2.8678	.64148	2218
학업성취	3.6677	.77034	2211

기술통계량의 출력물은 앞서 옵션의 통계량 부분에서 평균과 표준편차를 선택했을 경우에만 나온다. 연구자에 따라 상관관계분석 결과 후 상관계수 아래에 각 변수에 대한 평균(M)과 표준편차(SD)를 제시하고, 이에 대한 설명을 논문에 작성하는 경우가 있다. 따라서 필요에 따라 **이변량 상관계수** 분석 실행 시, 옵션 부분에서 **통계량의 평균과 표준편차**를 선택하여 분석한 후 이를 제시하면 된다. 평균과 표준편차는 소숫점 셋째 자리에서 반올림하여 둘째 자리까지 제시하면 된다.

2) 상관관계의 출력물

상관관계 표 안을 보면, Pearson 상관, 유의확률(양쪽), N이 나온다. Pearson 상관은 변수 간 상관계수를 나타내고, 유의확률은 이들 간의 상관계수에 대한 유의수준을 나타내며, N은 분석 실행에 사용된 사례 수를 의미한다.

　다음의 출력을 보면, 1의 대각선을 기준으로 위와 아래의 상관계수가 동일하다. 따라서 위 또는 아래를 선택하여 상관계수 및 유의확률을 제시하면 된다. 유의확률은 $p < .05$이면 상관성이 있는 것을 나타내는 데 비해 $p \geqq .05$이면 상관성이 없는 것을 말한다. 즉, 부모방임과 자기조절학습은 상관계수가 $-.362$로 이는 통계적으로 유의미한 부적 상관성을 가지는 것을 알 수 있다. 반면 자기조절학습과 공동체의식은 .504, 자기조절학습과 학업성취는 .474로 통계적으로 유의한 정적 상관성을 나타낸다. 분석 결과에 대한 해석에서 상관계수에 대

한 정도를 같이 기술하면 효과적이다. 상관계수가 0.2~0.4 미만인 경우 상관관계가 낮고, 0.4~0.7 미만인 경우에는 다소 상관관계가 높다고 판단할 수 있다. 한편 상관관계분석에 대한 결과는 두 변수 간에 상관이 있다는 것으로 한 변수가 한 변수에 영향을 미친다는 인과관계의 의미는 없음을 유념해야 한다. 따라서 부모의 방임은 자기조절학습에 부적 관계를 가지며, 자기조절학습능력은 공동체의식과 학업성취에 다소 높은 정적 관계를 갖는 것을 알 수 있다.

상관관계

		부모방임	자기조절학습	공동체의식	학업성취
부모방임	Pearson 상관	1	−.362**	−.258**	−.260**
	유의확률(양쪽)		.000	.000	.000
	N	2217	2199	2217	2210
자기조절학습	Pearson 상관	−.362**	1	.504**	.474**
	유의확률(양쪽)	.000		.000	.000
	N	2199	2200	2200	2194
공동체의식	Pearson 상관	−.258**	.504**	1	.274**
	유의확률(양쪽)	.000	.000		.000
	N	2217	2200	2218	2211
학업성취	Pearson 상관	−.260**	.474**	.274**	1
	유의확률(양쪽)	.000	.000	.000	
	N	2210	2194	2211	2211

** 상관관계가 0.01 수준에서 유의하다(양측).

3 상관관계분석 결과를 활용한 논문 작성

상관관계분석의 실행이 끝난 후 분석 결과를 보는 방법을 익혔다. 이제는 논문에 실제로 활용하는 방법을 알아보기로 한다.

1) 분석 결과를 표로 작성한다

표 14.1   부모의 방임, 자기조절학습능력, 공동체의식, 학업성취 간 상관관계

구분	1	2	3	4
1. 부모방임	1			
2. 자기조절학습	−.362**	1		
3. 공동체의식	−.258**	.504**	1	
4. 학업성취	−.260**	.474**	.274**	1

**$p < .01$

출처 : 박은정, 이유리, 이성훈(2015). 부모의 방임과 아동의 학업성취의 관계 : 자기조절학습능력과 공동체의식의 매개효과. 한국생활과학회지, 24(6), 755-768.

2) 분석 결과표에 대한 해석을 작성한다

부모의 방임과 아동의 자기조절학습능력, 공동체의식, 학업성취의 상관성을 분석한 결과 표 14.1과 같이 통계적으로 유의한 상관이 있는 것으로 나타났다.

부모의 방임은 아동의 자기조절학습능력($r=-.362$)과 공동체의식($r=-.258$), 학업성취 ($r=-.260$)와 부적 상관성을 갖는 것으로 나타났다. 또한 자기조절학습능력은 공동체의식 ($r=.504$)과 학업성취($r=.474$) 간 다소 높은 정적 상관성을 보였고, 공동체의식과 학업성취는 유의한 정적 상관관계($r=.274$)가 나타났다. 정리하면, 부모의 방임은 아동의 자기조절학습능력 및 공동체의식과 학업성취에 부적 관계를 가지며, 자기조절학습능력과 공동체의식은 학업성취와 정적 상관관계를 갖는 것을 알 수 있다.

꼭 기억할 사항

상관관계는 두 변수 간의 관계를 말하는 것으로 상관관계의 정도는 0~±1 사이이다. 변화의 방향이 +이면 정적 상관, −는 부적 상관을 나타낸다.

상관계수의 정도는 .90 이상이면 매우 높은 상관성으로 다중공선성에 문제가 있다고 할 수 있다. 상관계수가 .70~.90은 높은 상관성, .40~.70은 다소 높은 상관성, .20~.40은 낮은 상관성, .20 미만은 상관성이 거의 없음으로 판단한다.

상관관계분석에 대한 결과는 두 변수 간 상관이 있다는 것이며, 인과관계의 의미 해석이 아님을 유념해야 한다.

15 ^{CHAPTER}

회귀분석

I 단순회귀분석

회귀분석(regression analysis)은 독립변수가 종속변수에 미치는 영향을 살펴보는 것으로 인과관계를 파악할 수 있다. 회귀분석은 독립변수와 종속변수가 선형의 관계가 있다고 가정하고 종속변수를 예측할 수 있는 선형회귀방정식을 도출한다. 회귀분석에서 독립변수와 종속변수는 등간척도 및 비율척도로 구성되어야 하고, 명목척도의 경우 더미변수로 만들어서 사용해야 한다.

    회귀분석의 종류에는 단순회귀분석과 다중회귀분석이 있다. 단순회귀분석은 단일의 독립변수가 종속변수에 미치는 영향을 분석하는 것이며, 다중회귀분석은 2개 이상의 독립변수가 종속변수에 미치는 영향을 분석하는 것이다.

    단순회귀분석의 공식은 $y = Bx + A$ 직선의 방정식이다. B(기울기)는 회귀계수(비표준화계수)이며, A(절편)는 상수를 의미한다. 적합도 검정은 결정계수(R^2)를 이용한다. 결정계수는 0~1사이의 값을 가지며 결정계수가 높을수록 표본회귀선의 설명력이 높다고 해석한다. t값은 비표준화계수를 표준오차로 나눈 값이고, 베타값은 표준화계수로서 x값과 y값을 Z점수로 환산한 것이다. 즉 표준화계수는 독립변수들의 단위와 분포의 다름을 고려한 값으로 종속변수에 대한 독립변수들의 영향력을 상대적으로 비교할 경우 유용하다.

1 단순회귀분석 실행

단순회귀분석을 실행하는 방법을 알아보기 위해 학술지에 게재된 논문에서 사용되었던 일부의 연구를 바탕으로 살펴보고자 한다. 다음과 같은 연구문제[1]를 토대로 실행하고자 한다.

[연구문제]
부모의 방임은 아동의 자기조절학습에 어떠한 영향을 미치는가?

이 연구문제를 검증하기로 한다. 단순회귀분석을 실행하기 위해서는 다음과 같은 경로로 들어간다.

분석 - 회귀분석 - 선형

---

1. 부모의 방임과 자기조절학습은 한국청소년정책연구원(www.nypi.re.kr)의 한국 아동 · 청소년패널 조사(KCYPS) 원자료 중 하나로 부록의 설문지 문 11), 문 4)에 있다.

A   선형회귀분석

왼쪽에서 독립변수(부모방임)를 선택하여 오른쪽의 독립변수로 이동시킨다. 또한 왼쪽에서
종속변수(자기조절학습)를 선택하여 오른쪽의 종속변수로 이동시킨다. 이후 확인을 누르면
단순회귀분석에 대한 결과물이 나온다.

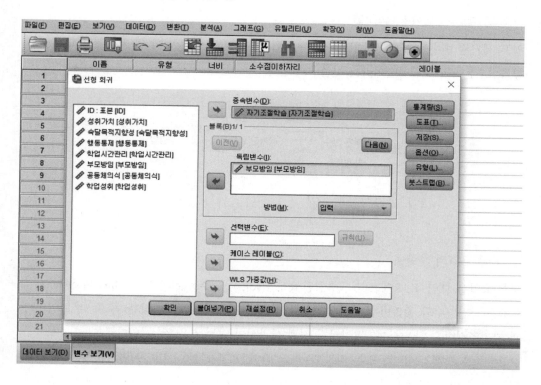

2 단순회귀분석 결과 해석

단순회귀분석을 실행했다면, 분석 결과를 보는 방법에 대해 살펴보고자 한다. 분석을 실행하고 나면, 입력/제거된 변수, 모형 요약, ANOVA, 계수의 출력물이 나온다.

1) 입력/제거된 변수의 출력물

입력/제거된 변수를 보면, 입력된 변수는 독립변수인 부모의 방임이 투입된 것을 나타내고, 종속변수는 자기조절학습이라는 것을 의미한다.

입력/제거된 변수[a]

모형	입력된 변수	제거된 변수	방법
1	부모방임[b]	.	입력

a. 종속변수 : 자기조절학습
b. 요청된 모든 변수가 입력되었다.

2) 모형 요약의 출력물

모형 요약을 보면, R, R제곱(R^2), 수정된 R제곱(adj. R^2), 추정값의 표준오차가 나온다.

　R은 독립변수와 종속변수 간의 **적률상관관계**(Pearson r) 계수를 나타낸다. 즉, 부모의 방임과 자기조절학습 간 r=.362로 나타나 정적 상관성이 있는 것을 알 수 있다.

　R제곱은 모델의 설명력 또는 **결정계수**라고 한다. R제곱이 0.1 미만이면 설명력이 매우 낮다고 할 수 있다. 다음의 분석 결과에서는 .131로 나타나 이 모델은 13.1%의 설명력을 나타낸다.

　수정된 R제곱 **자유도**(독립변수의 수와 표본의 크기)를 고려한 모집단의 설명력을 추정한다. 다음의 분석 결과에서는 수정된 R제곱은 .131이다.

모형 요약

모형	R	R제곱	수정된 R제곱	추정값의 표준화 오류
1	.362[a]	.131	.131	.47270

a. 예측자 : (상수), 부모방임

3) ANOVA의 출력물

F값은 회귀모형이 적합한지를 알려주는 값으로 회귀선에 포함된 분산과 잔차, 즉 오차의 분산의 비이다. 회귀선의 분산은 오차분산보다 커야 하며, 유의확률은 $p < .05$일 때 의미가 있다.

다음의 ANOVA 결과를 보면, 회귀모형의 추정치가 73.978이고, 잔차의 추정치가 .223으로 회귀선의 추정치가 잔차 추정치보다 331.083배 크다는 것을 의미한다. 또한 유의확률을 보면 통계적으로 유의미하기 때문에 회귀모형이 적합하다.

ANOVA[a]

모형		제곱합	자유도	평균제곱	F	유의확률
1	회귀	73.978	1	73.978	331.083	.000[b]
	잔차	490.901	2197	.223		
	전체	564.878	2198			

a. 종속변수 : 자기조절학습
b. 예측자 : (상수), 부모방임

4) 계수의 출력물

독립변수인 부모의 방임이 종속변수의 자기조절학습에 영향을 미치는 단순회귀분석의 결과이다. 계수에서는 독립변수의 **표준화계수 방향**, t 값, 유의확률을 확인해야 한다.

즉, 독립변수가 음(−)의 방향인지 또는 양(+)의 방향인지 보고, t 값과 유의확률을 확인해야 한다. 유의확률이 $p \geqq .05$이면 통계적으로 유의한 영향력을 나타내지 않지만 $p < .05$이면 유의미한 영향력을 나타내는 것을 의미한다.

다음의 분석 결과에서는 유의확률이 $p < .001$이고, 부모의 방임은 아동의 자기조절학습에 부적 영향을 미치는 것을 알 수 있다.

계수[a]

모형		비표준화계수		표준화계수	t	유의확률
		B	표준화 오류	베타		
1	(상수)	3.374	.029		114.989	.000
	부모방임	−.308	.017	−.362	−18.196	.000

a. 종속변수 : 자기조절학습

3 단순회귀분석 결과를 활용한 논문 작성

단순회귀분석의 실행이 끝난 후 분석 결과를 보는 방법을 익혔다. 이제는 논문에 실제로 활용하는 방법을 알아보기로 한다.

1) 분석 결과를 표로 작성한다

표 15.1 부모의 방임이 아동의 자기조절학습에 미치는 영향

구분	자기조절학습	
	B	β
상수	3.374***	
부모의 방임	−.308	−.362***
R^2	.131	
adj. R^2	.131	
F	331.083***	

***$p<.001$

출처 : 박은정, 이유리, 이성훈(2015). 부모의 방임과 아동의 학업성취의 관계 : 자기조절학습능력과 공동체의식의 매개효과. 한국생활과학회지, 24(6), 755-768.

2) 분석 결과표에 대한 해석을 작성한다

부모의 방임이 아동의 자기조절학습에 미치는 영향을 살펴보기 위해 단순회귀분석을 실시한 결과 표 15.1과 같이 통계적으로 유의한 부의 영향을 미치는 것으로 나타났다. 즉 부모의 방임 수준이 높을수록 아동의 자기조절학습능력은 낮아지는 것을 알 수 있다. 회귀분석의 설명력은 13.1%를 보였다.

> **참고**
>
> 위의 분석 결과의 해석 내용 중 '부의 영향'이라는 표현이 나온다. 부의 영향은 음의 영향 또는 부정적 영향과 동의어이다. 즉 부모의 방임(독립변수)이 증가할수록 자기조절학습(종속변수)이 감소한다는 의미이다. 만약 독립변수가 증가할수록 종속변수가 증가하는 경우에는 '정의 방향' 또는 '양의 영향'으로 표현하면 된다. 또한 해석 내용 중 '회귀분석의 설명력'이라는 표현이 있다. 이는 자기조절학습의 13.1%가 부모의 방임에 의해 설명되는 변량이라는 것이다. 회귀분석에서 설명력이 0.1 미만이면 설명력이 매우 낮다고 판단한다.

꼭 기억할 사항

단순회귀분석은 단일의 독립변수가 종속변수에 미치는 영향을 파악할 때 실시한다.

■ **단순회귀분석의 용어 정리**

구분	내용
R	독립변수와 종속변수 간의 적률상관관계(Pearson r) 계수
R제곱	설명력 또는 결정계수 0.1 미만이면 설명력이 매우 낮다고 판단
수정된 R제곱	자유도(독립변수의 수와 표본의 크기)를 고려하여 모집단의 결정계수 추정

II 다중회귀분석

다중회귀분석(multiple regression analysis)은 2개 이상의 독립변수가 종속변수에 미치는 영향을 한 번에 분석하는 것이다. 다중회귀분석은 독립변수 간의 상호작용을 고려하기 때문에 단순회귀보다 더욱 실제적인 결과를 얻어낸다고 볼 수 있다. 이 부분에서 중요한 점은 독립변수가 2개 이상이기 때문에 변수 간의 다중공선성의 문제가 발생할 수 있다는 것이다. 즉 상관관계가 높은 두 변인 중 한 변인이 종속변인에 대한 영향력이 통계적으로 유의미하게 나오면 나머지 변인은 거의 통계적으로 유의미하지 않게 되는 문제를 야기한다. 따라서 다중회귀분석을 실시할 경우, 반드시 다중공선성을 체크해봐야 한다. 만약, 다중공선성이 발생한 경우에는 다중공선성이 발생한 독립변수 하나를 제거하든지, 아니면 설문지를 추가로 더 수집하여 표본의 수를 늘려 다중공선성을 희석시키든지 어떠한 조치를 취해야 한다(송지준, 2013, p. 146).

각 독립변인의 회귀계수는 나머지 독립변인을 통제한 상태에서 구한 값이다. 즉 다른 변수들의 수준이 동일할 때 해당 변수의 수준이 한 단위 변화할 때 종속변수의 수준이 얼마나, 어떻게 변화하는지를 알아보는 것이다. 따라서 다른 변인들은 통제변수라고 할 수 있다.

다중회귀분석의 공식은 $y = B \times 1 + C \times 2 + D \times 3 + A$이다.

다중회귀분석에서 방법을 선택할 수 있는데, 여기서는 입력과 단계 선택에 대해 알아보고자 한다. 먼저, 입력 방식의 경우 투입한 모든 독립변수들을 회귀식에 포함하는 방법이다. 따라서 다른 독립변수들이 통제된 상태에서 특정 독립변수의 영향력을 알 수 있으며, 투입한 모든 독립변수들이 동시에 종속변수를 설명하는 정도를 알 수 있다.

단계 방식은 종속변수에 영향력이 있는 독립변수들만을 회귀식에 포함시키는 방법이다. 종속변수에 대한 설명력이 높은 독립변수의 순으로 회귀식에 포함시키되, 나중에 들어오는 독립변수와의 상호작용으로 인해 설명력이 낮아지게 되면 회귀식에서 제거시킨다. 따라서 어느 정도 설명력이 높은 변수들로만 구성된 최적화된 회귀식을 발견하기 위한 목적으로 사용된다.

1 다중회귀분석 실행

다중회귀분석을 실행하는 방법을 알아보기 위해 학회지에 게재된 논문에서 사용되었던 일부 내용을 바탕으로 살펴보고자 한다. 다음의 연구문제를 토대로 실행한다.

[연구문제]
사회인구학적 변인, 심리사회적 변인은 연애 및 결혼의 자신감에 어떠한 영향을 미치는가?

이 연구문제를 보면, 독립변수는 사회인구학적 변인, 심리사회적 변인이고, 종속변수는 연애 및 결혼의 자신감이다. 독립변수에 해당하는 사회인구학적 변인은 성별, 연령, 사회경제적 지위를 포함시켰고, 심리사회적 변인은 부정적 자존감, 사회적 지지, 한국사회에 대한 청년인식을 포함시켰다. 즉 독립변수가 2개 이상으로 **다중회귀분석**을 실행해야 한다. 하지만 독립변수 중 사회인구학적 변인의 성별이 명목척도이다. 이럴 경우 **명목척도**의 변수를 더미변수로 만들어 종속변수에 대한 독립변수의 영향을 분석해야 한다. 따라서 성별을 더미변수로 먼저 만들고자 한다. 이후 다중회귀분석을 실행하고자 한다.

1) 더미변수를 만든다

성별을 더미변수로 만들고자 한다. 더미변수를 만들기 위해 다음과 같은 경로로 들어가면 된다.

변환 – 다른 변수로 코딩변경

A 다른 변수로 코딩변경

더미변수로 만들 변수(성별)를 오른쪽 칸(숫자변수 → 출력변수)으로 이동시킨다. 또한 출력
변수의 이름 칸에 더미변수 성별, 레이블 칸에 여성1을 각각 입력한 후 변경을 클릭한다. 이
후 기존값 및 새로운 값을 누른다.

B 기존값 및 새로운 값

더미변수를 만들 성별의 경우 남성은 1, 여성은 2로 응답범주의 번호가 기존값으로 부여되어 있다. 더미변수의 공식은 (n－1)이다. 즉, 각 질문에 대한 응답범주의 개수에서 1개를 뺀 것이다. 따라서 성별은 (2－1)=1개이므로, 더미변수는 1개를 만들면 된다. 앞에서 출력변수 설명에서 여성을 1로 지정해 놓았다. 따라서 더미변수의 응답범주는 '여자이다'(1), '여자가 아니다'(0)로 만들면 된다.

왼쪽의 기존값에 2를 입력하고, 오른쪽의 새로운 값에 1을 입력한 후 추가를 누른다. 또한 왼쪽의 기존값에 1을 입력하고, 오른쪽의 새로운 값에 0을 입력한 후 추가를 누른 후 계속을 누른다. 이후 확인을 누르면 성별에 대한 새로운 더미변수가 만들어진다. 즉, '더미변수 성별_여성1'이라는 새로운 변수가 생성된다. '더미변수 성별_여성1'의 응답범주는 '0=여성이 아니다(즉, 남성)', '1=여성'이다.

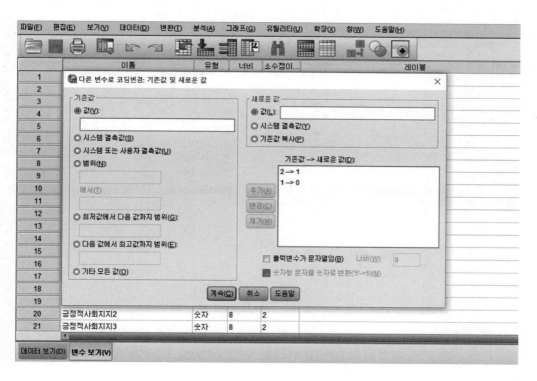

2) 다중회귀분석을 실행한다

다중회귀분석을 실행하기 위해서는 다음과 같은 경로로 들어간다.

분석 – 회귀분석 – 선형

A 선형회귀분석

왼쪽에서 독립변수들(더미변수 성별, 연령, 사회경제적 지위, 부정적 자존감, 사회적 지지, 한국사회에 대한 청년인식)을 독립변수로 이동시킨다. 또한 왼쪽에서 종속변수(연애 및 결혼 자신감)를 종속변수로 이동시킨다. 이후 통계량을 누른다.

B **통계량**

통계량에서 회귀계수 부분의 추정값과 모형 적합은 이미 선택되어 있다. 통계량 부분에서는
다중공선성을 체크해야 한다. 따라서 공선성 진단을 선택하고, 잔차에서 Durbin-Watson을 선
택한 후 계속을 누른다. 이후 확인을 누르면 다중회귀분석에 대한 결과가 나온다.

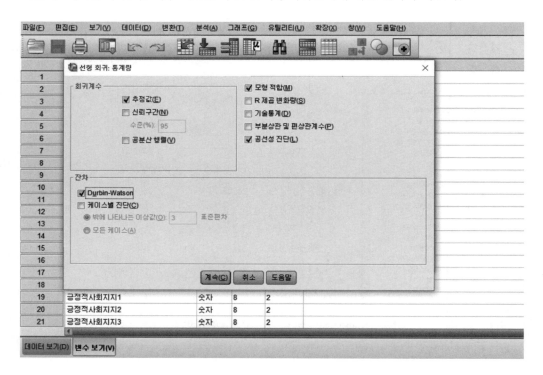

2 다중회귀분석 결과 해석

다중회귀분석을 실행했다면, 분석 결과를 보는 방법에 대해 살펴보고자 한다. 분석을 실행하고 나면, 입력/제거된 변수, 모형 요약, ANOVA, 계수의 출력물이 나온다.

1) 입력/제거된 변수의 출력물

입력/제거된 변수^a

모형	입력된 변수	제거된 변수	방법
1	청년인식, 더미변수 성별, 사회경제적 지위, 사회적 지지, 연령, 부정적 자존감^b	.	입력

a. 종속변수 : 연애 및 결혼 자신감
b. 요청된 모든 변수가 입력되었다.

독립변수인 청년인식, 더미변수 성별, 사회경제적 지위, 사회적 지지, 연령, 부정적 자존감이 입력된 변수라는 것을 말한다. 또한 종속변수가 연애 및 결혼의 자신감이 투입되었다는 것을 의미하고, 방법이 입력방식이라는 것이다.

2) 모형 요약의 출력물

모형 요약^b

모형	R	R제곱	수정된 R제곱	추정값의 표준오차	Durbin-Watson
1	.519^a	.270	.260	.69596	1.988

a. 예측자 : (상수), 청년인식 합계, 더미변수 성별, 사회경제적 지위, 사회적 지지, 연령, 부정적 자존감
b. 종속변수: 연애 및 결혼 자신감

여기서는 R, R제곱, 수정된 R제곱, Durbin-Watson을 확인해야 한다. R은 독립변수와 종속변수 간의 Pearson 상관관계를 말하는 것으로 .519로 다소 높은 상관성을 가지고 있는 것을 알 수 있다. R제곱은 모형의 설명력으로 .270으로 나타나 모델의 설명력이 27.0%라는 것을 나타내고, 수정된 R제곱은 자유도를 고려한 모집단의 설명력을 추정한 것으로 .260이다.

단순회귀분석과 달리 다중회귀분석에서 확인해야 할 사항 중의 하나가 Durbin-Watson이다. 잔차의 상관관계가 2 전후면 문제가 없다고 판단한다. 위의 분석 결과 1.988로 나타나 정상분포곡선을 의미하는 것을 알 수 있다.

3) ANOVA의 출력물

ANOVA[a]

모형		제곱합	자유도	평균제곱	F	유의확률
1	회귀	84.600	6	14.100	29.111	.000[b]
	잔차	229.100	473	.484		
	전체	313.700	479			

a. 종속변수 : 연애 및 결혼 자신감
b. 예측자 : (상수), 청년인식, 더미변수 성별, 사회경제적 지위, 사회적 지지, 연령, 부정적 자존감

ANOVA의 출력물에서는 F값과 유의확률을 확인하면 된다. 즉 F값은 29.111로서 유의수준이 $p < .001$로 통계적으로 유의미하게 나타났기 때문에 회귀모형이 적합하다고 판단된다.

4) 계수의 출력물

독립변수(더미변수성별, 연령, 사회경제적 지위, 부정적 자존감, 사회적 지지, 한국사회에 대한 청년인식)가 종속변수(연애 및 결혼의 자신감)에 미치는 다중회귀분석의 결과이다.

먼저 **다중공선성**을 확인해야 하는데, 공차(Tolerance)가 0.1 이상인지, 분산팽창계수(variance inflation factor, VIF)가 10 이하인지를 꼭 살펴보아야 한다. 다음 표를 보면, 공차가 .707~.944이고, 분산팽창계수가 1.059~1.414로 나타나 다중공선성이 없는 것을 판단할 수 있다. 다음으로는 독립변수의 방향과 표준화계수(베타), 유의확률을 확인해야 한다. 즉 독립변수가 음(−)의 방향인지 또는 양(+)의 방향인지 보아야 하고, t값과 유의확률을 확인해야 한다.

종속변수에 대한 독립변수의 영향을 파악하기에 앞서, 회귀분석의 결과에서 더미변수를 해석하는 것에 대해 살펴보자. 더미변수의 해석 결과를 혼동하는 경우가 있다. 이 연구에서는 더미변수가 성별이다. 이때 기준이 되는 것은 남성으로 응답범주가 0이 되었고, 여성은 응답범주가 1로 더미변수 성별로 만들었다. 이 분석 결과에서는 성별의 경우 표준화계수(베타)가 .023으로 나타났고 t값이 .552이며 유의확률이 .581로 나타나 통계적으로 유의한 영향을 미치지 않았다. 만약, 이 분석 결과에서 유의미한 영향을 미쳤다고 가정해보자. 독립변수가 양(+)의 방향이라면 기준값(남성)보다 여성이 연애 및 결혼의 자신감 수준이 더 높다고 해석할 수 있다. 반면 독립변수가 음(−)의 방향이라면 기준값(남성)이 여성보다 연애 및 결혼의 자신감 수준이 더 높은 것을 말한다.

계수ᵃ

모형	비표준화계수		표준화계수			공선성 통계량	
	B	표준화 오류	베타	t	유의 확률	공차	VIF
(상수)	1.005	.554		1.815	.070		
더미변수 성별	.037	.067	.023	.552	.581	.918	1.089
연령	−.011	.011	−.039	−.955	.340	.912	1.097
1 사회경제적 지위	.073	.046	.065	1.597	.111	.944	1.059
부정적 자존감	−.171	.067	−.120	−2.559	.011	.707	1.414
사회적 지지	.402	.083	.223	4.822	.000	.722	1.386
청년인식	.429	.054	.325	7.983	.000	.930	1.075

a. 종속변수 : 연애 및 결혼 자신감

독립변수 중 청년인식의 경우 **표준화계수(베타)**가 .325로 나타났고, 양(+)의 방향을 가리키며, 유의확률은 $p<.001$로 통계적으로 유의미한 영향을 미치는 것으로 나타났다. 또한 사회적 지지도 베타값이 .223으로 양의 유의미한($p<.001$) 영향을 미치고 있다. 반면 부정적 자존감은 베타값이 −.120으로 유의미한($p<.05$) 음의 영향을 미치고 있다. 따라서 한국사회에 대한 청년인식 수준이 높을수록, 사회적 지지가 높을수록 연애 및 결혼의 자신감 수준이 더 높은 반면 부정적 자존감이 낮을수록 연애 및 결혼의 자신감이 높다고 해석할 수 있다.

다중회귀분석에서는 독립변수의 서로 다른 단위와 분포를 표준화한 베타의 값을 확인한다. 독립변수의 베타의 상대적 값 크기를 통해 종속변수에 미치는 상대적 영향력을 알 수 있다. 즉 한국사회에 대한 청년인식, 사회적 지지, 부정적 자존감순으로 연애 및 결혼의 자신감 수준에 미치는 영향력이 높다.

3 다중회귀분석 결과를 활용한 논문 작성

다중회귀분석의 실행이 끝난 후 분석 결과를 보는 방법을 익혔다. 이제 논문에서 실제로 활용하는 방법을 알아보기로 한다.

1) 분석 결과를 표로 작성한다

표 15.2 연애 및 결혼, 출산 및 양육의 자신감에 대한 결정요인 분석

변수			연애 및 결혼		출산 및 양육	
			B	β	B	β
사회인구학적 변인	성별(남성)	여성	.002	.001	−.114	−.065
	연령		−.016	−.058	−.007	−.024
	사회경제적 지위		.095	.083*	.068	.054
심리사회적 변인	부정적 자존감		−.104	−.074	−.059	−.038
	사회적 지지		.401	.225***	.271	.139**
	한국사회에 대한 청년인식		.447	.343***	.736	.514**
직장 관련 변인	정규직 여부 (비정규직)	정규직	.011	.006	.040	.020
	출산전후휴가 제공 여부(무)	유	−.102	−.063	−.003	−.002
	육아휴직 제공 여부(무)	유	.055	.034	.034	.019
	직무만족도		−.118	−.081	−.138	−.086
	조직몰입도		.283	.199**	.207	.133*
상수			.360		−.137	
R^2			.337		.395	
F			19.581***		25.118***	

*$p<.05$, **$p<.01$, ***$p<.001$

출처 : 이유리, 이성훈, 박은정(2017). 에코세대의 연애 및 결혼, 출산 및 양육의 자신감에 대한 결정요인. 한국가정과교육학회지, 29(4), 101-116.

학회지 논문에는 앞에서 분석 실행한 사회인구학적, 심리사회적 변인 외에 직장 관련 변인이 추가되었기 때문에 분석 결과표의 내용이 상이하다.

2) 분석 결과표에 대한 해석을 작성한다

연애 및 결혼, 출산 및 양육의 자신감에 대한 결정요인을 분석하기 위해 다중회귀분석을 실시하였다. Durbin-Watson 검증 결과, 1.900~1.997로 그 수치가 .2에 근접하여 잔차항 간의 상관이 없는 것을 확인하였고, 공차가 .142~.914로 .1 이상으로 나타났으며, 분산팽창계수가 1.094~7.030로 모두 10 이하로 나타나 다중공선성에 문제가 없는 것으로 판단되었다.

먼저 연애 및 결혼의 자신감에 영향을 미치는 변인은 표 15.2와 같이 한국사회에 대한 청년인식(β=.343), 사회적 지지(β=.225), 조직몰입도(β=.199), 사회경제적 지위(β=.083)가 연애 및 결혼에 유의한 영향을 미치는 것으로 밝혀졌다. 즉 한국사회에 대한 청년인식이 긍정적일수록, 사회적 지지 수준이 높을수록, 조직몰입도가 높을수록, 사회경제적 지위가 높을수록 연애 및 결혼에 대한 자신감 수준이 유의하게 높아지는 것으로 나타났다. 이 모델의 설명력은 33.7%로 나타났다.

다음으로 출산 및 양육의 자신감에 결정요인으로는 한국사회에 대한 청년인식(β=.514)의 영향력이 가장 큰 것으로 나타났고, 다음은 사회적 지지, 조직몰입도 차례로 나타났으며, 모델의 설명력은 39.5%를 보였다. 즉 한국사회에 대한 청년인식이 긍정적일수록, 사회적 지지 수준이 높을수록, 조직몰입도 수준이 높을수록 출산 및 양육에 대한 자신감 수준이 유의미하게 높아지는 것을 알 수 있다.

정리하면, 한국사회에 대한 청년인식은 연애 및 결혼의 자신감, 출산 및 양육의 자신감에 가장 큰 영향력을 보였고, 다음은 사회적 지지, 조직몰입도로 나타난 유사점이 있다. 반면 사회경제적 지위는 연애 및 결혼의 자신감에만 영향을 미치는 요인으로 나타난 차이점이 있다.

4 더미변수의 다중회귀분석 실행

종속변인에 대한 모든 독립변수의 영향력을 분석하고 싶은데 독립변수 중 명목척도가 있을수 있다. 이럴 경우, 명목척도인 독립변수를 더미변수로 만들어서 다중회귀분석을 실행해야한다는 것을 배웠다. SPSS를 처음 접하는 경우 명목척도의 변수를 더미변수로 만드는 방법은 쉽지 않다. 따라서 명목척도의 변수를 더미변수로 만드는 방법에 대해 다시 한 번 살펴보고자 한다. 이번에는 독립변수가 명목척도로 구성된 변인들로 구성하여 종속변수에 미치는 영향 요인을 분석하고자 한다. 다음의 연구문제를 통해 살펴본다.

[연구문제]
사회인구학적 변인이 생활만족도에 어떠한 영향을 미치는가?

이 연구문제를 보면, 독립변수는 사회인구학적 변인이고, 종속변수는 생활만족도이다. 사회인구학적 변인은 성별, 학년, 사회경제적 지위를 포함시켰다. 조사대상자는 대학생으로 성별은 남학생, 여학생으로 구분하였고, 학년은 1학년, 2학년, 3학년, 4학년으로 구성되었으며, 사회경제적 지위는 중상 이상, 중중, 중하 이하의 세 집단으로 구성되었다. 이 연구문제의 독립변수는 3개로 다중회귀분석을 실행해야 한다. 다중회귀분석을 실행하기 전, 독립변수를 더미변수로 만들어야 한다. 따라서 성별, 학년, 사회경제적 지위를 더미변수로 먼저 만든 이후 다중회귀분석을 실행하고자 한다.

1) 더미변수를 만든다

앞서 성별을 더미변수로 만드는 것을 익혔기 때문에 이번에는 학년을 더미변수로 만들고자 한다. 더미변수를 만들기 위해 다음과 같은 경로로 들어간다.

변환 – 다른 변수로 코딩변경

A 다른 변수로 코딩변경

더미변수로 만들 변수(학년)를 오른쪽 칸(숫자변수 → 출력변수)으로 이동시킨다.

또한 출력변수의 이름 칸에 더미변수 학년_1학년1을 레이블 칸에 1학년을 각각 입력한 후
변경을 클릭한다. 이후 기존값 및 새로운 값을 누른다.

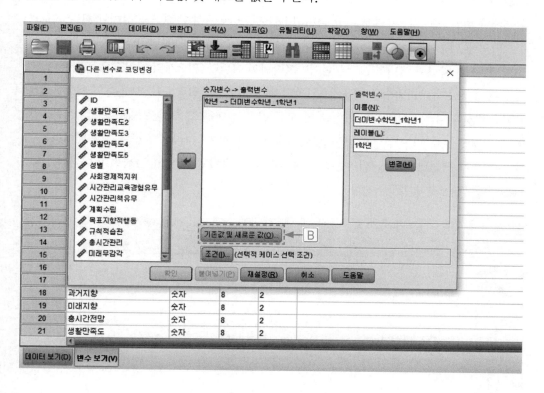

B 기존값 및 새로운 값

더미변수를 만들 학년의 경우 1학년은 1번, 2학년은 2번, 3학년은 3번, 4학년은 4번으로 응답범주의 번호가 기존값으로 부여되어 있다. 더미변수의 공식은 (n−1)이다. 즉, 각 질문에 대한 응답범주의 개수에서 1개를 뺀 것이다. 따라서 학년은 (4−1)=3개이므로, 더미변수는 3개를 만들면 된다. 학년에 대한 더미변수를 만들 때는 기준 집단을 정해야 한다. 여기서는 2학년을 기준 집단으로 정하고자 한다. 따라서 더미변수는 "1학년이다/1학년이 아니다", "3학년이다/3학년이 아니다", "4학년이다/4학년이 아니다"의 3개의 더미변수로 만든다.

먼저, 1학년의 더미변수를 만들자. 왼쪽의 기존값에 1을 입력하고, 오른쪽의 새로운 값에 1을 입력한 후 추가를 누른다. 또한 기타 모든 값을 선택하고, 오른쪽 새로운 값에 0을 입력한 후 추가를 누른다. 이후 계속을 누른 후 확인을 누르면 '더미변수 학년_1학년'이라는 새로운 변수가 생성된다. 즉, '더미변수 학년_1학년'의 응답범주는 "0=1학년이 아니다, 1=1학년이다"라는 것이 만들어진다.

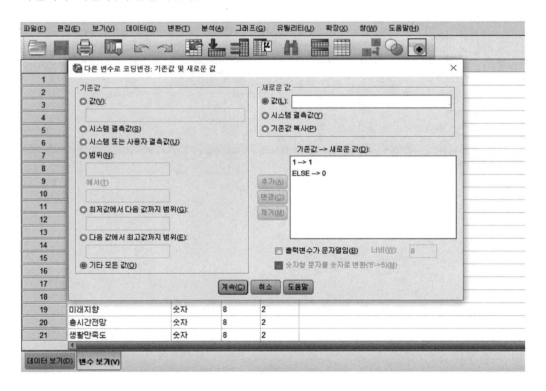

다음은 3학년의 더미변수를 만들자.

　1학년의 더미변수 만드는 방법과 동일한 경로로 들어간다.

> ## 변환 – 다른 변수로 코딩변경

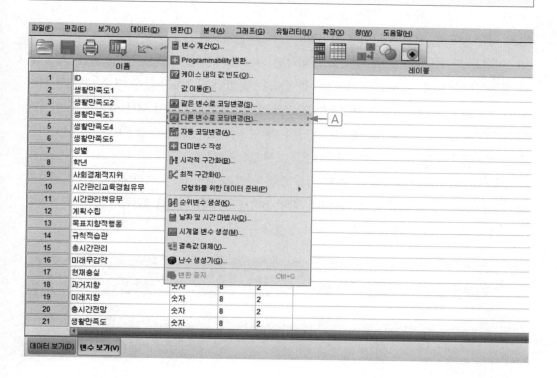

[A] **다른 변수로 코딩변경**

더미변수로 만들 변수(학년)를 오른쪽 칸(숫자변수 → 출력변수)으로 이동시켜야 하지만 이전의 1학년 더미변수에 대한 부분이 남아 있다. 즉 오른쪽 칸(숫자변수 → 출력변수)에 '학년 → 더미변수 학년_1학년1'이 존재한다. 이럴 경우 오른쪽 칸(숫자변수 → 출력변수)에 있는 '학년 → 더미변수 학년_1학년1'을 클릭하면 출력변수의 이름 칸과 레이블 칸에 이전의 1학년에 대한 내용이 나타난다. 이때 출력변수의 이름 칸에 더미변수 학년_3학년 1, 레이블 칸에 3학년을 각각 입력한 이후 변경을 클릭하면 되지만 여기서는 하단 부분에 있는 '재설정'을 클릭하는 방법을 추천한다. 더미변수를 만드는 방법이 익숙하지 않은 경우, 이전의 더미변수 내용을 수정하여 변경할 때 조작 미숙으로 실수를 범할 수 있기 때문이다. 뿐만 아니라 이후의 '기존값 및 새로운 값'에서도 이전의 1학년 더미변수에 대한 부분이 존재하여 이를 수정해야 하기 때문이다. 따라서 아래에 있는 '재설정'을 클릭한다.

다음으로 더미변수로 만들 변수(학년)를 오른쪽 칸(숫자변수 → 출력변수)으로 이동시킨다. 또한 출력변수의 이름 칸에 더미변수 학년_3학년1을, 레이블 칸에 3학년을 각각 입력한 후 변경을 클릭한다. 이후 기존값 및 새로운 값을 누른다.

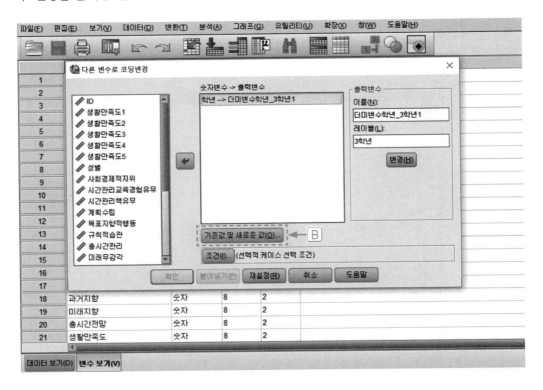

B 기존값 및 새로운 값

왼쪽의 기존값에 3을 입력하고, 오른쪽 새로운 값에 1을 입력한 후 추가를 누른다. 또한 기타 모든 값을 선택하고, 오른쪽 새로운 값에 0을 입력한 후 추가를 누른다.

이후 계속을 누른 후 확인을 누르면 '더미변수 학년_3학년'이라는 새로운 변수가 생성된다. 즉, '더미변수 학년_3학년'의 응답범주는 "0=3학년이 아니다, 1=3학년이다"라는 것이 만들어진다.

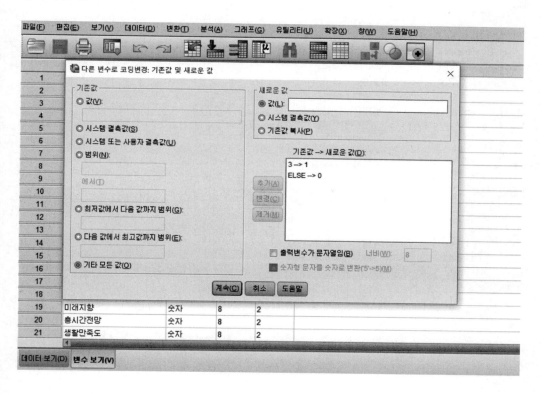

마지막으로, 4학년의 더미변수를 만들기 위한 경로는 다음과 같다.

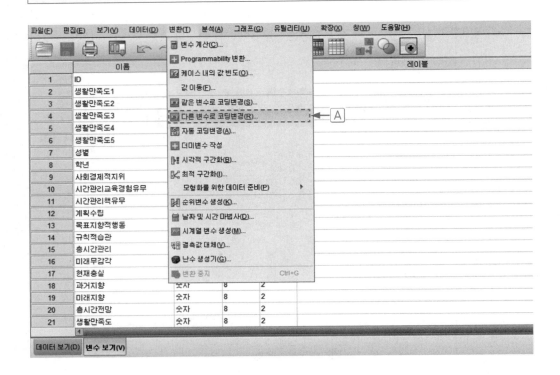

A **다른 변수로 코딩변경**

더미변수로 만들 변수(학년)를 오른쪽 칸(숫자변수 → 출력변수)으로 이동시켜야 하지만 이전의 3학년 더미변수에 대한 부분이 남아 있다. 즉 오른쪽 칸(숫자변수 → 출력변수)에 '학년 → 더미변수 학년_3학년1'이 존재한다. 이럴 경우 하단 부분에서 '재설정'을 클릭한다.

다음으로 더미변수로 만들 변수(학년)를 오른쪽 칸(숫자변수 → 출력변수)으로 이동시킨다. 또한 출력변수의 이름 칸에 더미변수 학년_4학년1을, 레이블 칸에 4학년을 각각 입력한 후 변경을 클릭한다. 이후 기존값 및 새로운 값을 누른다.

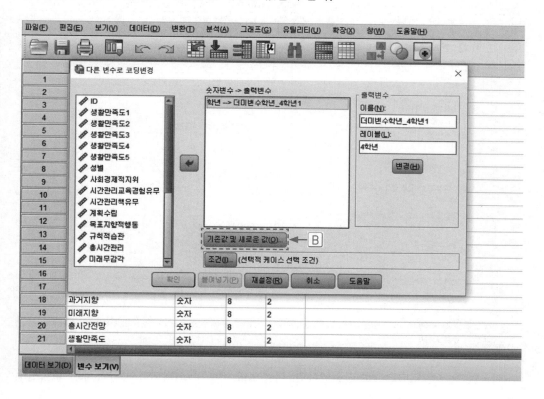

B 기존값 및 새로운 값

왼쪽의 기존값에 4를 입력하고, 오른쪽 새로운 값에 1을 입력한 후 추가를 누른다. 또한 기타 모든 값을 선택하고, 오른쪽 새로운 값에 0을 입력한 후 추가를 누른다.

이후 계속을 누른 후 확인을 누르면 '더미변수 학년_4학년'이라는 새로운 변수가 생성된다. 즉, '더미변수 학년_4학년'의 응답범주는 "0=4학년이 아니다, 1=4학년이다"라는 것이 만들어진다.

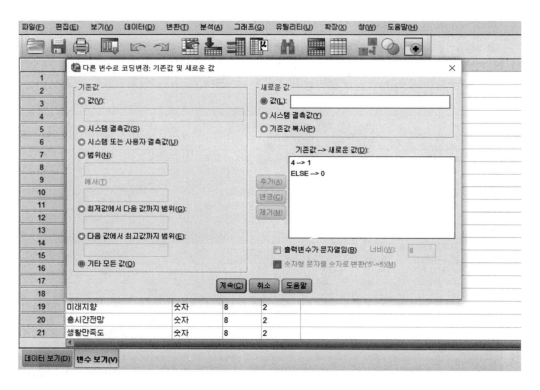

이처럼 학년을 더미변수로 만들었다면, 다음으로 성별, 사회경제적 지위에 대한 더미변수를 동일한 방법으로 수행한다.

2) 다중회귀분석을 실행한다

앞서 사회인구학적 변인(성별, 학년, 사회경제적 지위)을 더미변수로 만들었다. 이후 다중회
귀분석을 실행하기 위한 경로는 다음과 같다.

> **분석 – 회귀분석 – 선형**

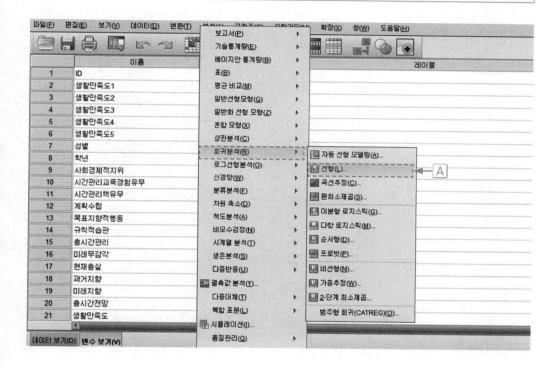

A 선형회귀분석

왼쪽에서 독립변수들(더미변수 성별_여성1, 더미변수 학년_1학년, 더미변수 학년_3학년, 더미변수 학년_4학년, 더미변수 사회경제적 지위_중상 이상, 더미변수 사회경제적 지위_중하 이하)을 독립변수로 이동시킨다. 또한 왼쪽에서 종속변수(생활만족도)를 종속변수로 이동시킨다. 이후 통계량을 누른다.

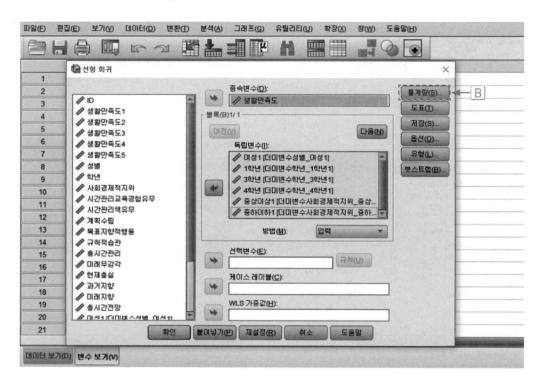

B **통계량**

통계량에서 회귀계수 부분의 추정값과 모형 적합은 이미 선택되어 있다. 통계량 부분에서는
다중공선성을 체크해야 한다. 따라서 공선성 진단을 선택하고, 잔차에서 Durbin-Watson을
선택한 후 계속을 누른다. 이후 확인을 누르면 다중회귀분석에 대한 결과가 나온다.

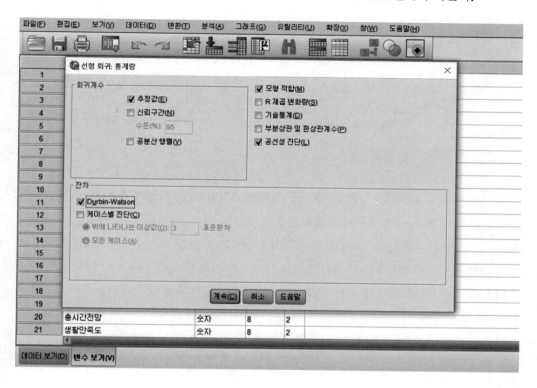

5 다중회귀분석 결과 해석

앞서 다중회귀분석 결과를 보는 방법을 익혔다. 따라서 다중회귀분석에서 중요한 결과물을 보는 것에 대해 다시 살펴보고자 한다. 모형 요약, ANOVA, 계수의 출력물이다.

1) 모형 요약의 출력물

모형 요약[b]

모형	R	R제곱	수정된 R제곱	추정값의 표준오차	Durbin-Watson
1	.415[a]	.172	.159	1.01677	1.802

a. 예측자 : (상수), 더미 사회경제적 지위_중하 이하1, 더미 학년_4학년, 더미_여자1, 더미 사회경제적 지위_중상 이상1, 더미 학년_1학년, 더미 학년_3학년
b. 종속변수 : 생활만족도

모형 요약에서는 R, R제곱, 수정된 R제곱, Durbin-Watson을 확인해야 한다. 독립변수와 종속변수 간의 Pearson 상관관계를 말하는 R은 .415로 나타나 다소 높은 상관성을 가진다. R제곱은 모형의 설명력으로 .172로 이 모델의 설명력은 17.2%이고, 수정된 R제곱은 자유도를 고려한 모집단의 설명력을 추정한 것으로 .159라는 것을 알 수 있다.

다중회귀분석에서 확인할 사항 중의 하나가 잔차의 상관관계를 살펴보는 것이다. 이는 Durbin-Watson의 값이 2 전후면 문제가 없는 것을 의미하는 것으로, 이 분석 결과에서는 1.802로 나타나 정상분포곡선이라는 것을 확인할 수 있다.

2) ANOVA의 출력물

ANOVA의 출력물에서는 F값과 유의확률을 확인하면 된다. 즉 F값은 12.975($p<.001$)로 나타나 통계적으로 유의미한 것으로 밝혀졌다. 따라서 회귀모형이 적합하다고 판단된다.

ANOVA[a]

	모형	제곱합	자유도	평균제곱	F	유의확률
1	회귀	80.483	6	13.414	12.975	.000[b]
	잔차	387.685	375	1.034		
	전체	468.169	381			

a. 종속변수 : 생활만족도
b. 예측자 : (상수), 더미 사회경제적 지위_중하 이하1, 더미 학년_4학년, 더미_여자1, 더미 사회경제적 지위_중상 이상1, 더미 학년_1학년, 더미 학년_3학년

3) 계수의 출력물

독립변수(성별, 학년, 사회경제적 지위)가 종속변수(생활만족도)에 미치는 다중회귀분석의 결과이다. 여기서는 다중공선성을 위해 공차가 0.1 이상인지, 분산팽창계수(VIF)가 10 이하인지를 꼭 확인해야 한다. 다음의 분석 결과를 보면, 공차가 .740~.919이고, 분산팽창계수가 1.089~1.352로 나타나 다중공선성이 없는 것을 알 수 있다. 다음으로는 독립변수의 방향과 표준화계수(베타), 유의확률을 확인해야 한다. 즉 독립변수가 음(−)의 방향인지 또는 양(+)의 방향인지 보아야 하고, t값과 유의확률을 살펴봐야 한다.

계수[a]

모형	비표준화계수		표준화 계수	t	유의확률	공선성 통계량	
	B	표준화 오류	베타			공차	VIF
1 (상수)	4.239	.144		29.455	.000		
더미_여자1	−.107	.125	−.042	−.857	.392	.919	1.089
더미 학년_1학년	.354	.166	.115	2.126	.034	.749	1.335
더미 학년_3학년	.321	.127	.138	2.535	.012	.740	1.352
더미 학년_4학년	.244	.156	.083	1.567	.118	.790	1.265
더미 사회경제적 지위_중상 이상1	.624	.127	.241	4.901	.000	.913	1.095
더미 사회경제적 지위_중하 이하1	−.645	.133	−.239	−4.854	.000	.910	1.099

a. 종속변수 : 생활만족도

다중회귀분석에서 더미변수의 해석을 정확히 하는 것이 중요하다. 분석 결과에서 생활만족도에 영향을 미치는 요인은 사회경제적 지위와 학년으로 나타났다. 구체적으로 사회경제적 지위의 경우 중상 이상 집단의 표준화계수(베타)가 .241로 나타났고, t값은 4.901이며 유의확률이 .000으로 나타났으며, 중하 이하 집단은 표준화계수(베타)가 −.239이고, t값은 −4.854($p<.001$)로 나타났다. 즉 중상 이상 집단은 .241로 양(+)의 값을 가지는데, 이는 사회경제적 지위의 기준 집단(중중 집단)보다 중상 이상 집단의 생활만족도가 더 높다는 것을 의미한다. 또한 중하 이하 집단은 −.239로 음(−)의 값을 가지며, 이는 사회경제적 지위의 기준 집단(중중 집단)이 중하 이하 집단보다 생활만족도 수준이 더 높은 것을 말한다. 그리

고 학년을 보면, 3학년 집단의 베타값은 .138이고, t값은 2.535($p < .05$)이며, 1학년 집단의 베타값은 .115이고, t값은 2.126($p < .05$)로 나타났다. 이는 학년의 경우 기준 집단인 2학년 보다 3학년과 1학년 집단의 생활만족도 수준이 높은 것을 의미한다.

다중회귀분석에서는 독립변수의 베타의 상대적 값 크기를 통해 종속변수에 미치는 상대적 영향력을 알 수 있다. 따라서 사회경제적 지위, 학년순으로 생활만족도에 미치는 영향력이 높다는 것을 확인할 수 있다.

6 다중회귀분석 결과를 활용한 논문 작성

다중회귀분석의 실행이 끝난 후 분석 결과를 보는 방법을 익혔다. 이제 논문에서 실제로 활용하는 방법을 알아보기로 한다.

1) 분석 결과를 표로 작성한다

표 15.3 사회인구학적 변인이 생활만족도에 미치는 영향

변수		B	β
성별(기준 : 남자)	여자	−.107	−.042
학년(기준 : 2학년)	1학년	.354	.115*
	3학년	.321	.138*
	4학년	.244	.083
사회경제적 지위(기준 : 중중)	중상 이상	.624	.241***
	중하 이하	−.645	−.239***
상수		4.239***	
R²		.172	
F		12.975***	

*$p < .05$, ***$p < .001$

출처 : 김외숙, 박은정(2015). 대학생의 시간전망이 시간관리와 생활만족도에 미치는 영향. 한국가족자원경영학회지, 19(4), 141-161. 저자 편집.

2) 분석 결과표에 대한 해석을 작성한다

사회인구학적 변인을 독립변수로 투입하여 생활만족도에 미치는 영향을 분석한 결과는 표 15.3과 같다. 사회경제적 지위와 학년은 생활만족도에 유의미한 영향을 미치는 것으로 나타난 반면 성별은 유의한 영향을 미치지 않았다. 생활만족도에 미치는 영향이 가장 큰 변인은 사회경제적 지위로 밝혀졌고, 사회경제적 지위가 높을수록(중상 이상 β=.241, 중하 이하 β= -.239) 생활만족도가 높았다. 학년의 경우 2학년보다 3학년(β=.138)과 1학년(β=.115)의 생활만족도가 더 높은 것으로 나타났다. 이 모델의 설명력은 17.2%이다.

 꼭 기억할 사항

다중회귀분석은 2개 이상의 독립변수가 종속변수에 미치는 영향을 분석하는 것이다. 따라서 독립변수와 종속변수가 등간척도 이상일 때는 분석이 가능하지만, 명목척도일 경우에는 더미변수로 만든 후 분석을 실행할 수 있다. 다중회귀분석에서는 독립변수가 2개 이상이기 때문에 독립변수들 간의 상관성이 발생할 가능성이 있다. 이는 다중회귀모형의 기본 가정에 적합하지 않다. 따라서 다중회귀분석에서는 다중공선성을 확인해야 한다. 즉, Durbin-Watson, 공차, 분산팽창계수(Variance Inflation Factor, VIF)를 체크해야 한다. Durbin-Watson은 잔차의 상관관계를 확인하는 것이다. Durbin-Watson의 값이 2 전후인 경우 정상분포곡선을 의미하여 잔차의 상관관계가 없음을 의미한다. 하지만 Durbin-Watson의 값이 0(양의 상관관계) 또는 4(음의 상관관계)에 가까운 것으로 나온 경우 회귀모형에 적합하지 않다. 다음으로 다중공선성 여부를 진단하기 위해 공차와 분산팽창계수를 확인해야 한다. 이때, 공차는 .10 이상이고, 분산팽창계수는 10 이하이면 다중공선성에 문제가 없다고 판단한다. 기본적으로 독립변수 간 상관관계분석을 실시하여 상관계수가 .90 이상이면 문제가 있다고 판단할 수 있다.

■ 다중회귀분석에서 확인할 사항

구분	내용
Durbin-Watson	잔차의 상관관계를 확인 정상분포곡선의 기준값 : 2 전후면
공차(Tolerance)	다중공선성 여부를 진단 : 0.1 이상
분산팽창계수(VIF)	다중공선성 여부를 진단 : 10 이하
더미변수	독립변수가 등간척도 이상일 때 분석을 실시할 수 있다. 만약 독립변수가 명목척도인 경우, 0과 1로 바꾸는 것을 말한다. 더미변수의 공식은 (n-1)개이다.
R	독립변수와 종속변수 간의 적률상관관계(Pearson r) 계수
R제곱	설명력 또는 결정계수 0.1 미만이면 설명력이 매우 낮다고 판단
수정된 R제곱	자유도(독립변수의 수와 표본의 크기)를 고려하여 모집단의 결정계수 추정

16 CHAPTER

매개효과분석

독립변수는 종속변수에 직접 영향을 미칠 수도 있고 직접적으로 미치는 영향은 없지만, 독립변수가 중간에 어떠한 변수에 영향을 미쳐 영향을 받은 매개변수를 통해 종속변수에 간접적으로 영향을 미칠 수도 있다. 다시 말해 매개변수는 독립변수에게 영향을 받는 동시에 종속변수에 영향을 미치는 변수로, 연구모형에서 독립변수와 종속변수의 사이에 위치한다. 이때 회귀분석을 이용하여 중간에 위치한 변수가 독립변수와 종속변수를 이어주는 매개효과가 있는지 분석할 수 있다.

매개효과분석(moderating effect analysis)은 Baron과 Kenny(1986)[1]의 3단계 매개효과회귀분석(Three-step mediated regression analysis)이 일반적으로 사용된다. 매개변수를 검증하는 원리는 다음과 같다.

- 1단계 : 독립변수가 매개변수에 미치는 영향에 대한 회귀분석(단, 통계적으로 유의미한 영향을 미쳐야 함)
- 2단계 : 독립변수가 종속변수에 미치는 영향에 대한 회귀분석(단, 통계적으로 유의미한 영향을 미쳐야 함)
- 3단계 : 독립변수와 매개변수가 종속변수에 미치는 영향에 대한 회귀분석(단, 통계적으로 유의미한 영향을 미쳐야 함)

매개효과는 부분매개효과와 완전매개효과의 두 가지로 구분된다. 마지막 3단계에서 독립변수가 종속변수에 유의한 영향을 미치지 않으면 매개변인은 완전매개효과를 가진다. 반면 3단계에서 독립변수가 종속변수에 유의한 영향을 미치고, 3단계의 독립변수의 베타값이 2단계의 독립변수의 배타값보다 감소하면 부분매개효과가 있다는 것을 의미한다. 부분매개효과는 독립변수가 종속변수에 직접적인 영향을 미치기도 하지만 간접적으로 매개변수를 통해서도 종속변수에 영향을 미치는 것을 말한다.

1. Baron, R. M., & Kenny, D. A.(1986). The moderate-mediator variable distinction in social psychological research : Conceptual, statistical and statistical considerations. *Journal of Personality and Social Psychology, 51*, 1173-1182.

1 매개효과분석 실행

매개효과분석을 실행하는 방법을 알아보기 위해 학술지에 게재된 논문에서 다루었던 일부 내용을 바탕으로 살펴보고자 한다. 다음의 연구모형과 연구문제[2]를 토대로 실행하고자 한다.

> **[연구문제]**
> 부모의 방임과 학업성취도의 관계에서 자기조절학습은 매개효과가 있는가?

이 연구문제에서 독립변수는 부모의 방임, 종속변수는 학업성취도, 매개변수는 자기조절학습이다(그림 16.1 참조).

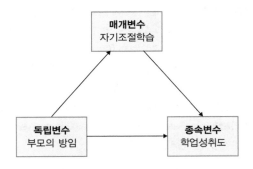

| 그림 16.1   **연구모형**

이 연구문제를 검증하기 위해서는 Barnon과 Kenny(1986)의 3단계 매개효과분석(Three-step mediated regression analysis)을 실시해야 한다는 점을 기억해야 한다. 첫째, 독립변수인 부모의 방임이 매개변수인 자기조절학습에 미치는 영향에 대한 단순회귀분석을 실시해야 한다. 이를 위해 다음과 같은 경로로 들어간다.

> **분석 - 회귀분석 - 선형**

---

2. 부모의 방임, 자기조절학습, 학업성취도는 한국청소년정책연구원(www.nypi.re.kr)의 한국 아동 · 청소년패널 조사(KCYPS) 원자료 중 하나로 부록의 설문지 문 11), 문 4), 문 5-1)에 각각 있다.

A 선형회귀분석

왼쪽에서 독립변수(부모의 방임)를 독립변수로 이동시킨다. 또한 왼쪽에서 매개변수(자기조절학습)를 종속변수로 이동시킨 후 확인을 누른다.

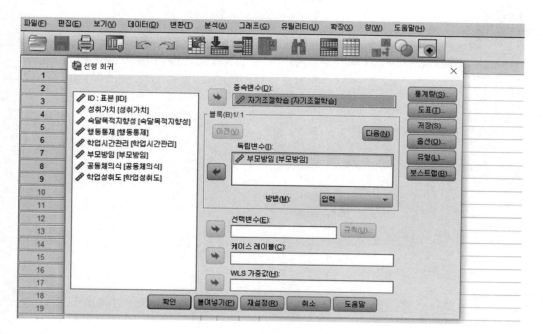

둘째, 독립변수인 부모의 방임이 종속변수인 학업성취도에 미치는 단순회귀분석을 위와 동일한 방법으로 실행한다. 들어가는 경로는 다음과 같다.

분석 – 회귀분석 – 선형

A 선형회귀분석

왼쪽에서 독립변수인 부모의 방임을 독립변수로 이동시킨다. 또한 왼쪽에서 종속변수인 학
업성취도를 종속변수로 이동시킨 후 확인을 누른다.

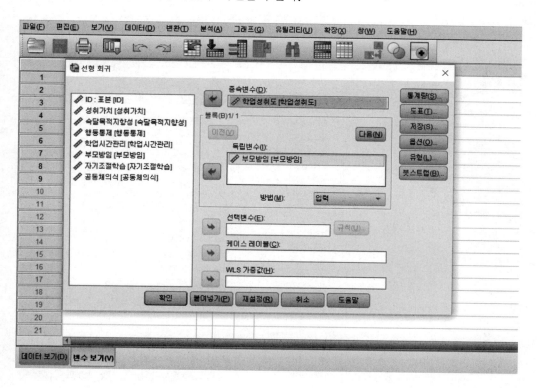

마지막으로, 독립변수와 매개변수가 종속변수에 미치는 다중회귀분석을 실행한다. 들어가는 경로는 다음과 같다.

분석 - 회귀분석 - 선형

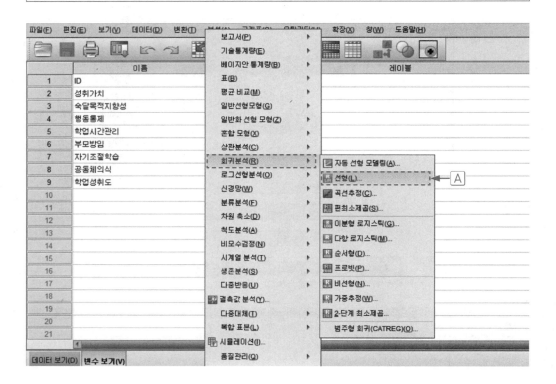

A 선형회귀분석

왼쪽에서 독립변수인 부모의 방임과 매개변수인 자기조절학습을 독립변수로 이동시킨다. 또한 왼쪽에서 종속변수인 학업성취도를 종속변수로 이동시킨다. 이후 확인을 누르면 매개효과분석에 대한 결과가 나온다.

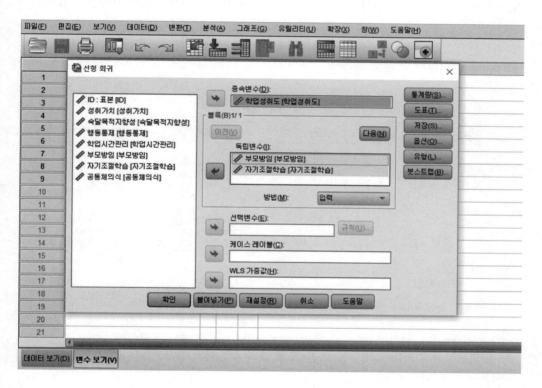

2 매개효과분석 결과 해석

매개효과분석을 실행했다면, 분석 결과를 보는 방법에 대해 살펴보고자 한다. 분석을 실행하고 나면, 3단계에 대한 회귀분석 결과의 출력물이 나온다. 앞서 회귀분석(단순회귀분석, 다중회귀분석)에서 분석 결과를 보는 방법에 대해 익혔기 때문에 확인할 사항만을 짚고 넘어간다.

1) 1단계 회귀분석 결과의 출력물

모형 요약

모형	R	R제곱	수정된 R제곱	추정값의 표준오차
1	.362ª	.131	.131	.47270

a. 예측자 : (상수), 부모의 방임

계수ª

모형		비표준화계수		표준화계수	t	유의확률
		B	표준화 오류	베타		
1	(상수)	3.374	.029		114.989	.000
	부모의 방임	−.308	.017	−.362	−18.196	.000

a. 종속변수 : 자기조절학습

1단계 회귀분석 결과의 출력물을 보면, 모형 요약 부분에서 부모의 방임과 자기조절학습 간 상관관계가 .362를 나타내고, 이 모델의 설명력은 .131로 13.1%를 보였다.

또한 계수 부분에서는 독립변수의 방향과 표준화계수인 베타값, 유의확률을 확인해야 한다. 부모의 방임은 자기조절학습에 −.362($p<.001$)로 나타나 통계적으로 유의미한 부적 영향력을 나타내었다. 즉, 부모의 방임 수준이 높을수록 자녀의 자기조절학습이 더 낮은 것을 말한다.

2) 2단계 회귀분석 결과의 출력물

2단계 회귀분석 결과를 보면, 모형 요약 부분에서 부모의 방임과 자녀의 학업성취도 간 상관관계가 .260을 나타내고, 이 모델의 설명력은 6.8%를 보였다. 또한 계수 부분에서는 부모의 방임은 자녀의 학업성취도에 −.260($p<.001$)으로 부적 영향을 미치는 것으로 나타났다. 즉 부모의 방임이 높을수록 자녀의 학업성취도가 더 낮았다.

모형 요약

모형	R	R제곱	수정된 R제곱	추정값의 표준오차
1	.260ª	.068	.067	.74406

a. 예측자 : (상수), 부모의 방임

계수ª

모형		비표준화계수		표준화계수	t	유의확률
		B	표준화 오류	베타		
1	(상수)	4.217	.046		91.324	.000
	부모의 방임	−.337	.027	−.260	−12.668	.000

a. 종속변수 : 학업성취도_종속변수

3) 3단계 회귀분석 결과의 출력물

모형 요약ᵇ

모형	R	R제곱	수정된 R제곱	추정값의 표준오차	Durbin-Watson
1	.484ª	.235	.234	.67430	1.858

a. 예측자 : (상수), 자기조절학습, 부모의 방임
b. 종속변수 : 학업성취도_종속변수

계수ª

모형		비표준화계수		표준화계수	t	유의확률	공선성 통계량	
		B	표준화 오류	베타			공차	VIF
1	(상수)	1.994	.111		17.976	.000		
	부모의 방임	−.138	.026	−.107	−5.341	.000	.870	1.150
	자기조절학습	.662	.030	.435	21.728	.000	.870	1.150

a. 종속변수 : 학업성취도_종속변수

3단계에서는 독립변수와 매개변수가 종속변수에 미치는 다중회귀분석의 결과물이다. 즉, 매개변수인 자기조절학습이 학업성취도의 종속변수에 정적 영향을 미치는 반면 독립변수인 부모의 방임은 학업성취도에 부적 영향을 미치는 것을 알 수 있다. 이 모델의 설명력은 23.5%를 보였다.

여기서 가장 중요한 것은 완전매개효과(full mediation effect)와 부분매개효과(partial mediation effect)를 살펴보아야 한다. 즉, 3단계에서 독립변수가 종속변수에 유의한 영향을 미치고, 표준화계수가 2단계보다 작아야 한다. 회귀계수 분석 결과물을 보면, 3단계 독립변수의 표준화계수가 −.107이고, 위의 2단계인 독립변수의 표준화계수가 −.260이다. 따라서 부분매개효과인 것을 알 수 있다(2단계 베타=−.260＞3단계 베타=−.107). 만약 3단계에서 독립변수인 부모의 방임이 종속변수인 학업성취도에 영향을 미치지 않는 것으로 나타났다면 매개변수인 자기조절학습은 완전매개효과를 가지는 것이다.

매개효과분석에서 부분매개효과가 나타났다면 소벨테스트(sobel test)로 매개효과의 통계적 유의성을 검증해야 한다. 또한 매개효과의 통계적 유의성 검증결과를 논문에서 제시해야 한다. 그렇다면 다음 참고 글상자에서 소벨테스트 방법에 대해 살펴보자.

참고

매개효과의 통계적 유의성을 검증하는 방법

매개효과를 분석한 결과, 부분매개효과가 나타났다면 매개효과의 통계적 유의성을 검증해야 한다. 이때 대부분 소벨테스트가 사용된다. 구체적인 방법은 다음과 같다.

$$Z_{ab} = \frac{a \times b}{\sqrt{(a^2 \times seb^2) + (b^2 \times sea^2)}}$$

a는 1단계 독립변수의 비표준화계수의 B, b는 3단계 매개변수의 비표준화계수의 B, sea는 1단계 독립변수의 비표준화계수의 표준오차, seb는 3단계 매개변수의 비표준화계수의 표준오차이다. 즉, 1단계에서 독립변수가 매개변수에 미치는 영향에 대한 회귀분석 결과 부분에서 독립변수의 비표준화계수 B값과 표준오차값을, 3단계에서 매개변수가 종속변수에 미치는 영향에 대한 회귀분석 결과 부분에서 매개변수의 비표준화계수 B값과 표준오차값이다(참고로, SPSS 25버전에서 '표준오차'가 '표준화 오류'로 바뀌었다.

Z점수는 절대값 1.96 이상이면 유의수준으로 판단한다.

1.96(5) 이상 p < .05 / 2.576 이상 p < .01 / 3.291 이상 p < .001

https://www.danielsoper.com/statcalc/calculator.aspx?id=31

(1) 소벨테스트 사이트로 들어간다

https://www.danielsoper.com/statcalc/calculator.aspx?id=31

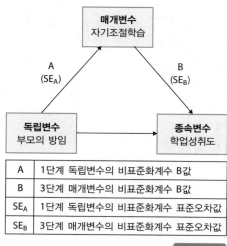

A	1단계 독립변수의 비표준화계수 B값
B	3단계 매개변수의 비표준화계수 B값
SE_A	1단계 독립변수의 비표준화계수 표준오차값
SE_B	3단계 매개변수의 비표준화계수 표준오차값

Calculate!

그림 16.2　매개효과의 통계적 유의성 검증

(계속)

(2) A, B, SE$_A$, SE$_B$에 해당하는 값을 기입한다

분석 결과를 위의 간접효과 크기 측정에 각각 삽입한다. 즉 A는 1단계 독립변수의 비표준화계수 B($-.308$), B는 3단계 매개변수의 비표준화계수 B($.662$)이다. 또한 SE$_A$는 1단계 독립변수의 비표준화계수의 표준오차($.017$), SE$_B$는 3단계 매개변수의 비표준화계수의 표준오차($.030$)를 각각 삽입한다는 의미이다.

이후 'Calculate!(계산)' 버튼을 누르면 결과가 나온다.

참고로, Z점수는 절대값 1.96 이상이면 유의수준으로 판단한다[1.96(5) 이상 $p < .05$ / 2.576 이상 $p < .01$ / 3.291 이상 $p < .001$].

③ 매개효과분석 결과를 활용한 논문 작성

매개효과분석의 실행이 끝난 후 분석 결과를 보는 방법을 익혔다. 이제 논문에서 실제로 활용하는 방법을 알아보기로 한다.

1) 분석 결과를 표로 작성한다

표 16.1 부모의 방임과 아동의 학업성취의 관계에서 자기조절학습의 매개효과

단계	모델			B	β	R^2	F
1	부모의 방임	→	자기조절학습	$-.31$	$-.36^{***}$	.13	331.09***
2	부모의 방임	→	학업성취	.34	$-.26^{***}$	.07	160.48***
3	부모의 방임 자기조절학습	→	학업성취	$-.14$ .66	$-.11^{***}$ $.44^{***}$	.24	335.87***

*** $p < .001$

출처 : 박은정, 이유리, 이성훈(2015). 부모의 방임과 아동의 학업성취의 관계 : 자기조절학습능력과 공동체의식의 매개효과. 한국생활과학회지, 24(6), 755-768.

2) 분석 결과표에 대한 해석을 작성한다

부모의 방임과 아동의 학업성취관계에서 자기조절학습능력의 매개효과를 실시하기 위해 Baron과 Kenny(1986)의 3단계 매개회귀분석를 이용하였으며, 매개회귀분석을 실시한 결과는 표 16.1과 같다.

1단계의 독립변수인 부모의 방임이 매개변수인 아동의 자기조절학습에 미치는 영향력은 유의한 것으로 나타났고($\beta = -.36$, $p < .001$), 2단계에서 독립변수인 부모의 방임은 종속변수인 학업성취에 유의한 영향을 미쳤다($\beta = -.26$, $p < .001$). 3단계에서는 매개변수인 자기조절학습능력이 종속변수인 학업성취에 미치는 영향력이 유의하고($\beta = .44$, $p < .001$), 독립변수인 부모의 방임이 아동의 학업성취에 미치는 영향력도 유의하며, 그 영향력이 2단계($\beta = -.26$, $p < .001$)보다 3단계($\beta = -.11$, $p < .001$)가 더 적은 것으로 나타났다. 따라서 아동의 자기조절학습능력은 부모의 방임과 학업성취의 관계에서 부분매개효과를 갖는다고 판단할 수 있다.

마지막으로 매개효과가 통계적으로 유의미한지를 검증하기 위해 소벨테스트를 실시하였다. 그 결과 부모의 방임과 학업성취의 관계에 대한 자기조절학습능력의 매개효과의 유의성을 검증한 결과, 소벨테스트 통계량이 유의한 수준($Z - 14.00$, $p < .001$)으로 나타났다. 따라서 자기조절학습은 부모의 방임과 자녀의 학업성취도를 부분 매개하는 것으로 볼 수 있다.

꼭 기억할 사항

매개변수는 독립변수와 종속변수의 사이에 위치하고 있고, 독립변수에 영향을 받으면서 종속변수에 영향을 미치는 것이다. 즉 매개변수는 독립변수와 종속변수를 매개하는 역할을 한다.

　매개효과분석은 Baron과 Kenny(1986)의 3단계 매개효과 회귀분석이 사용된다. 매개효과는 부분매개효과와 완전매개효과가 있다. 부분매개효과는 직접적인 효과와 간적접인 효과가 동시에 있는 반면 완전매개효과는 직접적인 효과만 있을 뿐 간접적인 효과는 나타나지 않는다. 매개효과분석에서 부분매개효과가 나타났다면, 매개효과의 통계적 유의성을 검증한 후 이에 대한 설명을 논문에서 기술해야 한다.

■ **매개효과분석에서 확인할 사항**

구분	내용
1단계	독립변수가 매개변수에 미치는 회귀분석 실시
2단계	독립변수가 종속변수에 미치는 회귀분석 실시
3단계	독립변수와 매개변수가 종속변수에 미치는 회귀분석 실시 3단계에서 완전매개효과와 부분매개효과를 파악할 수 있다. • 완전매개 : 독립변수가 종속변수에 유의한 영향을 미치지 않는 경우이다. • 부분매개 : 독립변수가 종속변수에 유의한 영향을 미치는 경우이다. 또한 3단계 독립변수의 표준화 계수의 베타값이 2단계 독립변수의 표준화계수의 베타값보다 작아야 한다[즉 2단계 독립변수의 베타값＞3단계 독립변수의 베타값/모든 단계(1, 2, 3단계)에서 통계적으로 유의미한 영향].

부분매개효과가 나타난 경우, 매개효과의 통계적 유의성을 검증한 후 이에 대한 결과를 내용에 제시해야 한다.

17 CHAPTER

위계적 회귀분석

위계적 회귀분석(hierarchical multiple regression)은 일반적인 회귀분석과 마찬가지로 독립변수가 종속변수에 미치는 영향을 검증하는 것이다. 하지만 위계적 회귀분석은 종속변수에 영향을 미치는 제1의 독립변수군 외에 제2의 독립변수군 또는 통제변수를 단계적으로 투입하여 앞 단계에 투입한 변수들의 영향력을 통제하여 현 단계에 투입한 변수들의 순수한 영향력을 파악한다는 차이가 있다. 즉 위계적 회귀분석은 독립변수군을 단계적으로 투입하여 결정계수(설명력)의 변화량과 표준화계수의 베타값을 통해 종속변수에 미치는 결정요인을 파악하거나 상대적 영향력의 크기를 비교할 수 있다.

만약 연구모형에 통제변수와 2개의 독립변수군이 있다면 단계별 투입 순서는 1단계로 통제변수를 투입, 다음으로 제2의 독립변수군을 투입하며, 마지막으로 가장 주된 관심의 제1의 독립변수군을 투입한다. 이때 연구자는 충분한 선행연구와 이론적인 토대에 근거하여 단계별 변수군을 설정하고 실행해야 한다. 통제변수는 종속변수에 영향을 미치지만 연구자의 관심변수는 아닌 변수이다. 오히려 연구자가 관심을 갖고 있는 독립변수의 순수한 영향력을 분석하고자 통제변수를 1단계로 투입하는 것이다. 일반적으로 사회과학에서는 사회인구학적 변수를 통제변수로 설정하는 경우가 많다. 예를 들어서 1단계로 연령, 성별, 학력 등의 사회인구학적 통제변수를 투입하여 연령, 성별과 학력이라는 변수가 영향변수로 나타났더라도 연구자는 결과 해석에서 이들 변수가 종속변수에 미치는 영향이 주관심사가 아니다. 종속변수에 대한 연령, 성별과 학력변수의 영향을 배제하고 다음 단계로 투입하는 독립변수군들의 순수한 영향력은 어떠한지 살펴보고자 하는 것이다.

1 위계적 회귀분석 실행

위계적 회귀분석을 실행하는 방법을 알아보기 위해 학술지에 게재된 논문에서 사용되었던 내용을 바탕으로 살펴보고자 한다. 다음의 연구문제[1]를 토대로 실행하고자 한다. 여기에서는 독립변수군을 가족 사회자본, 학교 사회자본, 지역사회 사회자본의 3개로 분류하여 단계별로 투입하였다.

> **[연구문제]**
> 가족 사회자본(부모의 학대방임), 학교 사회자본(친구관계, 교사관계, 동아리활동 참여), 지역사회 사회자본(공동체의식, 지역사회 인식, 체험활동 참여)이 청소년의 진로정체감에 미치는 변수들의 상대적 영향력은 어떠한가?

위에 설정한 연구문제를 검증하기로 한다. 위계적 회귀분석을 실행하기 위해서는 다음과 같은 경로로 들어간다.

분석 – 회귀분석 – 선형

---

1. 부모의 학대방임, 친구관계, 교사관계, 동아리활동 참여, 공동체의식, 지역사회 인식, 체험활동참여, 진로정체감은 한국청소년정책연구원(www.nypi.re.kr)의 한국 아동·청소년패널 조사(KCYPS) 원자료 중 하나로 부록의 설문지 문 11), 문 12), 문 3), 문 2), 문 15), 문 14), 문 1), 문 8)에 각각 있다.

A 선형회귀분석

위계적 회귀분석은 단계별로 독립변수를 투입하게 된다. 이 연구의 1단계에서는 가족 사회
자본(부모의 학대방임), 2단계에서는 학교 사회자본(친구관계, 교사관계, 동아리활동 참여),
3단계에서는 지역사회 사회자본(공동체의식, 지역사회 인식, 체험활동 참여)을 투입한다.

1) 선형회귀에서 종속변수와 1단계에 투입할 독립변수를 이동시킨다

왼쪽에서 종속변수(진로정체감)를 종속변수로 이동시킨다. 또한 왼쪽에서 1단계에 투입할
독립변수(부모의 학대방임)를 독립변수로 이동시킨 후 다음을 누른다.

　위계적 회귀분석에서 1단계 독립변수 투입 후 다음 버튼을 누르면 '블록(B)1대상1' 부분에
'이전' 버튼이 생성된다. '이전' 버튼은 1단계 투입한 독립변수를 다시 나타나게 하는 기능을
한다.

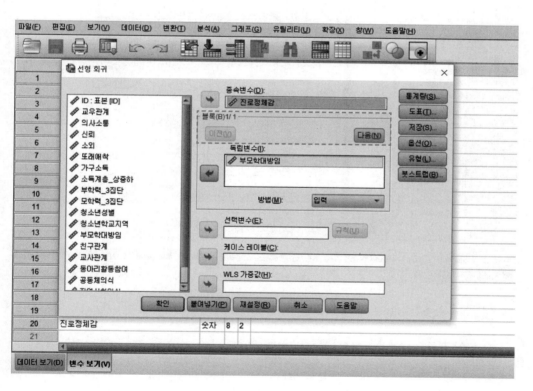

2) 선형회귀에서 2단계에 투입할 독립변수를 이동시킨다

왼쪽에서 2단계에 투입할 독립변수들(친구관계, 교사관계, 동아리활동 참여)을 독립변수로 이동시킨 후 다음을 누른다. 여기서 동아리활동 참여는 명목척도이고, 응답범주는 참여 유무로 구성되어 있다. 따라서 더미변수화해야 한다. 더미변수에 대한 자세한 내용은 제15장에 있으므로 참고하기 바란다.

위계적 회귀분석에서 2단계 독립변수 투입 후 다음 버튼을 누르면 '블록(B)1대상1'이 '블록(B)3대상3'으로 바뀐다.

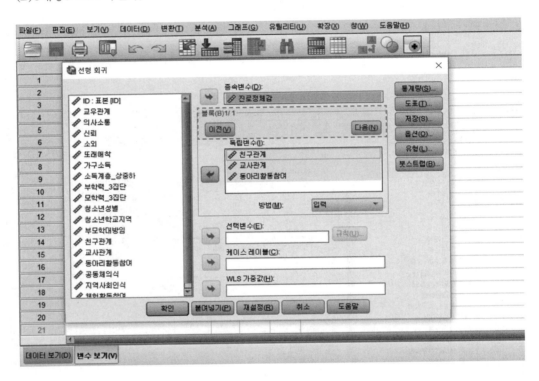

3) 선형회귀에서 3단계에 투입할 독립변수를 이동시킨다

마지막으로 왼쪽에서 3단계에 투입할 독립변수들(공동체의식, 지역사회 인식, 체험활동 참여)을 독립변수로 이동시킨다. 이후 통계량을 누른다.

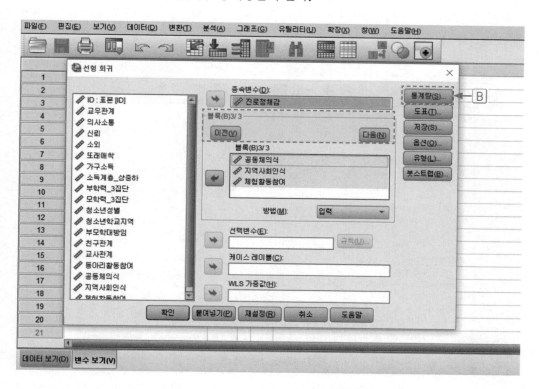

B **통계량**

통계량에서 회귀계수 부분의 추정값과 모형 적합은 지정되어 있다. 통계량 부분에서 다중공선성과 R제곱 변화량을 체크해야 한다. 따라서 공선성 진단과 잔차에서 Durbin-Watson을 선택하고, R제곱 변화량을 선택한 후 계속을 누른다. 이후 확인을 누르면 위계적 회귀분석에 대한 결과가 나온다.

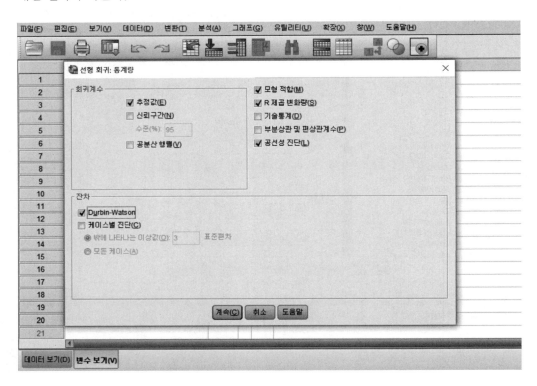

② 위계적 회귀분석 결과 해석

위계적 회귀분석을 실행했다면, 분석 결과를 보는 방법에 대해 살펴보고자 한다. 분석을 실행하고 나면, 입력/제거된 변수, 모형 요약, ANOVA, 계수의 출력물이 나온다.

1) 입력/제거된 변수의 출력물

입력/제거된 변수[a]

모형	입력된 변수	제거된 변수	방법
1	부모학대방임[b]	.	입력
2	더미_동아리참여_유1, 교사관계, 친구관계[a]	.	입력
3	더미_체험유1, 지역사회 인식, 공동체의식[a]	.	입력

a. 종속변수 : 진로정체감
b. 요청된 모든 변수가 입력되었다.

위의 입력/제거된 변수의 출력물을 보면, 모형 1, 2, 3이 나오고, 입력된 변수가 나오며, 방법이 나온다. 즉, 종속변수인 진로정체감에 영향을 미치는 요인을 분석하기 위해 모형 1에서는 부모학대방임의 독립변수가 투입되었고, 모형 2에서는 동아리 참여 유무, 교사관계, 친구관계가 투입되었으며, 모형 3에서는 체험활동 유무, 지역사회 인식, 공동체의식을 투입하였다는 의미이다. 방법은 입력을 선택했다는 것이다. 여기서 **입력방식**은 투입된 모든 독립변수들이 회귀식에 포함된 것이고, 투입된 독립변수들이 동시에 종속변수를 설명하는 정도를 확인할 수 있다. 이에 비해 단계선택은 종속변수에 영향을 미치는 독립변수들만이 회귀식에 포함되며, 종속변수에 설명력이 높은 독립변수의 순으로 회귀식에 포함된다. 때문에 설명력이 낮은 독립변수는 회귀식에서 제거된다.

2) 모형 요약의 출력물

모형 요약을 보면, 위계적 회귀분석은 R, R제곱, 수정된 R제곱, Durbin-Watson이 나오는 점은 다중회귀분석과 동일하나 통계량 변화량 부분이 나오는 점은 차이가 있다.

먼저 모형 요약의 분석 결과에서 확인할 사항은 잔차의 상관관계를 확인해야 한다. 이는 Durbin-Watson 값(기준 : 2 전후)을 살펴봐야 한다. 다음의 분석 결과, Durbin-Watson이 2.033으로 나타나 정상분포곡선인 것을 알 수 있다.

모형 요약[a]

모형	R	R제곱	수정된 R제곱	추정값의 표준오차	통계량 변화량					Durbin-Watson
					R제곱 변화량	F 변화량	자유도 1	자유도 2	유의확률 F 변화량	
1	.137[b]	.018	.017	.62294	.018	11.486	1	600	.001	
2	.358[c]	.129	.122	.58871	.111	24.931	3	597	.000	
3	.412[d]	.170	.160	.57593	.041	9.930	3	594	.000	2.033

a. 종속변수 : 진로정체감
b. 예측자 : (상수), 부모학대방임
c. 예측자 : (상수), 부모학대방임, 더미_동아리참여_유1, 교사관계 합계, 친구관계 합계
d. 예측자 : (상수), 부모학대방임, 더미_동아리참여_유1, 교사관계 합계, 친구관계 합계, 더미_체험유1, 지역사회 인식, 공동체의식

다음으로 모형별로 분석 결과를 보면, 모형 1의 R은 .137, R제곱은 .018, 수정된 R제곱은 .017로 나타났다. 즉 부모학대방임과 진로정체감 간의 상관관계 계수가 .137이고, 모형 1의 설명력은 1.8%이며, 자유도를 고려한 모집단의 설명력을 추정한 것이 1.7%로 예측변수의 설명력이 낮은 편이다.

모형 2를 보면, R은 .358, R제곱은 .129, 수정된 R제곱은 .122로 나타났다. 모형 1에 학교의 사회자본을 추가 투입한 모형 2의 설명력이 12.9%로 모형 1보다 11.1%p의 설명력이 상승하였다. 따라서 청소년의 진로정체감에 학교의 사회자본이 중요한 것을 알 수 있다.

모형 3의 R은 .412, R제곱은 .170, 수정된 R제곱은 .160으로 나타났다. 모형 2에 지역사회 사회자본을 추가 투입한 모형 3의 설명력은 17.0%를 보였다. 이는 모형 2보다 설명력이 4.1%p 상승한 것이다.

R제곱 변화량이 다중회귀분석의 분석 결과와 차이가 난다. R제곱의 변화량을 통해 예측력이 높은 독립변수군을 파악할 수 있다. 모형 1, 모형 2, 모형 3이 차례로 투입됨에 따라 변화되는 R제곱의 변화량이 큰 경우 예측력이 높은 독립변수군이 된다. 위의 모형 요약의 통계량 변화량 부분을 보면, 모형 1에서는 R제곱이 .018이고, R제곱 변화량이 .018이다. 또한 모형 2에서는 R제곱이 .129이고, R제곱 변화량은 .111이다. 모형 2의 R제곱 변화량(.111)은 모형 2의 R제곱(.129) - 모형 1의 R제곱(.018)이다. 그리고 모형 3의 경우에는 R제곱이 .170이고, R제곱 변화량이 .041로 나타났다. 이는 모형 3의 R제곱(.170) - 모형 2의 R제곱(.129) = 모형 3의 R제곱의 변화량(.041)이 된다. R제곱 변화량은 모형 1의 경우 .018, 모형 2의 경우에는 .111, 모형 3의 경우에는 .041로 각각 나타났다. 즉, 모형 2의 독립변수군의 투입으로 설명력의 변화량이 11.1%p 상승한 점을 통해 청소년의 진로정체감에 영향을 미치는 학교

의 사회자본의 중요성을 확인할 수 있다.

3) ANOVA의 출력물

ANOVA의 출력물에서는 F값과 유의확률을 확인한다. 모형 1의 F값은 11.510이고, 유의수준은 $p < .01$이다. 모형 2의 F값은 22.359($p < .001$), 모형 3의 F값은 17.340($p < .001$)으로 각각 나타났다. 즉 모형 1, 모형 2, 모형 3은 통계적으로 유의미하게 나타났기 때문에 회귀모형이 적합하다고 판단할 수 있다.

ANOVA[a]

	모형	제곱합	자유도	평균제곱	F	유의확률
1	회귀모형	4.457	1	4.457	11.510	.001[b]
	잔차	232.833	600	.388		
	전체	237.290	601			
2	회귀모형	30.380	4	7.595	22.359	.000[c]
	잔차	206.911	597	.347		
	전체	237.290	601			
3	회귀모형	40.261	7	5.752	17.340	.000[d]
	잔차	197.029	594	.332		
	전체	237.290	601			

a. 종속변수 : 진로정체감
b. 예측자 : (상수), 부모학대방임
c. 예측자 : (상수), 부모학대방임, 더미_동아리참여_유1, 교사관계 합계, 친구관계 합계
d. 예측자 : (상수), 부모학대방임, 더미_동아리참여_유1, 교사관계 합계, 친구관계 합계, 더미_체험유1, 지역사회 인식, 공동체의식

4) 계수의 출력물

먼저 다중공선성을 확인해야 한다. **공차가 0.1 이상인지, 분산팽창계수(VIF)가 10 이하인지**를 본다. 분석 결과표를 보면, 공차가 .686~.992이고, 분산팽창계수가 1.001~1.457로 나타나 다중공선성이 없는 것을 판단할 수 있다.

다음으로는 모형별로 분석 결과표를 살펴보면 된다. 여기서는 독립변수의 방향[음(−)의 방향인지 또는 양(+)의 방향인지]과 표준화계수, 유의확률을 확인해야 한다.

모형 1을 보면, 부모의 학대방임은 −.136($p < .01$)으로 나타나 진로정체감에 통계적으로 음의 유의미한 영향을 미치는 것을 알 수 있다. 즉 부모의 학대방임 수준이 낮을수록 청소년

의 진로정체감 수준이 높아지는 것을 알 수 있다.

모형 1에 학교 사회자본을 추가 투입한 모형 2에서는 친구관계(β=.253, p<.001), 동아리 참여(β=.147, p<.001)는 유의미한 영향력을 나타낸 데 비해 부모의 학대방임과 교사관계는 영향력이 나타나지 않았다. 모형 1에서 영향력을 나타내었던 부모의 학대방임은 모형 2에서 유의한 영향을 미치지 않았다. 친구와의 관계가 좋을수록, 동아리 활동에 참여하는 학생이 참여하지 않는 학생보다 진로정체감이 높다는 것을 확인할 수 있다.

모형 3에서는 진로정체감에 유의한 영향을 미치는 변수는 친구관계(β=.195, p<.001), 공동체의식(β=.172, p<.001), 동아리 참여(β=.123, p<.01), 지역사회 인식(β=.085, p<.05)으로 나타났다. 즉 친구관계가 좋을수록, 공동체의식 수준이 높을수록, 동아리에 참여한 집단과 지역사회 인식 수준이 높을수록 청소년의 진로정체감이 더 높았다.

계수[a]

모형		비표준화계수		표준화계수	t	유의확률	공선성 통계량	
		B	표준화 오류	베타			공차	VIF
1	(상수)	3.369	.099		34.184	.000		
	부모학대방임	−.177	.053	−.136	−3.389	.001	.992	1.001
2	(상수)	1.540	.253		5.992	.000		
	부모학대방임	−.021	.053	−.016	−.304	.761	.874	1.144
	친구관계 합계	.397	.070	.253	5.881	.000	.746	1.341
	교사관계 합계	.077	.041	.080	1.604	.109	.802	1.247
	더미_동아리 참여_유1	.190	.051	.147	3.783	.000	.951	1.052
3	(상수)	1.068	.273		3.906	.000		
	부모학대방임	−.007	.053	−.005	−.131	.896	.849	1.178
	친구관계 합계	.307	.071	.195	4.325	.000	.686	1.457
	교사관계 합계	.032	.041	.033	.783	.434	.767	1.304
	더미_동아리 참여_유1	.159	.050	.123	3.169	.002	.921	1.086
	공동체의식	.181	.045	.172	4.023	.000	.764	1.310
	지역사회 인식	.108	.052	.085	2.060	.040	.822	1.217
	더미_체험유1	.061	.055	.043	1.117	.265	.948	1.054

a. 종속변수 : 진로정체감

3 위계적 회귀분석 결과를 활용한 논문 작성

위계적 회귀분석의 실행이 끝난 후 분석 결과를 보는 방법을 익혔다. 이제 논문에서 실제로
활용하는 방법을 알아보기로 한다.

1) 분석 결과를 표로 작성한다

표 17.1   청소년의 사회자본이 진로정체감에 미치는 영향

구분		Model 1		Model 2		Model 3	
		B	β	B	β	B	β
상수		3.369***		1.540***		1.068***	
가족 사회자본	학대방임	−.177	−.136**	−.021	−.016	−.007	−.005
학교 사회자본	친구관계			.397	.253***	.307	.195***
	교사관계			.077	.080	.032	.033
	동아리활동 참여[a]			.190	.147***	.159	.123**
지역사회 사회자본	공동체의식					.181	.172***
	지역사회 인식					.108	.085*
	체험활동 참여[a]					.061	.043
R^2		.018		.129		.170	
F		11.510**		22.359***		17.340***	

*$p<.05$, **$p<.01$, ***$p<.001$
a=기준 : 참여 무

출처 : 박은정, 이유리, 이성훈(2016). 부모의 소득계층별 청소년의 사회자본이 진로정체감에 미치는 영향 : 중학교 3학년을 중심으로.
한국청소년학회, 23(5), 237-263.

2) 분석 결과표에 대한 해석을 작성한다

사회자본이 청소년의 진로정체감에 미치는 영향 요인을 파악하기 위하여 학대방임, 친구관계, 교사관계, 동아리활동 참여, 공동체의식, 지역사회 인식, 체험활동 참여를 독립변수로 한 위계적 회귀분석을 실시하였다. 1단계에서는 가족 사회자본, 2단계에서는 학교 사회자본을 추가하였으며, 3단계에서는 지역사회 사회자본을 투입하여 분석하였다.

회귀분석에 앞서 Dubin-Watson을 검증한 결과 2.033으로 그 수치가 2에 근접한 수치가 나타나 잔차들 간의 상관관계를 확인하였고, 공차값이 .686~992, 분산팽창계수는 1.001~1.457을 보여 다중공선성에 문제가 없다고 판단하였다.

가족 사회자본인 학대방임을 투입한 모델 1에서는 학대방임($\beta=-.136$)은 청소년의 진로정체감에 부적 영향을 미쳐 학대방임을 덜 지각할수록 진로정체감 수준이 더 높았다(표 17.1 참조). 이어 학교 사회자본인 친구관계, 교사관계, 동아리활동 참여를 투입한 모델 2에서는 친구관계($\beta=.253$)의 영향력이 가장 컸으며, 다음으로 동아리활동 참여($\beta=.147$)가 영향을 미치는 것으로 나타났다. 이 모델의 설명력은 12.9%로 모델 1보다 설명력이 11.1% 증가하였다. 모델 2에 지역사회 사회자본인 공동체의식, 지역사회 인식, 체험활동 참여를 투입한 모델 3에서는 친구관계($\beta=.195$), 공동체의식($\beta=.172$), 동아리활동 참여($\beta=.123$), 지역사회 인식($\beta=.085$)이 진로정체감에 영향을 미치는 것으로 나타났다. 즉 친구관계가 좋을수록, 공동체의식 수준이 높을수록, 동아리활동에 참여한 집단, 지역사회 인식이 높을수록 청소년의 진로정체감이 더 높았다. 모델 3의 설명력은 17.0%로 모델 2보다는 4.1% 증가하였다. 따라서 청소년의 사회자본 중에 학교 사회자본이 진로정체감에 대한 설명력이 가장 크다고 할 수 있다.

꼭 기억할 사항

위계적 회귀분석은 독립변수군을 단계별로 투입하면서 결정계수(설명력)의 변화량과 표준화계수의 베타값을 통해 종속변수에 미치는 결정요인을 파악하거나 상대적 영향력의 크기를 비교할 수 있다. 특히 앞 단계에 투입한 독립변수들의 종속변수에 대한 영향력을 통제하여 현 단계에 투입한 독립변수들의 순수한 영향력을 파악하고자 한다.

　위계적 회귀분석은 단계별로 독립변수군을 투입하게 되는데, 이때 연구자는 충분한 선행연구와 이론적인 토대에 근거하여 단계별 변수군을 설정하고 실행해야 한다. 일반적으로 사회과학에서는 사회인구학적 변수를 통제변수로 설정하는 경우가 많은데, 통제변수는 종속변수에 영향을 미치지만 연구자의 관심변수는 아닌 변수이다. 오히려 연구자가 관심을 갖고 있는 독립변수의 순수한 영향력을 분석하고자 통제변수를 1단계로 투입하는 것이다.

■ **위계적 회귀분석에서 확인할 사항**

구분	내용
R	독립변수와 종속변수 간의 적률상관관계(Pearson r) 계수
R제곱	설명력 또는 결정계수 0.1 미만이면 설명력이 매우 낮다고 판단
수정된 R제곱	자유도(독립변수의 수와 표본의 크기)를 고려하여 모집단의 결정계수 추정
R제곱 변화량	통제변수, 제2의 독립변수, 제1의 독립변수 등 독립변수군이 단계별로 투입되어 변화하는 설명력의 차이이다. R제곱의 변화량으로 더 높은 예측변수를 알 수 있다.

조절효과분석

조절효과분석(moderating effect analysis)은 독립변수와 종속변수의 인과관계에서 조절변수의 영향으로 그 크기나 방향이 변화될 수 있는지를 검증하는 것이다.

조절효과분석의 검증 원리는 3단계의 위계적 회귀분석을 실시해야 한다. 1단계에서 독립변수가 종속변수에 미치는 영향에 대한 회귀분석을 실시하고, 2단계로 독립변수와 조절변수가 종속변수에 미치는 영향에 대한 회귀분석을 실시, 3단계에서 독립변수, 조절변수, 상호작용항이 종속변수에 미치는 영향에 대한 회귀분석을 실시하면 된다. 3단계의 회귀분석 실시 때 설명력이 통계적으로 유의미하게 증가했다면 조절효과가 있다고 본다.

위의 조절효과분석을 실시하기 전, 상호작용항을 먼저 만들어야 한다. 여기서 상호작용항은 독립변수와 조절변수를 곱하여 새로운 변수로 생성하는 것이다. 상호작용항을 만드는 방법은 두 가지가 있다.

■ 상호작용항 만드는 방법

- 표준화값으로 상호작용항을 만드는 방법 : 새롭게 만든 상호작용항은 다중공선성이 발생할 가능성이 높다. 이런 경우 기술통계에서 독립변수와 조절변수 각각을 지정하여 표준화값을 변수로 저장한 다음, 표준화된 값으로 상호작용항을 만들어서 분석하면 된다.

- 평균중심화를 실시한 후 상호작용항을 만드는 방법 : 평균중심화를 만드는 방법은 기술통계에서 독립변수와 조절변수 각각의 평균을 먼저 구한다. 다음으로 변환의 변수계산으로 들어가서 (독립변수 - 독립변수의 평균), (조절변수 - 조절변수의 평균) 각각을 실시한다. 마지막으로 독립변수와 조절변수 각각에서 평균을 뺀 새로운 변수를 곱하여 새로운 상호작용 변수를 만들면 된다. 상호작용항에 대한 자세한 설명은 변수계산(제10장)에서 다시 살펴보기 바란다.

1 조절효과분석 실행

조절효과분석을 실행하는 방법을 알아보기 위해 학술지에 게재된 논문에서 다루었던 일부 내용을 바탕으로 살펴보고자 한다. 다음의 연구모형과 연구문제[1]를 토대로 실행하고자 한다.

> **[연구문제]**
> 청소년의 사회적 위축이 또래애착에 미치는 영향에서 자아존중감은 조절효과가 있는가?

위에 설정한 연구문제를 검증하기로 한다. 연구문제에서 독립변수는 사회적 위축, 종속변수는 또래애착, 조절변수는 자아존중감이다(그림 18.1 참조).

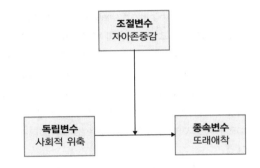

그림 18.1   연구모형

1) 상호작용항을 생성한다

여기서는 표준화시킨 후 상호작용항을 만드는 방법을 선택했다. 평균중심화를 실시한 후 상호작용을 만들어 분석을 실시해도 최종적으로 동일한 조절효과분석 결과가 나온다.

> 상호작용항 : 사회적 위축과 자아존중감(4점 리커트 척도)

---

1. 사회적 위축, 자아존중감, 또래애착은 한국청소년정책연구원(www.nypi.re.kr)의 한국 아동ㆍ청소년패널 조사(KCYPS) 원자료 중 하나로 부록의 설문지 문 7), 문 6), 문 12)에 각각 있다.

(1) 사회적 위축과 자아존중감의 2개의 변수를 표준화시킨다

변수를 표준화시키기 위해서는 다음과 같은 경로로 들어간다.

> **분석 – 기술통계량 – 기술통계**

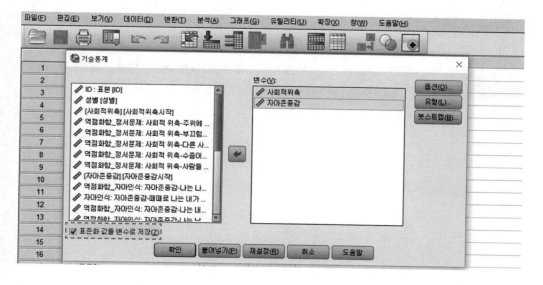

Ⓐ 기술통계

기술통계의 왼쪽에서 표준화시킬 두 변수(사회적 위축, 자아존중감)를 오른쪽 변수로 이동시킨다. 이후 표준화 값을 변수로 저장을 선택한 후 확인을 누르면 사회적 위축과 자아존중감의 표준화된 새로운 변수가 생성된다.

(2) 상호작용항을 만든다

앞서 사회적 위축과 자아존중감을 표준화시켰다. 이제는 상호작용항을 만들면 된다. 상호작
용항의 식은 [Z사회적 위축×Z자아존중감]이다. 상호작용항을 만들기 위해서는 다음과 같
은 경로로 들어간다.

변환 − 변수계산

A 변수계산

왼쪽의 목표변수 부분에 상호작용항을 만들어서 새로운 변수로 생성할 변수명(상호작용항_
사회적 위축과 자아존중감)을 입력한다. 또한 숫자표현식 부분에서는 2개의 변수를 곱한다.
따라서 [Z사회적 위축×Z자아존중감]으로 만든 후 확인을 누르면 상호작용항이 만들어진다.

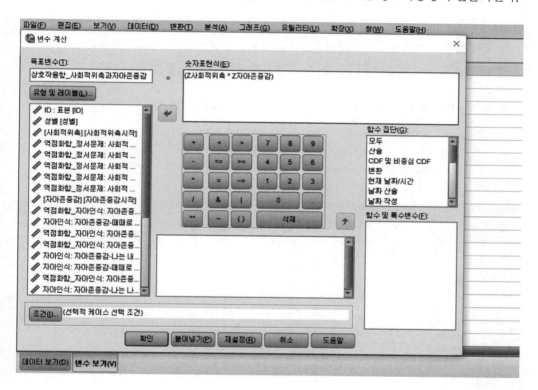

2) SPSS 통계분석에서 조절효과분석을 위한 3단계(위계적 회귀분석)를 실시한다

① 독립변수(사회적 위축)가 종속변수(또래애착)에 미치는 영향에 대한 회귀분석을 실시한다.

② 독립변수(사회적 위축)와 조절변수(자아존중감)가 종속변수(또래애착)에 미치는 영향에 대한 회귀분석을 실시한다.

③ 독립변수(사회적 위축), 조절변수(자아존중감), 상호작용항_사회적 위축과 자아존중감이 종속변수(또래애착)에 미치는 영향에 대한 회귀분석을 실시한다.

위의 조절효과를 검증(위계적 회귀분석)하기 위해 다음과 같은 경로로 들어간다.

분석 – 회귀분석 – 선형

A 선형회귀분석

왼쪽에서 독립변수인 사회적 위축을 독립변수로 이동시킨다. 또한 왼쪽에서 종속변수인 또래애착을 종속변수로 이동시킨다. 이후 다음을 누른다.

위계적 회귀분석에서 1단계 독립변수 투입 후 다음 버튼을 누르면 '블록(B)1대상1'부분에 '이전'의 버튼이 생성된다. '이전'의 버튼은 1단계 투입한 독립변수를 다시 나타나게 하는 기능을 한다.

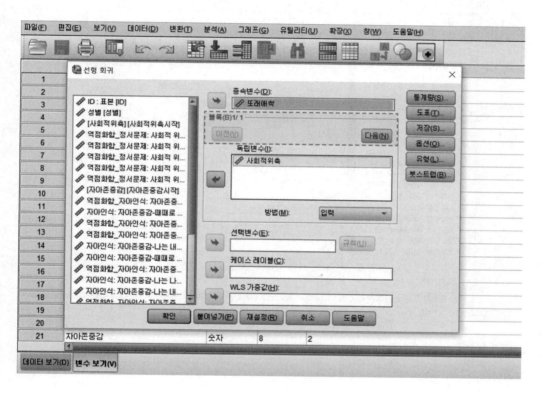

다음으로, 왼쪽에서 독립변수(사회적 위축)와 조절변수(자아존중감)를 독립변수로 이동시
킨 후 다음을 누른다.

위계적 회귀분석에서 2단계 독립변수 투입 후 다음 버튼을 누르면 '블록(B)1대상1'이 '블록
(B)3대상3'으로 바뀐다.

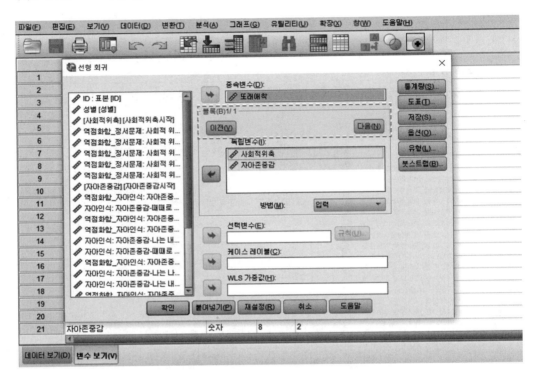

마지막으로, 왼쪽에서 독립변수(사회적 위축), 조절변수(자아존중감), 상호작용항_사회적
위축과 자아존중감을 독립변수로 이동시킨다. 이후 통계량을 누른다.

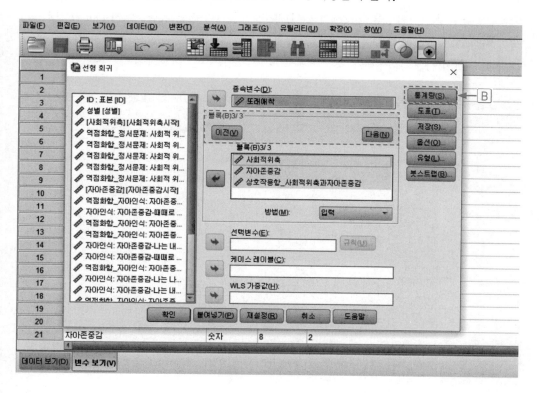

B 통계량

통계량에서 회귀계수 부분의 추정값과 모형 적합은 이미 선택되어 있다. 통계량 부분에서 다
중공선성과 R제곱 변화량을 체크해야 한다. 따라서 공선성 진단과 잔차에서 Durbin-Watson
을 선택하고, R제곱 변화량을 선택한 후 계속을 누른다. 이후 확인을 누르면 조절효과에 대
한 분석 결과가 나온다.

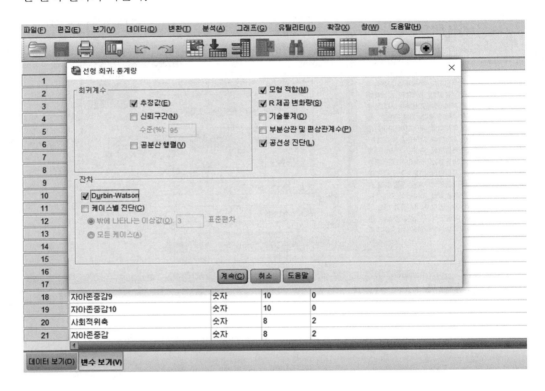

2 조절효과분석 결과 해석

조절효과분석을 실행했다면, 분석 결과를 보는 방법에 대해 살펴보고자 한다. 분석을 실행하고 나면, 입력/제거된 변수, 모형 요약, ANOVA, 계수의 출력물이 나온다. 조절효과분석의 출력물에서 핵심적으로 살펴봐야 하는 것은 다음과 같다.

1) 입력/제거된 변수의 출력물

입력/제거된 변수[a]

모형	입력된 변수	제거된 변수	방법
1	사회적 위축[b]	.	입력
2	자아존중감[b]	.	입력
3	상호작용항_사회적 위축과 자아존중감[a]	.	입력

a. 종속변수 : 또래애착
b. 요청된 모든 변수가 입력되었다.

입력/제거된 변수의 출력물을 보면, 모형 1, 2, 3에 각각 투입된 변수들이 나오고, 종속변수는 또래애착이라는 것을 의미한다. 또한 방법에는 입력을 선택했다는 것이다. 즉, 모형 1에서는 사회적 위축, 모형 2에서는 사회적 위축과 자아존중감, 모형 3에서는 사회적 위축, 자아존중감, 상호작용항_사회적 위축과 자아존중감을 투입하였고, 종속변수는 또래애착이라는 것을 알 수 있다.

2) 모형 요약의 출력물

모형 1, 모형 2, 모형 3단계를 투입하여 분석한 결과, 모형 3단계에서 R제곱의 변화량이 통계적으로 유의미하다면 조절효과가 있다는 의미이다. 즉, 상호작용항을 추가 투입한 모형 3단계에서 R제곱 변화량과 유의확률 F변화량을 확인해야 한다.

　다음의 모형 요약을 보면, 모형 3에서 R제곱 변화량이 .004이고, 유의수준이 $p < .001$로 나타나 자아존중감의 조절효과가 있는 것을 알 수 있다. 또한 Durbin-Watson이 1.960으로 나타나 정상분포곡선을 이루고 있다는 것도 확인할 수 있다.

모형 요약[a]

모형	R	R제곱	수정된 R제곱	추정값의 표준오차	통계량 변화량					Durbin-Watson
					R제곱 변화량	F 변화량	자유도 1	자유도 2	유의확률 F 변화량	
1	.289[b]	.083	.083	.43512	.083	557.144	1	6131	.000	
2	.496[c]	.246	.246	.39459	.163	1325.018	1	6130	.000	
3	.500[d]	.250	.250	.39355	.004	33.590	1	6129	.000	1.960

a. 종속변수 : 또래애착
b. 예측자 : (상수), 사회적 위축
c. 예측자 : (상수), 사회적 위축, 자아존중감
d. 예측자 : (상수), 사회적 위축, 자아존중감, 상호작용항_사회적 위축과 자아존중감

3) ANOVA의 출력물

ANOVA의 출력물에서는 F값과 유의확률을 살펴보아야 한다. 모형 1의 F값은 557.144이고, 유의수준은 $p < .001$로 나타났다. 모형 2는 1001.240($P < .001$)이고, 모형 3은 682.239 ($P < .001$)로 각각 나타났다.

모형 1, 모형 2, 모형 3은 통계적으로 유의하게 나타나 회귀모형이 적합한 것을 알 수 있다.

ANOVA[a]

모형		제곱합	자유도	평균제곱	F	유의확률
1	회귀	105.482	1	105.482	557.144	.000[b]
	잔차	1160.759	6131	.189		
	전체	1266.241	6132			
2	회귀	311.790	2	155.895	1001.240	.000[c]
	잔차	954.451	6130	.156		
	전체	1266.241	6132			
3	회귀	316.992	3	105.664	682.239	.000[d]
	잔차	949.249	6129	.155		
	전체	1266.241	6132			

a. 종속변수 : 또래애착
b. 예측자 : (상수), 사회적 위축
c. 예측자 : (상수), 사회적 위축, 자아존중감
d. 예측자 : (상수), 사회적 위축, 자아존중감, 상호작용항_사회적 위축과 자아존중감

4) 계수에 대한 출력물

계수에서 확인할 사항은 공차와 분산팽창계수이다. 공차가 .830~1.000이고, 분산팽창계수가 1.000~1.205로 나타나 다중공선성에 문제가 없는 것을 확인할 수 있다.

다음으로 모형별로 분석 결과표를 살펴보아야 한다. 여기서는 독립변수의 방향[음(−)의 방향인지 또는 양(+)의 방향인지]과 표준화계수, 유의확률을 확인해야 한다. 특히 모형 3에서는 상호작용항을 확인해야 한다. 모형 1을 보면, 사회적 위축은 −.289($p<.001$)로 나타나 또래애착에 유의한 영향을 미쳤다.

모형 2에서 자아존중감($\beta=.443$, $p<.001$)과 사회적 위축($\beta=−.107$, $p<.001$)은 또래애착에 통계적으로 유의미한 영향을 나타냈다.

마지막으로, 모형 3에서는 자아존중감($\beta=.445$, $p<.001$)과 사회적 위축($\beta=−.104$, $p<.001$)은 유의한 영향력을 나타내었고, 상호작용항도 통계적으로 유의한 수준($\beta=−.064$, $p<.001$)의 영향력을 나타내어 조절효과가 있는 것을 확인할 수 있다. 상호작용항이 음의 방향의 유의한 영향을 미쳤는데, 이는 청소년의 자아존중감은 사회적 위축이 또래애착에 미치는 부정적인 영향을 완충시킨다는 것을 의미한다.

계수

모형		비표준화계수		표준화계수	t	유의확률	공선성 통계량	
		B	표준화 오류	베타			공차	VIF
1	(상수)	3.532	.018		200.973	.000		
	사회적 위축	−.179	.008	−.289	−23.604	.000	1.000	1.000
2	(상수)	1.982	.045		43.616	.000		
	사회적 위축	−.067	.008	−.107	−8.820	.000	.832	1.202
	자아존중감	.431	.012	.443	36.401	.000	.832	1.202
3	(상수)	1.959	.046		43.048	.000		
	사회적 위축(A)	−.064	.008	−.104	−8.525	.000	.830	1.205
	자아존중감(B)	.433	.012	.445	36.684	.000	.831	1.204
	상호작용항_ (A)×(B)	−.026	.005	−.064	−5.796	.000	.997	1.003

a. 종속변수 : 또래애착

③ 조절효과분석 결과를 활용한 논문 작성

조절효과분석의 실행이 끝난 후 분석 결과를 보는 방법을 익혔다. 이제 논문에서 실제로 활용하는 방법을 알아보기로 한다. 사회적 위축이 또래애착에 미치는 영향에서 자아존중감의 조절효과를 분석하기 위해 상호작용을 포함한 3단계의 위계적 회귀분석을 실시한 결과가 표 18.1이다. 조절효과분석 시, 다중공선성의 문제 해결을 위해 표준화된 사회적 위축과 표준화된 자아존중감을 곱하는 방식으로 상호작용을 생성하여 투입하였다. 먼저 1단계에서는 독립변수인 사회적 위축이 종속변수(또래애착)에 미치는 회귀분석을 실시하였고, 2단계에서는 독립변수(사회적 위축)와 조절변수(자아존중감)를 투입하여 종속변수(또래애착)에 미치는 회귀분석을 실시하였으며, 3단계에서는 독립변수(사회적 위축), 조절변수(자아존중감), 상호작용항(사회적 위축×자아존중감)을 투입하여 종속변수(또래애착)에 미치는 회귀분석을 실시하였다. 여기서 중요한 점은 3단계의 R제곱의 변화량이 통계적으로 유의미해야 조절효과가 있다고 판단할 수 있다는 것이다.

1) 분석 결과를 표로 작성한다

┃ 표 18.1 **사회적 위축이 또래애착에 미치는 영향에 대한 자아존중감의 조절효과**

구분			Model 1		Model 2		Model 3	
			B	β	B	β	B	β
통제변수	성별(남성)	여성	.087	.095***	.098	.107***	.098	.108***
	학교급(중등)	초등	−.067	−.070***	−.101	−.106***	−.102	−.107***
		고등	−.001	−.001	.008	.009	.009	.009
	로그가구소득		.032	.036**	.024	.027*	.025	.029**
	지역사회 인식		.214	.244***	.148	.169***	.147	.167***
	공동체의식		.149	.179***	.100	.120***	.098	.117***
독립변수	사회적 위축(A)		−.122	−.197***	−.407	−.075***	−.045	−.072***
조절변수	자아존중감(B)				.380	.387***	.384	.391***
상호작용	(A)×(B)						−.022	−.054***
상수			2.049***		1.144***		1.121***	
R²			.206		.315		.318	
△R²			.206***		.109***		.003***	
F			213.794***		331.926***		298.916***	

*$p<.05$, **$p<.01$, ***$p<.001$

출처 : 박은정, 이유리, 이성훈(2018). 청소년의 사회적 위축이 또래애착에 미치는 영향 : 자아존중감의 조절효과에 대한 학교급의 차이. 학습자중심교과교육연구, 18(2), 31–55; 학회지 논문에는 앞에서 분석 실행한 사회적 위축, 자아존중감, 상호작용항 변인 외에 통제변수가 추가되었기 때문에 분석 결과표의 내용이 상이하다.

2) 분석 결과표에 대한 해석을 작성한다

청소년의 사회적 위축이 또래애착에 미치는 영향에서 자아존중감의 조절효과를 분석하기 위해 위계적 회귀분석을 실시하였다. 회귀분석에 앞서 Durbin-Watson을 보면 1.969로 잔차들 간의 상관관계가 없는 것을 확인하였고, 공차는 .717~.990, 분산팽창계수는 1.010~1.395로 각각 나타나 다중공선성에 문제가 없는 것을 알 수 있다.

　먼저 모델 1에서는 통제변수인 성별, 학교급, 가구소득, 지역사회 인식, 공동체의식과 예측 변수인 사회적 위축을 투입하여 또래애착에 미치는 영향을 분석하였다. 그 결과 표 18.1과 같이 사회적 위축($\beta=-.197$)이 또래애착에 유의한 영향을 미쳤고, 모델 1의 설명력은 20.6%로 나타났다. 모델 1에 조절변수인 자아존중감을 투입하여 분석한 모델 2에서는 자아존중감($\beta=.387$)이 유의한 영향을 미쳤으며, 모델 2의 설명력은 31.5%로 모델 1보다 10.9%의 설명력이 증가하였다. 마지막으로 모델 2에 상호작용항(사회적 위축×자아존중감)을 투입하여 분석한 모델 3에서도 설명력은 31.8%의 설명력을 보였고, 증가된 설명력은 0.3%로 통계적으로 유의미한 영향력이 있는 것으로 밝혀져 자아존중감은 조절효과가 있는 것으로 나타났다. 즉 사회적 위축이 또래애착에 통계적으로 유의미하게 부정적인 영향을 미치는데, 이때 사회적 위축과 자아존중감의 상호작용항을 투입하여 분석한 조절효과가 또래애착에 음의 영향을 미치는 것으로 나타난 결과는 청소년의 자아존중감은 사회적 위축과 또래애착에 미치는 부정적인 영향을 완충시킨다는 것을 의미한다.

꼭 기억할 사항

조절효과는 독립변수와 종속변수의 인과관계에서 조절변수의 영향으로 그 크기나 방향이 변화될 수 있는지를 검정하는 것이다. 조절효과를 검증하는 원리는 3단계 위계적 회귀분석을 실시해야 한다. 또한 상호작용항을 추가 투입한 3단계에서 R제곱의 변화량이 통계적으로 유의미할 경우 조절효과가 있다고 판단한다.

■ **조절효과분석에서 확인할 사항**

구분	내용
분석을 실시하기 전	상호작용항을 만들기 상호작용항의 원리는 (Z독립변수×Z조절변수)이다. 다중공선성 발생의 가능성을 없애기 위해 각 변수를 표준화시킨 후 상호작용항을 생성시켜야 한다.
1단계	독립변수가 종속변수에 미치는 회귀분석 실시
2단계	독립변수와 조절변수가 종속변수에 미치는 회귀분석 실시
3단계	독립변수, 조절변수, 상호작용항(독립변수×조절변수)이 종속변수에 미치는 회귀분석 실시 단, 3단계의 R제곱의 변화량이 통계적으로 유의미해야 한다.

다중회귀분석과 동일하게, Durbin-Watson, 공차, 분산팽창계수를 확인하여 다중공선성에 문제가 없는지 제시해야 한다.

로지스틱 회귀분석

로지스틱 회귀분석(logistic regression analysis)은 종속변수가 범주형인 경우에 실시한다. 선형회귀분석은 종속변수가 등간척도 및 비율척도인 점과 비교하면 가장 큰 차이점이다.

로지스틱 회귀분석에는 이항로지스틱 회귀분석(binomial logistic regression)과 다항로지스틱 회귀분석(multinorminal logistic regression)이 있다. 이항로지스틱 회귀분석은 종속변수가 2개의 집단으로 구성된 척도인 경우 분석을 실행한다. 이에 비해 다항로지스틱 회귀분석은 종속변수가 3개 이상의 집단으로 구성된 척도인 경우 사용한다.

예를 들어, 아동의 방과 후 자기보호 여부(아동이 방과 후 부모와 함께 있는 집단과 홀로 지내는 집단의 2개의 집단)에 영향을 미치는 요인을 파악하고 싶을 때 분석하는 방법이 이항로지스틱 회귀분석이다. 또한 중학생의 학습습관 유형(학습습관 우수형, 학습습관 일반형, 숙달목적 취약형, 학습습관 취약형의 4개의 집단)에 영향을 미치는 요인을 파악하고 싶을 때 분석하는 것이 다항로지스틱 회귀분석이다.

이항로지스틱 회귀분석의 결과는 종속변수인 2개 집단의 명목척도를 더미변수화(종속변수가 0과 1의 값을 가짐)한 후 선형회귀분석한 결과와 유사하게 나온다. 하지만 선형회귀분석의 경우 기울기가 1 이상 또는 −값이 나올 수 있다. 따라서 종속변수가 0과 1의 값을 가질 경우, 학문적으로 더 정확한 값을 얻을 수 있는 이항로지스틱 회귀분석을 사용하는 것이 더 효과적이다.

I   이항로지스틱 회귀분석

1   이항로지스틱 회귀분석 실행

이항로지스틱 회귀분석을 실행하는 방법을 알아보기 위해 학술지에 게재된 논문에서 다루었던 일부 내용을 바탕으로 살펴보고자 한다. 연구문제[1]는 다음과 같다.

> **[연구문제]**
> 아동의 방과 후 성인보호[2]에 영향을 미치는 배경요인은 무엇인가?

위에 설정한 연구문제를 검증하기 전, 이항로지스틱 회귀분석은 종속변수가 **범주형**일 때 사용하는 분석으로서, 종속변수가 2개의 집단으로 구성된 **명목척도**일 때 실시한다는 점을 기억하자.

연구문제를 보면, 종속변수인 성인보호 여부는 아동이 방과 후 부모와 함께 지내는 경우를 1, 그렇지 않을 경우를 0으로 지정하여 분석하고자 한다. 또한 독립변수의 배경요인으로는 아동의 성별, 아동의 학년, 형제자매 유무, 모의 취업 여부, 소득을 포함하였다. 다중회귀분석의 경우 독립변수가 **명목척도**인 경우 먼저 **더미변수**로 만든 후 회귀분석을 실시해야 한다. 로지스틱 회귀분석의 경우에는 독립변수가 명목척도라도 더미변수로 만들지 않아도 된다. 이는 **로지스틱 회귀분석** 실행 시, '범주형' 버튼을 클릭하여 **범주형 공변량** 안에서 명목척도의 변수를 더미변수로 만들어주는 기능이 있기 때문이다. 따라서 독립변수 중 아동의 성별 및 학년, 형제자매 유무, 모의 취업 여부인 명목척도를 미리 더미변수로 만들지 않고 로지스틱 회귀분석을 실행하고자 한다.

이항로지스틱 회귀분석을 실행하기 위해서는 다음과 같은 경로로 들어간다.

분석 – 회귀분석 – 이분형 로지스틱

---

1. 성인보호는 한국청소년정책연구원(www.nypi.re.kr)의 한국 아동 · 청소년패널 조사(KCYPS) 원자료 중 하나로 부록의 설문지 문 16), 문 17)에 있다.
2. 성인보호는 일주일에 아동이 방과 후 혼자 있는 날이 거의 없거나 주당 1시간 미만 또는 일주일에 1~2일, 하루 1~2시간을 혼자 지내는 경우를 말한다.

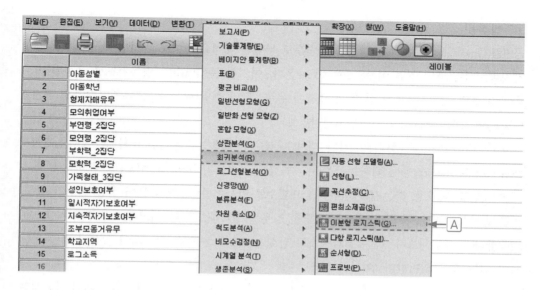

A 이분형 로지스틱

왼쪽에서 성인보호 여부의 변수를 종속변수로 이동시킨다. 또한 왼쪽에서 배경요인(아동의 성별, 아동의 학력, 형제자매 유무, 모의 취업 여부, 소득)을 공변량으로 이동시킨다. 아동의 성별, 아동의 학력, 형제자매 유무, 모의 취업 여부는 명목척도에 해당하므로 이후 범주형을 누른다.

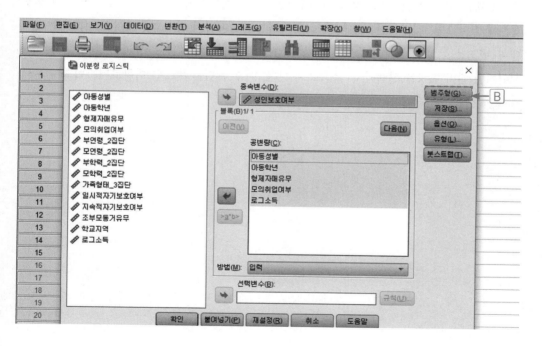

B 범주형

공변량(Covariates) 부분에는 앞서 독립변수로 투입한 배경요인(아동의 성별, 아동의 학력, 형제자매 유무, 모의 취업 여부, 소득)이 나온다. 여기서 독립변수가 명목척도로 구성된 변수들만(아동의 성별, 아동의 학력, 형제자매 유무, 모의 취업 여부)을 오른쪽의 **범주형 공변량**(Categorical Covariates)으로 이동시킨다.

또한 '대비 변경'을 선택해야 한다. 대비 변경은 독립변수로 투입한 명목척도에서 **참조범주**(Reference Category)를 선택하는 곳이다. 즉, 참조범주를 마지막 집단(Last)으로 하는지 또는 처음 집단(First)으로 하는지 선택하여 더미변수로 만들어준다. 예를 들어 성별 변수의 경우, 기존에 남성이 1번, 여성이 2번으로 코딩한 경우를 생각해보자. 그리고 참조범주를 처음으로 지정했다고 가정해보자. 이는 결과적으로 남성은 0으로, 여성은 1이 되어 남성이 기준 집단으로 되는 것을 의미한다. 여기서 참조범주를 선택하는 방법은 하단의 참조범주 부분에서 '처음'을 선택한 후 변경을 누르면 된다. 변경을 클릭하고 나면 범주형 공변량 부분에서 아동성별[표시자(처음)]로 변경된 것을 확인할 수 있다.

다음 SPSS 화면에서 범주형 공변량 부분을 보면, 아동성별[표시자(처음)], 아동학년[표시자(처음)], 형제자매 유무(표시자), 모의 취업 여부[표시자(처음)]로 되어 있다. 이는 아동의 성별, 아동의 학년, 모의 취업 여부를 참조 범주에서 '처음'으로 설정한 것을 의미한다.

이번에는 참조범주를 '마지막'으로 지정했다고 가정해보자. 형제자매 유무 변수의 경우 기존에 있다 1번, 없다 2번으로 각각 코딩되어 있다. 따라서 참조범주에서 '마지막'을 선택한 후 변경을 누르고 나면 범주형 공변량 부분에서 형제자매 유무(표시자)로 된다.

이처럼 대비 변경을 선택한 후 계속을 누른다. 이후 확인을 누르면 이항로지스틱 회귀분석에 대한 결과가 나온다.

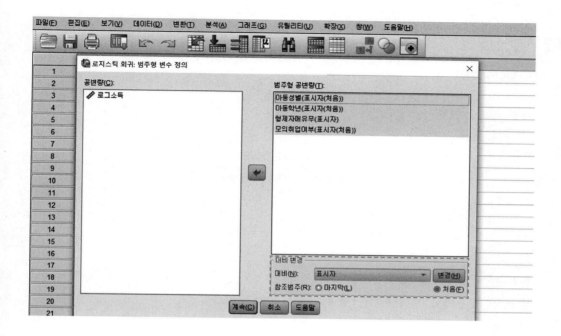

2 이항로지스틱 회귀분석 결과 해석

이항로지스틱 회귀분석을 실행했다면, 분석 결과를 보는 방법에 대해 살펴보고자 한다. 분석을 실행하고 나면, 케이스 처리 요약, 종속변수 인코딩, 범주형 변수 코딩, 시작 블록(분류표, 방정식의 변수, 방정식에 없는 변수), 방법=입력(모형 계수의 총괄 검정, 모형 요약, 분류표, 방정식의 변수)의 출력물이 나온다.

1) 케이스 처리 요약의 출력물

케이스 처리 요약

가중되지 않은 케이스[a]		N	퍼센트
선택 케이스	분석에 포함	4150	96.0
	결측 케이스	173	4.0
	전체	4323	100.0
비선택 케이스		0	.0
전체		4323	100.0

a. 가중값을 사용하는 경우에는 전체 케이스 수의 분류표를 참조한다.

케이스 처리 요약을 보면, 분석에 포함된 케이스 수, 결측 케이스 수, 전체 케이스 수에 대해 나온다. 즉, 전체 4,323개 중 최종 분석에 포함된 수는 4,150개를 나타내고, 결측 수는 173개를 의미한다.

2) 종속변수 인코딩의 출력물

종속변수 인코딩

원래 값	내부값
.00	0
1.00	1

종속변수인 성인보호 여부가 0과 1로 각각 값이 정해진 것을 말한다. 즉 종속변수의 인코딩은 비성인보호가 0, 성인보호가 1로 되어 있는 것을 말한다.

3) 범주형 변수 코딩의 출력물

독립변수 각각에 대한 변수코딩을 보여준다. 로지스틱 분석에서는 범주형 변수를 더미변수로 코딩하여 자동으로 만든 후 분석을 실시한다. 따라서 이에 대한 범주형 변수코딩변경의 정보가 나온다. 모의 취업 여부, 아동학년, 형제자매 유무, 아동성별의 기준범주(=0)를 각각 취업, 3학년, 없다, 남자로 지정한 것을 알 수 있다.

범주형 변수 코딩

		빈도	모수 코딩 (1)
모의 취업 여부	취업	2539	.000
	비취업	1611	1.000
아동학년	3학년	2092	.000
	6학년	2058	1.000
형제자매 유무	있다	3706	1.000
	없다	444	.000
아동성별	남자	2147	.000
	여자	2003	1.000

4) 시작 블록(분류표, 방정식의 변수, 방정식에 없는 변수)의 출력물

(1) 분류표의 출력물

블록 0 : 시작 블록

분류표[a, b]

	관측됨		예측		
			성인보호 여부		분류정확 %
			.00	1.00	
0단계	성인보호 여부	.00	0	1037	.0
		1.00	0	3113	100.0
	전체 퍼센트				75.0

a. 모형에 상수항이 있다.
b. 절단값은 .500

예측의 정확도를 의미하는 것이 분류의 정확도를 말한다. 분류표를 보면, 전체 분류의 정확도는 75.0%라는 것이다.

(2) 방정식의 변수의 출력물

기저모형을 추정한 것으로 B는 회귀계수이다.

Wald는 (회귀계수인 B값/표준오차)^{2}이다. Exp(B)는 독립변수 값을 1단위 증가시킨 경우에 대한 오즈의 변화량을 말한다.

방정식의 변수

		B	S.E.	Wald	자유도	유의확률	Exp(B)
0단계	상수항	1.099	.036	939.954	1	.000	3.002

(3) 방정식에 없는 변수의 출력물

방정식에 없는 독립변수들과 통계적으로 유의미한지를 나타낸다. 이는 각 변수에 대한 유의확률로 확인할 수 있다.

방정식에 없는 변수

			점수	자유도	유의확률
0단계	변수	아동성별(1)	3.350	1	.067
		아동학년(1)	71.299	1	.000
		형제자매 유무(1)	.649	1	.420
		모의 취업 여부(1)	508.683	1	.000
		로그소득	13.546	1	.000
	전체 통계량		585.475	5	.000

5) 방법＝입력(모형 계수의 총괄 검정, 모형 요약, 분류표, 방정식의 변수)의 출력물

(1) 모형 계수의 총괄 검정

이항로지스틱 회귀분석의 결과이다. 방법은 입력을 선택했다는 의미이다. 입력의 방법은 모든 독립변수를 동시에 입력하여 로지스틱 회귀분석을 실시한다는 것이다. 전진선택방법(앞으로 : LR)은 투입된 모든 독립변수 중 가장 설명력이 높은 독립변수를 선택하여 매 단계의 분석에서 추가 투입되는 방법을 말한다. 후진제거방법(뒤로 : LR)은 투입된 모든 변수 중 설명력이 낮은 독립변수를 선택하여 매 단계의 분석에서 제거해 나가는 방법을 의미한다.

모형 계수의 총괄 검정은 모형의 적합도를 말하는 것으로, 카이제곱과 유의확률을 확인한다. 다음의 분석 결과에서는 카이제곱값이 681.980($p < .001$)으로 나타나 독립변수를 투입한 분석모형이 적합하다는 것이다.

블록 1 : 방법＝입력

모형 계수의 총괄 검정

		카이제곱	자유도	유의확률
1단계	단계	681.980	5	.000
	블록	681.980	5	.000
	모형	681.980	5	.000

(2) 모형 요약의 출력물

모형 요약의 출력물에는 −2 로그 우도, Cox와 Snell의 R제곱, Nagelkerke R제곱이 나온다.

모형의 적합도를 평가하는 것은 −2 로그 우도 값이다. 또한 Cox와 Snell의 R제곱과 Nagelkerke R제곱은 선형회귀분석에서 설명력 또는 결정계수(R^2)와 유사한 것이다. 즉, 로지스틱 회귀모형을 설명하는 정도를 나타낸다.

모형 요약

단계	−2 로그 우도	Cox와 Snell의 R제곱	Nagelkerke R제곱
1	3984.303[a]	.152	.224

a. 모수 추정값이 .001보다 작게 변경되어 계산반복수 5에서 추정을 종료하였다.

(3) 분류표의 출력물

분류표[a]

관측됨			예측		
			성인보호 여부		분류정확 %
			.00	1.00	
1단계	성인보호 여부	.00	59	978	5.7
		1.00	47	3066	98.5
	전체 퍼센트				75.3

a. 절단값은 .500

이항로지스틱 회귀분석을 통해 종속변수의 예측에 대한 결과를 나타낸 것으로, 예측의 정확도를 의미한다. 즉 아동이 방과 후 부모와 함께 보내는 배경요인을 분석한 결과 성인보호에 속할 가능성에 대한 예측의 정확도가 98.5%라는 것이다.

(4) 방정식의 변수의 출력물

방정식의 변수

		B	S.E.	Wald	자유도	유의확률	Exp(B)
1단계[a]	아동성별(1)	.157	.078	4.095	1	.043	1.171
	아동학년(1)	−.575	.078	54.024	1	.000	.563
	형제자매 유무(1)	−.267	.127	4.436	1	.035	.766
	모의 취업 여부(1)	2.267	.114	394.468	1	.000	9.653
	로그소득	.312	.064	23.584	1	.000	1.366
	상수항	−1.624	.550	8.709	1	.003	.197

a. 변수가 1 : 아동성별, 아동학년, 형제자매 유무, 모의 취업 여부, 로그소득 단계에 입력되었다.

독립변수를 투입하여 이항로지스틱 회귀분석을 실시한 결과이다. 이때 각 변수별 회귀계수 (B), Wald값과 유의확률, Exp(B)를 확인해야 한다.

회귀분석에서 t값과 유의확률을 확인한 것과 달리 이항로지스틱 회귀분석에서 Wald와 유의확률을 확인하면 된다. Wald값의 공식은 (회귀계수인 B값/표준오차)^{2}이다. 유의확률의 경우 $p < .05$ 이상이면 종속변수에 통계적으로 유의미한 영향을 미치는 것이다.

Exp(B)는 독립변수가 1단위 증가했을 때, 종속변수에 속할 확률의 승산비이다. 가령 아동의 성별을 보면, 회귀계수값이 .157($p < .05$)로 나타나 통계적으로 유의한 영향력을 나타내었고, Exp(B)는 1.171이다. 따라서 아동의 성별이 남학생보다 여학생인 경우가 성인보호일 확률이 유의미하게 높고, 이 변수의 승산비가 1.171배라는 것이다.

③ 이항로지스틱 회귀분석 결과를 활용한 논문 작성

이항로지스틱 회귀분석의 실행이 끝난 후 분석 결과를 보는 방법을 익혔다. 이제 논문에서 실제로 활용하는 방법을 알아보기로 한다. 앞에서는 분석 실행과 분석 결과표를 보는 방법을 익히기 위해 일부분만을 다루었다. 따라서 논문에서 활용하는 방법의 경우 표와 분석 결과의 내용이 앞부분의 결과와 상이할 수 있음을 알린다.

1) 분석 결과를 표로 작성한다

| 표 19.1 아동의 방과 후 자기보호 유형에 영향을 미치는 배경요인

변수		성인보호		일시적 자기보호		지속적 자기보호	
		B	S.E.	B	S.E.	B	S.E.
상수		−1.110	.637	−1.202	.732	1.238	.912
아동의 성별(남자)	여자	.144	.082	.059	.096	−.340**	.112
아동의 학년(3학년)	6학년	−.477***	.086	.438***	.102	.291*	.117
형제자매 유무(무)	유	−.142	.136	.234	.167	−.035	.178
부의 연령(39세 이하)	40세 이상	−.207	.140	.267	.169	.041	.192
모의 연령(39세 이하)	40세 이상	−.048	.099	−.064	.115	.168	.137
부의 학력(고졸 이하)	초대졸 이상	−.078	.105	.124	.124	−.009	.140
모의 학력(고졸 이하)	초대졸 이상	.242*	.103	−.097	.121	−.307*	.139
모의 취업 여부(취업)	비취업	2.399***	.121	−1.848***	.138	−2.677***	.223
조부모 동거 유무(무)	유	1.570***	.214	−1.172***	.251	−1.688***	.365
Log 소득		.236**	.075	−.091	.085	−.328**	.108
−2 Log likelihood		3635.929		2888.817		2240.048	
Chi-Square		737.128***		309.791***		367.000***	

$*p<.05,\ **p<.01,\ ***p<.001$

출처 : 박은정, 이유리, 이성훈(2015). 아동의 방과 후 자기보호 유형별 자기조절학습능력과 사회관계 및 학업성취에 관한 연구. 교육종합연구, 13(4), 43-65. ; 학회지 논문에는 앞에서 분석 실행한 아동의 성별, 아동의 학년, 형제자매 유무, 모의 취업 여부 변인 외에 부모의 연령, 부모의 학력, 조부모 동거 유무 변인이 추가되었기 때문에 분석 결과표의 내용이 상이하다.

2) 분석 결과표에 대한 해석을 작성한다

자기보호 유형에 영향[3]을 미치는 요인을 파악하기 위해 이항로지스틱 회귀분석을 실시하였다. 종속변수인 자기보호 유형의 경우 각 유형에 해당되는 관측치는 1, 그렇지 않은 관측치는 0으로 하여 총 세 가지 모형을 분석하였다(표 19.1 참조).

분석 결과 성인보호에 영향을 미치는 요인은 아동의 학년, 모의 학력, 모의 취업 여부, 조부모 동거 여부, 가구소득으로 밝혀졌다. 초등학교 6학년에 비해 3학년, 모의 학력이 고졸학력보다 초대졸 이상 집단, 비취업주부와 조부모와 동거하고 가구소득이 높을수록 성인보호에 속할 가능성이 컸다.

일시적 자기보호에는 아동의 학년, 모의 취업 여부, 조부모 동거 여부가 영향을 미치는 중요 요인이며, 아동의 학년이 6학년이고, 취업주부와 조부모와 동거하지 않는 집단이 속할 가능성이 큰 것으로 나타났다.

마지막으로 지속적 자기보호는 아동의 성별, 아동의 학년, 모의 학력, 모의 취업 여부, 조부모 동거 여부, 가구소득이 통계적으로 유의한 영향을 미치는 요인으로 밝혀졌다. 여자아동에 비해 남자아동, 초등학교 6학년 집단, 모의 학력이 초대졸 이상 집단보다 고졸집단, 취업주부와 조부모와 동거하지 않으며 가구소득이 낮은 집단이 지속적 자기보호에 속할 가능성이 큰 것으로 밝혀졌다.

이상의 결과를 정리하면 아동의 학년, 모의 취업 여부, 조부모 동거 여부는 성인보호, 일시적 자기보호, 지속적 자기보호 모두에 영향을 미치는 중요 요인이고, 모의 학력과 가구소득은 성인보호와 지속적 자기보호에 영향을 미치는 요인으로 밝혀졌다. 따라서 아동의 학년, 모의 취업 여부, 모의 학력, 조부모 동거여부, 가구소득은 자기보호 유형에 영향을 미치는 중요한 요인임을 알 수 있다.

---

3. 아동의 자기보호 유형은 성인보호, 일시적 자기보호, 지속적 자기보호가 있다. 성인보호는 일주일에 아동이 방과 후 혼자 있는 날이 거의 없거나 주당 1시간 미만 또는 일주일에 1~2일, 하루 1~2시간을 혼자 지내는 경우를 말한다. 일시적 자기보호는 일주일에 거의 매일 아동이 방과 후 하루 1~2시간을 혼자 보내는 경우를 말한다. 또한 지속적 자기보호는 일주일 동안 아동이 방과 후 거의 매일 혼자 보내거나 하루 3시간 이상 혼자 보내는 것을 의미한다.

II　다항로지스틱 회귀분석

1　다항로지스틱 회귀분석 실행

다항로지스틱 회귀분석을 실행하는 방법을 알아보기 위해 학술지에 게재된 논문에서 다루었던 일부 내용을 바탕으로 살펴보고자 한다. 다음의 연구문제[4]를 토대로 실행하고자 한다.

> **[연구문제]**
> 중학생의 학습습관 유형에 영향을 미치는 결정요인은 무엇인가?

다항로지스틱 회귀분석은 종속변수가 범주형일 때 사용하는 분석으로서, 종속변수가 2개 이상, 즉 3개 이상일 때부터 실시한다는 점을 기억하자. 연구문제를 보면, 종속변수인 중학생의 학습습관 유형은 총 4개의 범주형으로 되어 있다. 즉 학습습관 우수형, 학습습관 일반형, 숙달목적 취약형, 학습습관 취약형으로 구성되어 있고, 이때 종속변수의 준거집단은 학습습관 취약형으로 지정하여 분석하고자 한다. 또한 독립변수인 결정요인은 부의 직업, 친구관계, 교사관계이다.

다항로지스틱 회귀분석을 실행하기 위해서는 다음과 같은 경로로 들어간다.

> **분석 – 회귀분석 – 다항로지스틱 회귀분석**

---

4. 학습습관, 부의 직업, 친구관계, 교사관계는 한국청소년정책연구원(www.nypi.re.kr)의 한국 아동 · 청소년패널 조사(KCYPS) 원자료 중 하나로 부록의 설문지 문 4), 문 22-2), 문 12), 문 3)에 각각 있다.

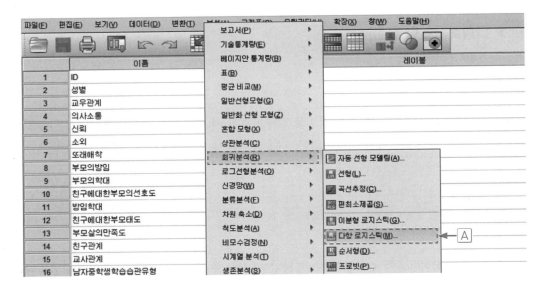

A 다항 로지스틱

왼쪽에서 종속변수인 학습습관 유형을 종속변수로 이동시킨다. 또한 왼쪽에서 독립변수들 (부의 직업, 친구관계, 교사관계)을 요인과 공변량으로 각각 이동시킨다. 이때 독립변수가 범주형으로 구성된 척도(부의 학력)의 경우 요인으로 이동시키고, 이 외(친구관계, 교사관계)에는 공변량으로 이동시킨다.

종속변수 아래를 보면, 참조범주 버튼이 있다. 이 부분을 다음에서 짚고 넘어가자.

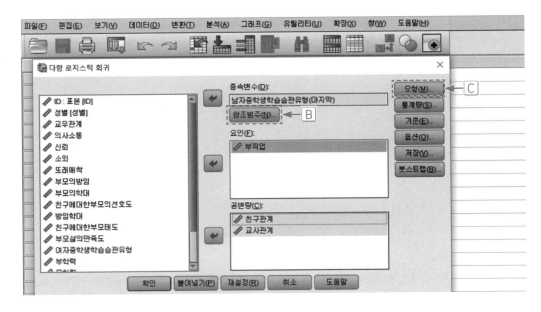

B **참조범주**

참조범주(reference category)의 옵션을 통해 기준 집단을 선택할 수 있다.

참조범주의 경우, 첫 범주, 마지막 범주, 사용자 정의의 세 가지가 있다.

앞서 종속변수에 학습습관 유형의 변수를 삽입시켰다. 학습습관 유형은 학습습관 우수형이 1번, 학습습관 일반형이 2번, 숙달목적 취약형이 3번, 학습습관 취약형이 4번으로 응답범주가 되어 있다.

만약 참조범주를 마지막 범주로 선택한다면 학습습관 취약형이 기준 집단으로 되고, 첫 범주로 선택하면 학습습관 우수형이 기준 집단으로 되는 것이다. 또한 사용자가 학습습관 일반형을 기준 집단으로 지정하고 싶을 때는 사용자 정의를 선택한 후 값 부분에 2를 입력한 후 계속을 누르면 된다. 이후 확인을 누르면 다항로지스틱 회귀분석 결과가 도출된다.

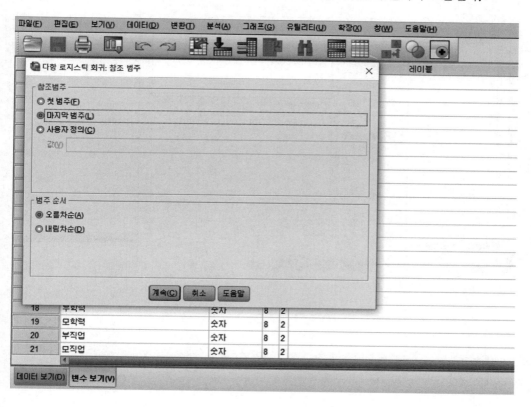

C 모형

참고로 모형 옵션에 대해 살펴보고자 한다. 앞서 주효과의 다항로지스틱 회귀분석을 실시하였다. 만약 주효과 외에 상호작용효과를 살펴보고 싶다면 모형설정 부분에서 '사용자 정의/단계선택'을 클릭한 후 왼쪽의 요인 및 공변량 부분에서 살펴보고자 하는 상호작용효과변수(친구관계*교사관계)를 선택하여 강제 입력항으로 이동시키면 된다.

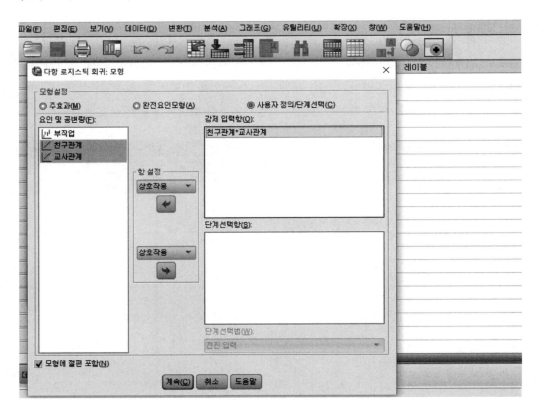

2 다항로지스틱 회귀분석 결과 해석

다항로지스틱 회귀분석을 실행했다면, 분석 결과를 보는 방법에 대해 살펴보고자 한다. 분석을 실행하고 나면, 모형 적합 정보, 유사 R제곱, 우도비 검정, 모수 추정값의 출력물이 나온다.

1) 모형 적합 정보의 출력 결과물

모형 적합 정보

모형	모형 적합 기준	우도비 검정		
	−2 로그 우도	카이제곱	자유도	유의확률
절편 만	1.963E3			
최종	1.652E3	310.996	15	.000

위의 분석표는 모형의 적합도를 나타내는 것이다. 여기서는 −2 로그 우도(−2 Log Likelihood), 카이제곱 및 유의확률로 확인하면 된다. 출력물을 보면, 최종모형의 −2 로그 우도 값이 1.652E3이고, 카이제곱은 310.996($p<.001$)으로 나타나 분석모형의 적합도가 유의미하게 좋다는 것을 의미한다.

2) 유사 R제곱

유사 R제곱은 선형회귀분석의 설명력 또는 결정계수(R^2)와 유사하다. 로지스틱 회귀분석에서는 Cox 및 Snell의 설명력과 Nagelkerke의 설명력을 함께 제시하면 된다. 다만 로지스틱 회귀분석에서는 유사 R제곱에 크게 의존할 필요는 없다.

유사 R제곱

Cox 및 Snell	.273
Nagelkerke	.294
McFadden	.122

3) 우도비 검정의 출력물

우도비 검정에서는 독립변수들을 투입하여 종속변수에 영향을 미치는 변수와 미치지 않는 변

수에 대한 결과를 나타낸다. 여기서는 각 독립변수별 유의확률로 확인하면 된다. 친구관계
와 교사관계는 종속변수에 영향을 미친 데 비해 부의 직업은 종속변수에 영향을 미치지 않은
것으로 나타났다.

우도비 검정

효과	모형 적합 기준 축소모형의 −2 로그 우도	우도비 검정		
		카이제곱	자유도	유의확률
절편	1.652E3	.000	0	.
부 직업	1.666E3	14.803	9	.096
친구관계	1.714E3	61.961	3	.000
교사관계	1.769E3	117.127	3	.000

카이제곱 통계량은 최종모형과 축소모형 사이의 −2 로그 우도 차이고 축소모형은 최종모형에서 효과 하나를 생략하여 만든
모형이다. 영가설은 효과의 모든 모수가 0이다.

a. 이 축소모형은 효과를 생략해도 자유도가 증가되지 <u>않으므로</u> 최종모형과 동일하다.

4) 모수 추정값의 출력물

모수 추정값은 다항로지스틱의 회귀분석에 대한 결과물이다. 모수 추정값의 분석 결과물 아
래 각주(a)에 종속변수의 기준 집단(학습습관 취약형)이 나온다. 여기서는 왼쪽의 각 변수별
회귀계수(B), Wald, 유의확률, Exp(B)를 확인해야 한다.

앞의 회귀분석에서 t 값과 유의확률을 확인했다면 다항로지스틱 회귀분석에서는 Wald값과
유의확률을 확인하면 된다. Wald값은 (회귀계수인 B값/표준오차)²이다. 또한 유의확률의 경
우 $p < .05$ 이상이면 종속변수에 통계적으로 유의미한 영향력을 나타낸다.

Exp(B)는 독립변수가 1단위 증가했을 때, 종속변수에 속할 확률의 승산비이다.

가령 기준 집단인 학습습관 취약형에 비해 숙달목적 취약형에 속할 가능성에 영향을 미치
는 변인은 부의 직업($p < .05$), 교사관계($p < .001$)인 것으로 나타났다. 부의 직업의 경우 관리
전문직 집단이 1, 서비스판매직 집단이 2, 단순노무직 등 집단이 3, 사무직 집단이 4로 구성
되어 있고, 마지막 집단이 기준범주로 지정되어 있다. 즉 부의 직업이 서비스판매직 집단보
다 사무직 집단이, 교사와의 관계가 좋을수록 숙달목적 취약형일 가능성이 통계적으로 유의
미하게 높았다.

다음으로 학습습관 우수형일 가능성에 영향을 미치는 변인은 친구관계와 교사관계로 나타
났다. 따라서 친구 및 교사와의 관계가 좋을수록 학습습관 우수형일 가능성이 유의하게 높았다.

마지막으로 학습습관 취약형과 비교하여 학습습관 일반형일 경우는 친구관계와 교사관계로 나타나 친구 및 교사와의 관계가 좋을수록 학습습관 일반형에 속할 가능성이 유의미하게 높은 것으로 나타났다.

모수 추정값

중학생 학습습관유형[a]		B	표준화 오류	Wald	자유도	유의 확률	Exp(B)	Exp(B)에 대한 95% 신뢰구간	
								하한	상한
숙달 목적 취약형	절편	−1.882	.901	4.364	1	.037			
	[부 직업=1.00]	−.404	.358	1.271	1	.260	.668	.331	1.347
	[부 직업=2.00]	**−.774**	**.342**	**5.116**	**1**	**.024**	**.461**	.236	.902
	[부 직업=3.00]	−.116	.318	.134	1	.715	.890	.478	1.660
	[부 직업=4.00]	0[b]	.	.	0	.	.	.	.
	친구관계	.274	.276	.988	1	.320	1.316	.766	2.260
	교사관계	**.823**	**.178**	**21.361**	**1**	**.000**	**2.277**	1.606	3.227
학습 습관 우수형	절편	−15.181	1.316	133.092	1	.000			
	[부 직업=1.00]	.400	.441	.825	1	.364	1.492	.629	3.541
	[부 직업=2.00]	−.439	.447	.964	1	.326	.645	.268	1.549
	[부 직업=3.00]	.005	.415	.000	1	.990	1.005	.445	2.269
	[부 직업=4.00]	0[b]	.	.	0	.	.	.	.
	친구관계	**2.605**	**.385**	**45.828**	**1**	**.000**	**13.531**	6.365	28.766
	교사관계	**2.398**	**.253**	**89.994**	**1**	**.000**	**11.003**	6.704	18.059
학습 습관 일반형	절편	−4.446	.923	23.202	1	.000			
	[부 직업=1.00]	−.118	.355	.111	1	.739	.889	.443	1.782
	[부 직업=2.00]	−.447	.339	1.734	1	.188	.640	.329	1.244
	[부 직업=3.00]	−.140	.321	.190	1	.663	.869	.463	1.631
	[부 직업=4.00]	0[b]	.	.	0	.	.	.	.
	친구관계	**.672**	**.278**	**5.833**	**1**	**.016**	**1.958**	1.135	3.378
	교사관계	**1.337**	**.183**	**53.448**	**1**	**.000**	**3.806**	2.660	5.447

a. 참조범주는 학습습관 취약형이다.
b. 이 모수는 중복되었으므로 0으로 설정된다.

③ 다항로지스틱 회귀분석 결과를 활용한 논문 작성

다항로지스틱 회귀분석의 실행이 끝난 후 분석 결과를 보는 방법을 익혔다. 이제 논문에서 실제로 활용하는 방법을 알아보기로 한다. 앞에서는 분석 실행과 분석 결과표를 보는 방법을 익히기 위해 일부분만을 다루었다. 따라서 논문에서 활용하는 방법의 경우 표와 분석 결과의 내용이 앞부분의 결과와 상이할 수 있음을 알린다.

1) 분석 결과를 표로 작성한다

표 19.2 **남자 중학생의 학습습관의 유형 결정요인**

변수		학습습관 우수형		학습습관 일반형		숙달목적 취약형	
		B	S.E.	B	S.E.	B	S.E.
부의 학력(고졸)	초대졸 이상	.791	.404	.518	.308	.013	.315
모의 학력(고졸)	초대졸 이상	−.090	.043	−.141	.311	.233	.318
부의 직업(사무직)	관리전문직	.570	.474	−.039	.379	−.210	.386
	서비스판매직	−.350	.486	−.375	.359	−.746*	.366
	단순노무직 등[a]	.578	.474	.189	.359	.230	.359
모의 직업(사무직)	관리전문직	.419	.558	.006	.424	−.178	.429
	서비스판매직	.840	.542	.267	.396	.381	.390
	단순노무직 등[a]	.355	.616	.166	.444	−.486	.453
	전업주부	.123	.499	−.008	.360	−.247	.361
Log 가구연간소득		.120	.354	.403	.263	.024	.266
가족 사회자본	방임학대	−.165	.313	.043	.246	−.196	.249
	친구들에 대한 부모의 태도	−.260	.204	−.280	.157	−.343*	.158
	부모의 삶의 만족도	.115	.290	.024	.221	.047	.223
학교 사회자본	친구관계	2.608***	.431	.800*	.316	.276	.316
	교사관계	2.603***	.274	1.461***	.201	.887***	.198
−2 Log Likelihood		2,005E3					
Chi-Square		335.012***					

$*p<.05$, $***p<.001$

a=단순노무직/농림/기능/장치

주. 종속변수의 준거집단은 '학습습관 취약형'이다.

출처 : 박은정, 이유리, 이성훈(2015). 남녀 중학생의 학습습관 유형과 유형결정요인 : 중학교 3학년을 중심으로. 학습자중심교과교육연구, 15(12), 785-813.

2) 분석 결과표에 대한 해석을 작성한다

중학생의 학습습관 유형의 결정요인을 살펴보기 위해 학습습관 취약형을 기준 집단으로 인구
사회학적 특성(부모의 학력 및 직업, 가구연간소득), 가족 사회자본, 학교 사회자본을 독립변
수로 하는 다항로지스틱 회귀분석을 실시하였다.

표 19.2를 보면, 남학생의 경우 학습습관 취약형에 비해 학습습관 우수형일 가능성에 영향
을 미치는 변인은 친구관계와 교사관계로 밝혀졌다. 친구 및 교사와의 관계가 좋을수록 학습
습관 우수형일 가능성이 유의미하게 높았다. 준거집단인 학습습관 취약형과 학습습관 일반형
을 구분하는 변인은 친구관계와 교사관계로 나타났고, 친구 및 교사관계 점수가 높을수록 학
습습관 일반형에 속할 가능성이 높은 것으로 밝혀졌다. 학습습관 취약형에 비해 숙달목적 취
약형이 될 확률에 영향을 미치는 변인은 부의 직업, 친구들에 대한 부모의 태도, 교사관계로 나
타났다. 부의 직업이 서비스판매직보다 사무직, 친구들에 대한 부모의 태도가 낮을수록, 교사
와의 관계가 좋을수록 숙달목적 취약형에 속할 가능성이 유의미하게 높았다.

 ## 꼭 기억할 사항

로지스틱 회귀분석은 종속변수가 범주형으로 구성된 경우 분석을 실시하는데, 이항과 다항 로지스틱의 두 가
지 방법이 있다. 종속변수의 범주형 집단이 2개일 경우 이항로지스틱 회귀분석을 실시한다면 종속변수의 집
단이 3개 이상일 경우에는 다항로지스틱 회귀분석을 실행한다. 선형회귀분석에서는 독립변수가 명목척도인
경우 더미변수로 만든 후 분석을 실시한 것과 달리 로지스틱 회귀분석에서는 더미변수로 만들지 않고 범주형
옵션을 이용하면 된다. 범주형의 옵션에서 참조범주를 지정하여 더미변수화할 수 있다.

■ 로지스틱 회귀분석에서 확인할 사항

구분	내용
참조범주	범주형 변수에 대한 기준 집단을 지정해준다. 이분형 분석 방법에서는 범주형 공변량의 참조범주가 마지막(Last)과 처음(First)의 두 가지가 있다. 다항로지스틱 회귀분석에서는 첫 범주, 마지막 범주, 사용자 정의의 세 가지 방법이 있다. 예를 들어, 학력이 고졸 이하 1, 초대졸 2, 대졸 이상 3으로 구성되어 있다고 가정하자. 참조범주를 처음으로 지정하면 고졸 이하가 기준 집단이 되고, 마지막으로 지정하면 대졸 이상이 기준 집단이다. 또한 사용자가 초대졸의 중간 집단을 기준 집단으로 지정하고자 한다면 사용자 정의를 선택해서 2를 입력하면 된다.

이항로지스틱 회귀분석에서는 '방정식의 변수'의 출력물을 확인하는 것이 중요하다. 다항로지스틱 회귀분석에서
는 '모수 추정값'의 출력물을 확인하는 것이 중요하다. 여기서는 회귀계수(B), Wald값, 유의확률, Exp(B)를 확인
해야 한다.

특히, 각 변수에서 유의확률이 $p<.05$ 이상이면 유의한 영향을 미치고, Exp(B)는 독립변수가 1 증가했을 때,
종속변수에 속할 확률의 승산비이다.

20 CHAPTER

군집분석

군집분석(cluster analysis)은 모집단의 개체들을 유사성에 근거하여 동일 집단으로 분류하는 것이다. 즉 모집단의 개체들을 어떤 특정 변수의 차원을 기준으로 몇 개의 집단으로 유형화하여 분류하는 것을 말한다.

군집분석은 비계층적 군집분석인 K-평균 군집분석(K-Mean Cluster Analysis)이 대부분 사용된다. K-평균 군집분석은 연구자가 군집의 수를 정할 수 있는데, 군집 수가 너무 많을 경우 군집의 성향을 해석하는 데 어려움이 따른다(김외숙 외, 2012). 따라서 적정 군집 수는 3~6개의 범위 안에서 군집의 특성을 명확하게 나타낼 수 있는 군집의 수를 정하는 것이 좋다.

군집분석의 경우, 도출된 군집 유형별 구체적인 정보제공과 함께 군집 유형별 세부적인 방안 및 지원책을 마련할 수 있는 장점이 있다. 따라서 군집분석 실시 후 유형별 정보를 파악하기 위해 유형별 인구사회학적 특성 변수(성별, 연령, 학력 등)의 차이 검증 및 이에 따른 다른 변수와의 차이 검증에 대한 분석이 함께 이루어진다. 뿐만 아니라, 유형별 프로파일의 그림을 삽입하여 동일 집단별 하위영역의 높고 낮은 수준을 다각적으로 분석하여 파악할 수 있다.

1 K-평균 군집분석 실행

K-평균 군집분석을 실행하는 방법을 알아보기 위해 학술지에 게재된 논문에서 다루었던 내용을 바탕으로 살펴보고자 한다. 연구문제는 다음과 같다.

> **[연구문제]**
> 학습습관 유형은 어떻게 유형화되는가?

학습습관[1]을 유형화하기 위해 성취가치, 숙달목적지향성, 행동통제, 학업시간관리의 네 차원을 토대로 K-평균 군집분석을 실시하고, 군집 간의 차이검증을 위해 일원분산분석 및 Duncan의 사후검정을 실시하고자 한다.

연구문제를 검증하기 위해 다음과 같은 경로로 들어간다.

> **분석 - 분류분석 - K-평균 군집분석**

---

1. 학습습관은 한국청소년정책연구원(www.nypi.re.kr)의 한국 아동·청소년패널 조사(KCYPS) 원자료 중 하나로 부록의 설문지 문 4)에 있다.

A K-평균 군집분석

왼쪽에서 군집분석의 토대가 되는 네 차원의 변수(성취가치, 숙달목적지향성, 행동통제, 학업시간관리)를 변수로 이동시킨다.

또한 군집의 수 부분에서 연구자가 군집분석의 유형의 수를 임의로 지정해야 한다. 이때 군집의 수를 너무 많이 지정할 경우 군집의 특성을 파악하는 데 어려움이 있기 때문에 적정 군집 수를 지정해야 한다. 따라서 연구자는 군집의 수를 여러 번 실행 후 한 가지 결과를 선택한다. 위의 실행에는 4개의 군집의 수를 지정하였다. 이후 저장을 누른다.

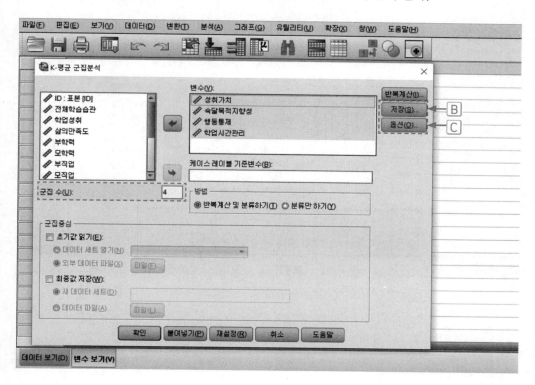

B 저장

소속군집을 선택한 후 계속을 누른다. 소속군집을 선택하면 유형화한 새로운 변수가 생성된다. 이후 옵션을 누른다.

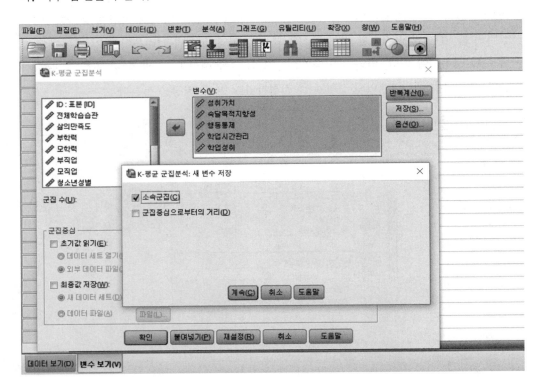

C 옵션

통계량 부분의 군집중심 초기값은 이미 설정되어 있다. 여기서는 통계량의 분산분석표를 선택한 후 계속을 누른다. 이후 확인을 누르면 군집분석에 대한 결과가 나온다.

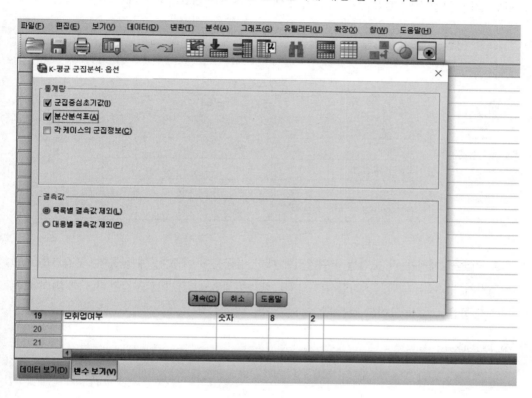

2 군집분석 결과 해석

군집분석을 실행했다면, 분석 결과를 보는 방법에 대해 살펴보고자 한다. 분석을 실행하고 나면, 최종 군집중심, ANOVA, 각 군집의 케이스 수의 출력물이 나온다.

1) 최종 군집중심의 출력물

최종 군집중심

	군집			
	1	2	3	4
성취가치	2.97	2.99	3.63	2.28
숙달목적지향성	2.68	2.91	3.71	1.93
행동통제	2.56	2.35	3.00	2.05
학업시간관리	2.96	2.10	3.35	1.94

최종 군집중심에서는 각 군집별 하위영역에 대한 평균을 보여준다. 예를 들어, 군집 3을 보면 성취가치(3.63점), 숙달목적지향성(3.71점), 행동통제(3.00점), 학업시간관리(3.35점)의 모든 변수가 높은 수준을 보이는 것을 알 수 있다.

2) ANOVA의 출력물

ANOVA

	군집		오차			
	평균제곱	자유도	평균제곱	자유도	F	유의확률
성취가치	131.561	3	.178	2246	737.966	.000
숙달목적지향성	229.586	3	.175	2246	1314.894	.000
행동통제	67.864	3	.152	2246	445.453	.000
학업시간 관리	221.654	3	.151	2246	1468.420	.000

ANOVA의 출력물을 보면, 유형별 변수에서 집단 간의 차이를 분석한 것이다. 이때 유의확률에서 $p < .05$ 이상이면, 통계적으로 유의미한 차이가 있는 것으로 본다. 따라서 유형별 성취가치, 숙달목적지향성, 행동통제, 학업시간관리의 모든 변수에서 유의한 차이가 있는 것을 알 수 있다.

3) 각 군집의 케이스 수의 출력물

각 군집의 케이스 수의 출력물이 나온다. 이는 각 군집별 빈도수를 나타내는 것이다. 즉, 군집 1은 768명, 군집 2는 610명, 군집 3은 332명, 군집 4는 540명으로 총 2,250명인 것을 알 수 있다.

각 군집의 케이스 수

군집		
	1	768.000
	2	610.000
	3	332.000
	4	540.000
유효		2250.000
결측		.000

위와 같이, 군집분석의 실행이 끝난 후 분석 결과를 보는 방법에 대해 살펴보았다.

군집분석에서 중요한 점은 각 군집별 분석 결과를 토대로 군집의 특성을 나타내는 유형의 이름을 명명하는 것이다. 이때 군집분석을 유형화하기 위해 기준의 하위차원(성취가치, 숙달목적지향성, 행동통제, 학업시간관리)에 대한 빈도분석(평균, 표준편차, 중앙값)과 일원배치 분산분석을 실행한 후 유형의 이름을 명명하는 것이 효과적이다. 빈도분석(제6장)과 일원배치 분산분석(제13장)은 앞서 소개하였으며, 여기에서 다시 한 번 다룰 것이다.

기초통계량을 분석하기 위해 다음과 같은 경로로 들어간다.

분석 – 기술통계량 – 빈도분석

A **빈도분석**

군집분석을 유형화하기 위해 기준이 되었던 하위차원 변인(성취가치, 숙달목적지향성, 행동통제, 학업시간관리)을 오른쪽 변수로 이동시킨다. 이후 통계량을 누른다.

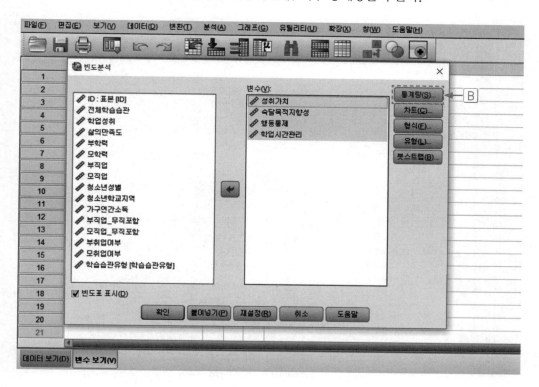

B　**통계량**

중심경향에서 평균, 중위수를 선택하고, 산포도에서 표준화 편차를 선택한 후 계속을 누른다.

이후 확인을 누르면 기초통계량(평균, 표준화 편차, 중앙값)에 대한 결과가 나온다.

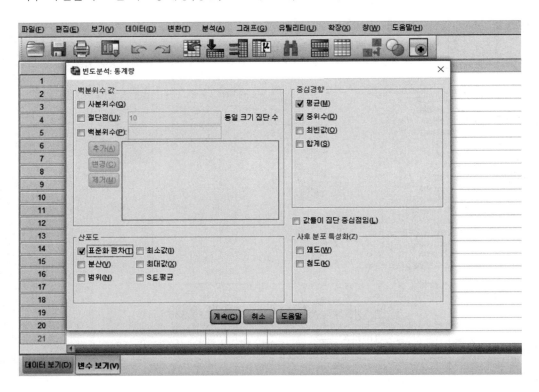

다음으로 일원배치 분산분석을 하기 위해 다음과 같은 경로로 들어간다.

분석 - 평균비교 - 일원배치 분산분석

A 일원배치 분산분석

왼쪽에서 군집분석을 유형화하기 위한 기준이 되었던 하위영역인 성취가치, 숙달목적지향성, 행동통제, 학업시간관리를 종속변수로 이동시킨다. 앞서 군집분석 실시 후 새로 생성된 변수(학습습관 유형)를 요인으로 이동시킨다. 이후 사후분석을 누른다.

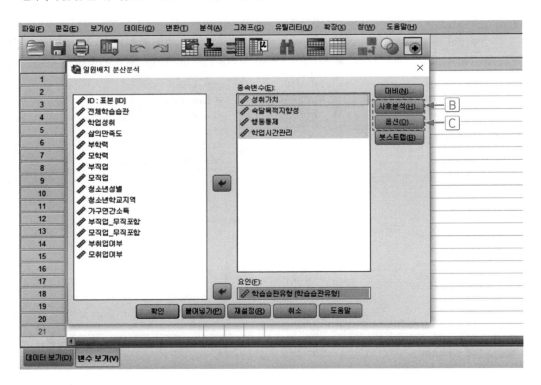

B **사후분석**

등분산을 가정함에서 Tukey 방법과 Duncan을 선택하고, 등분산을 가정하지 않음에서
Dunnett의 T3를 선택한 후 계속을 누른다. 이후 옵션을 누른다.

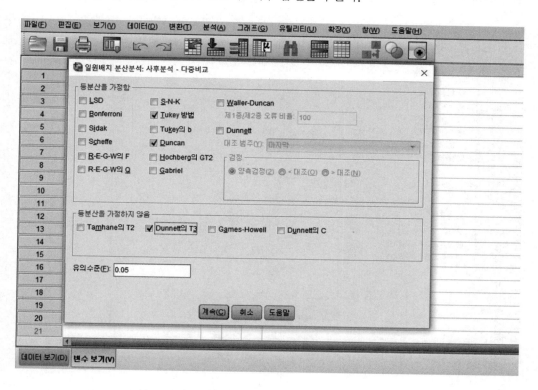

C 옵션

통계량에서 기술통계, 분산 동질성 검정, Welch를 선택한 후 계속을 누른다. 이후 확인을 누르면 일원배치 분산분석에 대한 결과가 나온다.

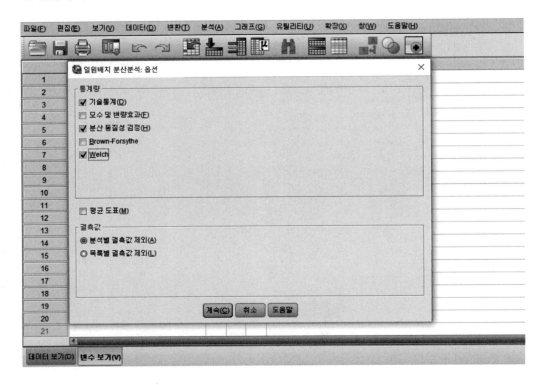

이상과 같이 기초통계량과 일원배치 분산분석을 실행한 후 이에 대한 분석 결과표를 군집분석 결과표와 함께 제시하여 군집 유형별 이름을 명명하는 것이 좋다. 앞에서 기초통계량과 일원배치 분산분석 실행 후 분석 결과를 보는 방법에 대해 배웠다. 따라서 분석 실행만을 다루고, 이후 군집분석 결과를 활용한 논문 작성에서 이에 대한 내용을 다루고자 한다.

3 군집분석 결과를 활용한 논문 작성

군집분석의 실행이 끝난 후 분석 결과를 보는 방법을 익혔다. 이제 논문에서 실제로 활용하는 방법을 알아보기로 한다. 군집분석 결과를 논문에서 활용할 때는 빈도분석(기초통계량), 군집분석, 일원배치 분산분석의 세 가지 내용이 포함되어야 한다. 또한 유형별 프로파일의 그림을 삽입한다.

1) 기초통계량의 분석 결과표와 이에 대한 해석을 작성한다

표 20.1 학습습관의 기초통계량

(N=2,250)

구분		평균	표준편차	중앙값
하위 영역	성취가치	2.91	.59	3.00
	숙달목적지향성	2.72	.69	3.00
	행동통제	2.45	.49	2.40
	학업시간관리	2.54	.67	2.50
전체 학습습관		2.68	.47	2.67

출처 : 이유리, 박은정, 이성훈(2015). 중학생의 학습습관 유형에 따른 학업성취와 삶의 만족도의 차이. 학습자중심교과교육연구, 15(11), 621-641.

학습습관 유형을 분류하기에 앞서 성취가치, 숙달목적지향성, 행동통제, 학업시간관리에 대한 점수 분포를 살펴보면 표 20.1과 같다.

성취가치와 숙달목적지향성의 평균은 각각 2.91점, 2.72점이며 중앙값은 3.00점으로 나타났다. 행동통제는 평균 2.45점이고, 표준편차는 .49로 다른 하위영역보다 개인별 차이가 적은 점을 알 수 있다. 학업시간관리는 평균 2.54점이고, 표준편차는 .67로 나타났다. 학습습관의 하위영역의 점수 분포를 볼 때, 성취가치가 가장 높은 데 비해 행동통제는 가장 낮았다.

2) 군집분석과 일원배치 분산분석에 대한 분석 결과표와 이에 대한 해석을 작성한다

표 20.2 학습습관의 유형

	유형	N(%)	성취가치	숙달목적 지향성	행동통제	학업 시간관리	점수 부호
1	학습습관 우수형	335(14.9)	3.63a⁺	3.71a	3.00a	3.34a	+ + + +
2	학습습관 일반형	767(34.1)	2.97b⁺	2.68c	2.56b	2.96b	+ − + +
3	학습습관 동기형	608(27.0)	2.99b⁺	2.91b	2.35c	2.10c	+ + − −
4	학습습관 취약형	540(24.0)	2.28c⁺	1.93d	2.05d	1.94d	− − − −
	F	2,250(100.0)	734.317***	1326.844***	442.116***	1465.688***	

***$p<.001$
+Duncan's Multiple Range Test
출처 : 이유리, 박은정, 이성훈(2015). 중학생의 학습습관 유형에 따른 학업성취와 삶의 만족도의 차이. 학습자중심교과교육연구, 15(11), 621-641.

성취가치, 숙달목적지향성, 행동통제, 학업시간관리의 네 가지 차원을 기준으로 K-평균 군집분석을 실시한 결과, 4개의 집단으로 유형화할 수 있었고 모든 변수에서 집단 간 차이가 유의미한 것으로 나타났다(표 20.2 참조).

먼저 유형 1을 표 20.1에서 제시한 평균점수와 비교하면 성취가치, 숙달목적지향성, 행동통제, 학업시간관리의 하위영역에서 평균보다 높은 특징이 있다. 성취가치와 숙달목적지향성은 각각 평균 3.63점, 3.71점이고, 행동통제는 3.00점, 학업시간관리는 3.34점으로 학습습관의 모든 영역에서 평균보다 월등히 높다. 이를 부호로 나타내면 '+ + + +'로 표시할 수 있으며, 모든 하위영역에서 학습습관이 우수하기 때문에 이 유형을 '학습습관 우수형'이라고 명명하였으며, 이 유형이 차지하는 비율은 14.9%로 네 유형 중 가장 적은 분포를 보였다.

유형 2는 성취가치, 행동통제, 학업시간관리는 평균보다 높으나 숙달목적지향성은 평균 2.72점보다 다소 낮은 2.68점을 보였다. 이를 점수 부호로 표시하면 '+ − + +'로 표시할 수 있다. 전체 분석대상자 중 34.1%가 이 유형에 속하며 중학생의 네 가지 학습습관 유형 중 가장 많은 비율을 차지했기 때문에 이 유형을 '학습습관 일반형'이라고 명명하였다.

유형 3을 표 20.1에서 제시한 평균점수와 비교하면 성취가치(2.99점)와 숙달목적지향성(2.91점)은 평균보다 높은 반면 행동통제(2.35점)와 학업시간관리(2.10점)는 낮은 것으로 나타났다. 이것을 점수 부호로 표시하면 '+ + − −'로 표시할 수 있다. 이 유형의 특징은 학습습관의 동기조절에 해당하는 성취가치와 숙달목적지향성은 높으나 행동조절의 행동통제와 학업시간관리는 잘 안 되는 것이다. 따라서 이 유형을 '학습습관 동기형'이라고 명명하였다. 전체 분석대상자 중 27.0%가 이 유형에 속한다.

유형 4는 성취가치, 숙달목적지향성, 행동통제, 학업시간관리 모두 평균보다 낮은 특징이 있다. 이를 부호로 나타내면 '－ － － －'로 표시할 수 있으며, 이 유형이 차지하는 비율은 24.0%로 나타났다. 성취가치는 2.28점, 숙달목적지향성은 1.93점, 행동통제는 2.05점, 학업시간관리는 1.94점으로 모든 영역에서 평균보다 낮고, 네 가지 유형 중 가장 점수가 낮은 특징이 있다. 따라서 이 유형을 '학습습관 취약형'이라고 명명하였다.

3) 유형별 프로파일과 이에 대한 내용을 기술한다

다음의 그림은 학습습관 우수형, 학습습관 일반형, 학습습관 동기형, 학습습관 취약형으로 유형화한 학습습관 프로파일을 나타낸 것이다. 유형별 프로파일의 그림을 삽입하면, 동일 집단별 하위영역의 높고 낮은 수준을 다각적으로 분석하여 파악할 수 있기 때문에 살펴보고자 한다. 유형별 프로파일의 그림은 엑셀을 이용하면 된다. 엑셀에서 유형별 프로파일의 그림은 꺾은선 그래프를 이용하면 효과적이다.

유형별 프로파일을 그리기 위해 다음과 같은 경로로 들어간다. 우선 엑셀 파일을 연다.

A 행에는 학습습관 하위영역(성취가치, 숙달목적지향성, 행동통제, 학업시간관리)을 적는다.

B 열에는 학습습관 유형(우수형, 일반형, 동기형, 취약형, 전체평균)을 적는다. 이후 각각의 칸에 해당하는 수치를 다음과 같이 입력한다(표 20.1, 표 20.2 참조).

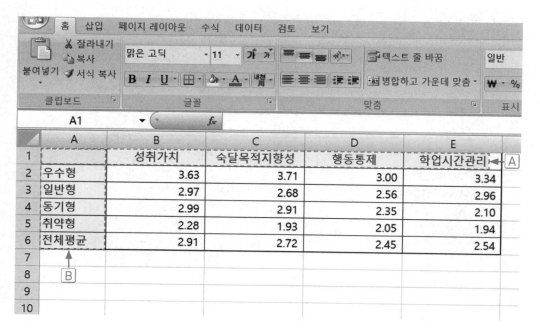

	A	B 성취가치	C 숙달목적지향성	D 행동통제	E 학업시간관리
2	우수형	3.63	3.71	3.00	3.34
3	일반형	2.97	2.68	2.56	2.96
4	동기형	2.99	2.91	2.35	2.10
5	취약형	2.28	1.93	2.05	1.94
6	전체평균	2.91	2.72	2.45	2.54

C 엑셀에서 그래프를 그리기 위해서는 왼쪽 마우스로 아래의 표 전체를 드래그한다.

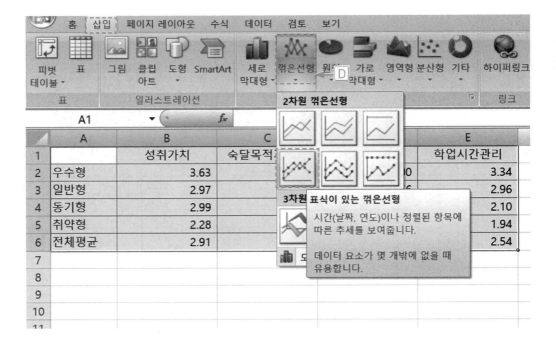

D 다음으로 삽입>꺾은선형을 누른 후 2차원 꺾은선형 중 표식이 있는 꺾은선형을 선택한다.

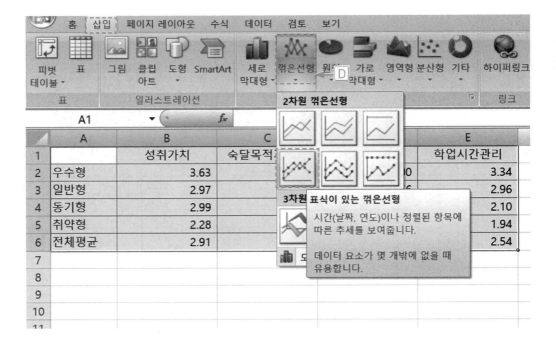

[E] '표식이 있는 꺾은선형' 그래프를 선택한 결과 다음과 같은 4개 유형의 학습습관 프로파일의 그래프가 만들어진다. 이때 가로축에는 학습습관 하위영역이 구성되어 있고, 꺾은선형에는 학습습관 유형이 있어야 하나 반대로 되어 있다. 이럴 경우, 학습습관 프로파일의 그래프에서 행/열을 전환해야 한다.

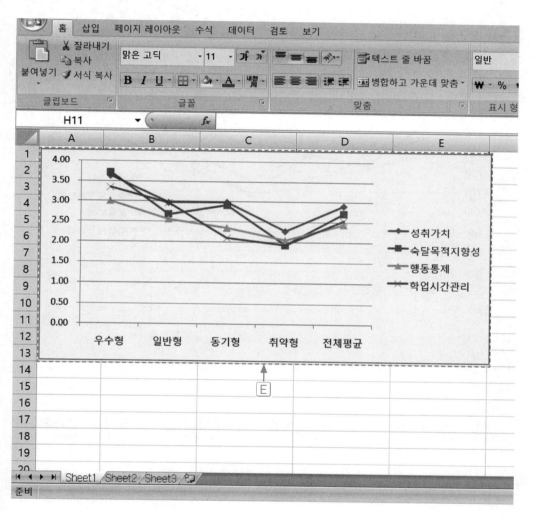

F 학습습관 프로파일의 그래프에서 행/열을 전환하기 위해서는 해당 그래프를 왼쪽 마우스로 클릭한다. 이후 툴바에서 디자인>데이터에서 행/열 전환을 선택한다.

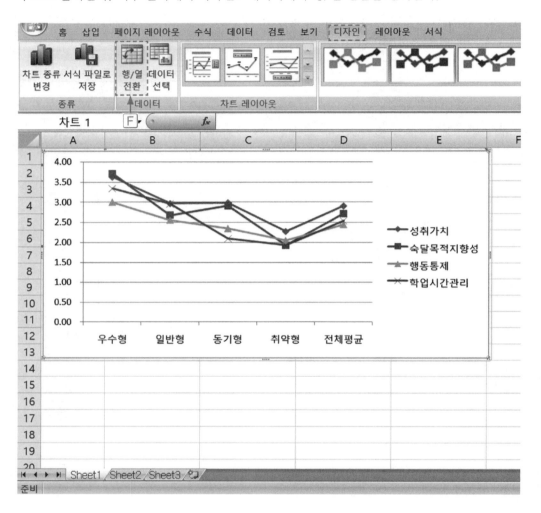

G 행/열 전환으로 학습습관 유형의 프로파일이 변경된 것을 알 수 있다.

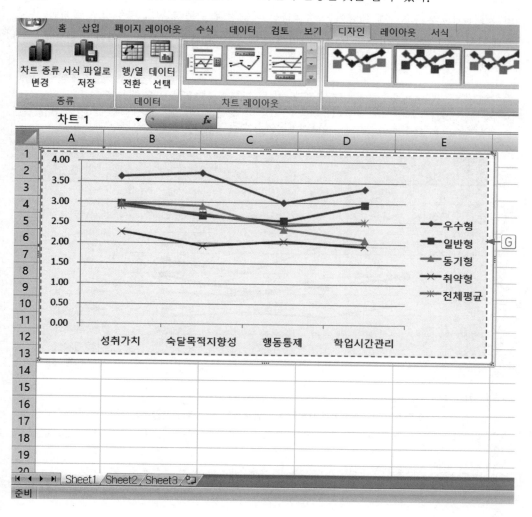

H 이제는 유형별 하위영역을 다각적인 측면으로 파악하기 쉽게 그래프를 만들어야 한다. 먼저 그래프의 X축에 해당하는 학습습관 하위영역 부분을 왼쪽 마우스로 클릭한 후 홈 부분에서 글자체와 글씨 크기를 선택하여 조정한다. 그래프의 범례도 동일한 방법으로 조정하면 된다.

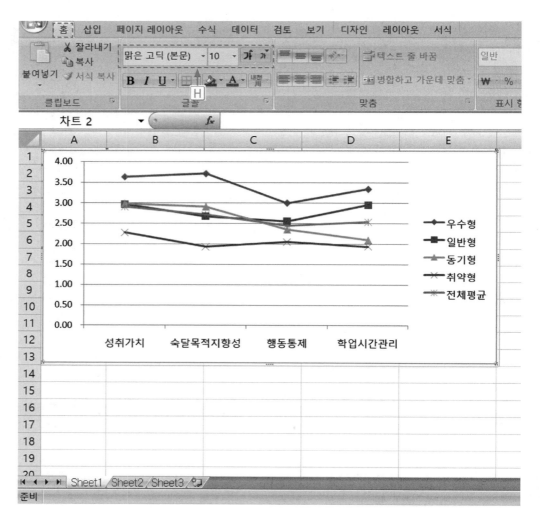

I 또한 그래프의 Y축에 해당하는 점수 부분을 왼쪽 마우스로 선택한다. 이후 다시 동일한 부분(Y축)을 오른쪽 마우스로 선택한 후 다음과 같이 축 서식을 클릭한다.

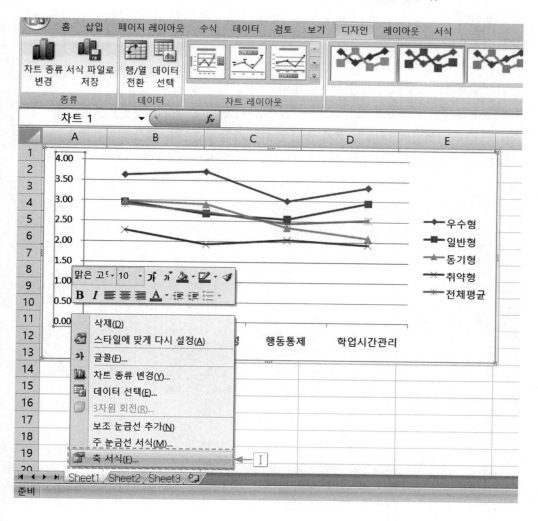

Ⓙ 축 서식 부분에서는 두 가지를 변경해야 한다. 하나는 최소값을 다른 숫자로 지정하는 것과 다른 하나는 Y축의 주 단위를 변경하는 것이다. 먼저 그래프 Y축의 최소값을 다른 숫자로 지정하는 것에 대해 알아보자. 축 서식으로 들어가서 축 옵션 부분을 보면, 맨 위의 최소값이 자동 0.0으로 되어 있다. 이를 왼쪽 마우스로 고정을 선택한 후 0.0의 숫자 칸을 클릭한 후 1.5의 숫자를 입력하고 닫기를 클릭한다.

이때 최소값의 숫자 입력은 연구결과에 따라 상이할 수 있다. 즉 유형에 따른 하위영역의 최소 점수에 따라 최소값의 기준을 정하면 된다. 이 연구결과에서는 취약형의 숙달목적지향성(1.93점)과 학업시간관리(1.94점)의 평균 점수가 가장 낮은 것을 기준으로 정했다.

다음은 그래프 Y축의 주 단위를 변경하는 것인데, 현재는 0.5가 자동으로 설정되어 있으며, 이는 1.5점 다음에 2.0점이 되는 것을 말한다. 여기서 주 단위를 1.0으로 변경한다고 가정하자. 이는 1.5점 다음에 2.5점이 되는 것을 의미하는 것으로, 앞서 축 서식 중 옵션 부분에서 주 단위의 고정을 선택하면 된다. 이후 0.5의 숫자 칸을 클릭한 후 1.0을 입력하고 닫기를 클릭하고 나오면 그래프 Y축의 주 단위가 1.5, 2.5 … 등으로 변경된다.

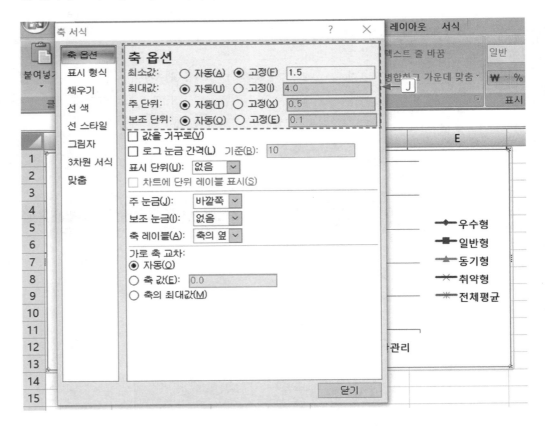

K 마지막으로 엑셀 파일에서 완성시킨 학습습관 프로파일의 그래프를 논문에 삽입시키고, 이에 대한 내용을 기술한다.

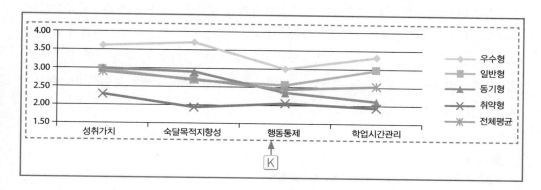

'학습습관 우수형'은 학습습관의 하위영역 모두 평균보다 특히 높은 수준을 보이는 데 비해 '학습습관 취약형'은 모든 하위영역에서 평균보다 매우 낮은 상반된 모습을 보인다. 특히 학습습관 우수형의 중학생은 학습습관의 하위영역 중 숙달목적지향성의 점수가 가장 높은 데 반해 취약형의 학생들은 숙달목적지향성이 하위영역 중 가장 낮은 것이 대조적이다. 마찬가지로 동기조절 측면에 해당하는 성취가치는 취약형을 제외한 나머지 유형에서는 평균 이상으로 잘 형성되어 있지만 취약형은 평균 이하로 성취가치가 낮은 것이 특징이다.

또한 중학생의 학습습관 유형 중 가장 많은 분포를 보이는 '학습습관 일반형'(34.1%)을 살펴보면 성취가치, 행동통제, 학업시간관리는 평균보다 다소 높지만 숙달목적지향성의 경우는 평균보다 낮은 특징이 있다. '학습습관 동기형'은 중학생의 27.0%가 분포되어 있으며, 동기조절 측면인 성취가치와 숙달목적지향성은 평균보다 상회하지만 행동통제와 학업시간관리는 평균보다 낮은 것을 알 수 있다.

군집분석의 경우, 도출된 군집 유형별 구체적인 정보를 제공할 수 있다. 따라서 군집분석 실시 후 유형별 정보를 파악하기 위해 유형별 인구사회학적 특성 변수(성별, 연령, 학력 등)의 차이 검증 및 이에 따른 다른 변수와의 차이 검증에 대한 분석을 실시하는 경우가 대부분이다.

이번에는 학습습관 유형화를 실시한 것을 토대로 학습습관 유형별 인구사회학적 특성(청소년의 성별, 청소년의 학교지역, 부모의 학력, 가구소득)을 살펴보고, 유형별 학업성취도와 삶의 만족도의 차이를 학술지에 게재된 논문에서 다루었던 일부 내용을 토대로 파악해보고자 한다. 연구문제[2]는 다음과 같다.

[연구문제 1]
학습습관 유형별 인구사회학적 특성의 차이는 어떠한가?

[연구문제 2]
학습습관 유형에 따른 학업성취도 및 삶의 만족도는 어떠한 차이가 있는가?

위의 연구문제를 보면, 먼저 분석방법을 파악해야 한다. 연구문제 1번의 경우 인구사회학적 특성은 청소년의 성별, 청소년의 학교지역, 부모의 학력 모두 범주형으로 구성되어 있다. 학습습관 유형의 경우에도 학습습관 우수형, 학습습관 일반형, 학습습관 동기형, 학습습관 취약형의 범주형으로 구성되어 있다. 따라서 연구문제 1번의 경우 **교차분석**(독립변수와 종속변수가 범주형으로 구성된 경우)을 실시하면 된다. 단, 인구사회학적 특성 중 가구소득의 경우 연속형 변수로 되어 있으므로 **일원배치 분산분석**으로 검증하고자 한다. 연구문제 2번의 경우에는 독립변수는 범주형이고, 종속변수는 연속형 변수로 되어 있어 일원배치 분산분석으로 검증하면 된다.

연구문제 1번을 검증하기 위해 다음과 같은 경로로 들어간다. 즉 교차분석 실행이다. 교차분석은 앞서 제11장에서 다룬 바 있다.

분석 – 기술통계량 – 교차분석

---

2. 학습습관, 학업성취, 삶의 만족도는 한국청소년정책연구원(www.nypi.re.kr)의 한국 아동·청소년패널 조사(KCYPS) 원자료 중 하나로 부록의 설문지 문 4), 문 5-2), 문 10), 문 18), 문 20), 문 22-2)에 각각 있다.

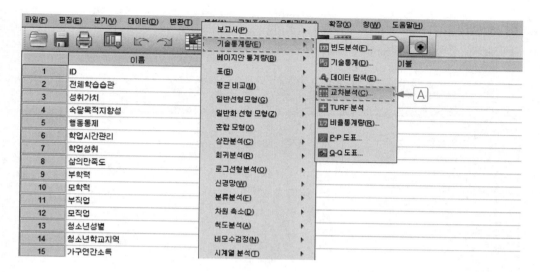

A 교차분석

왼쪽에서 독립변수인 학습습관 유형 변수를 열로 이동시킨다. 또한 종속변수에 해당하는 인구사회학적 특성 변수들(청소년의 성별, 청소년의 학교지역, 부모의 학력)을 행으로 이동시킨다. 이후 통계량을 누른다.

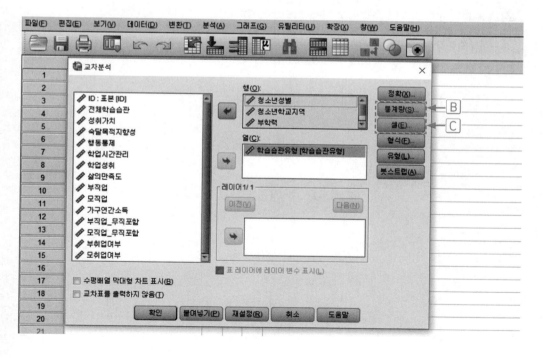

ⓑ **통계량**

카이제곱을 선택한 후 계속을 누른다. 이후 셀을 누른다.

C 셀

빈도 부분에서 관측빈도는 이미 설정되어 있다. 여기서는 퍼센트에서 열을 선택한 후 계속을
누른다. 이후 확인을 누르면 학습습관 유형에 따른 인구사회학적 특성의 차이에 대한 분석
결과가 나온다.

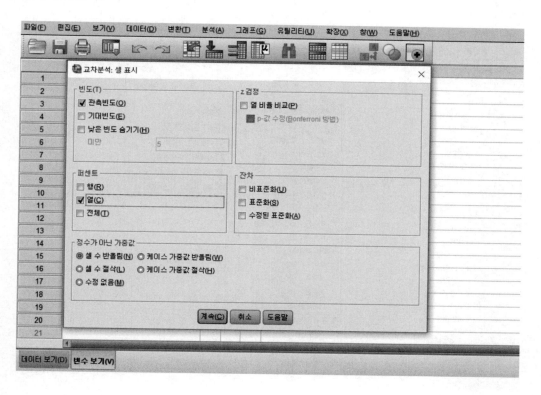

다음으로 연구문제 2번을 검증하기 위해 다음과 같은 경로로 들어간다. 즉 일원배치 분산분석 실행이다.

분석 – 평균비교 – 일원배치 분산분석

A 일원배치 분산분석

왼쪽에서 독립변수인 학습습관 유형 변수를 요인으로 이동시킨다. 또한 왼쪽에서 종속변수
에 해당하는 학업성취도와 삶의 만족도를 종속변수로 이동시킨다. 이후 사후분석을 누른다.

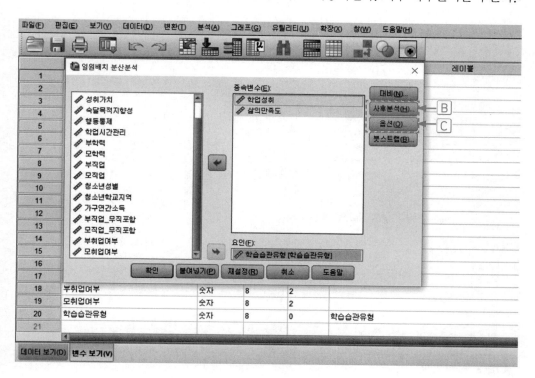

B　**사후분석**

등분산을 가정함에서 Tukey 방법과 Duncan을 선택하고, 등분산을 가정하지 않음에서 Dunnett의 T3를 선택한 후 계속을 누른다. 이후 옵션을 누른다.

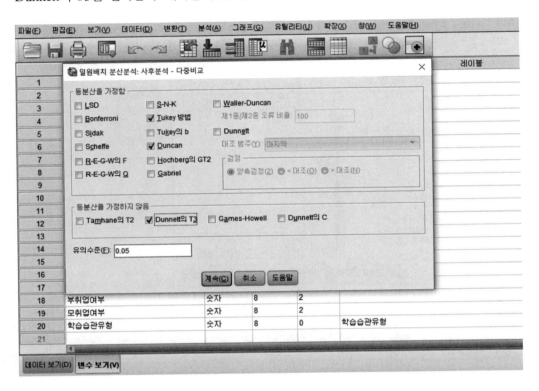

ⓒ 옵션

통계량에서 기술통계, 분산 동질성 검정, Welch를 선택한 후 계속을 누른다. 이후 확인을 누르면 학습습관 유형에 따른 학업성취도와 삶의 만족도의 차이에 대한 분석 결과가 나온다.

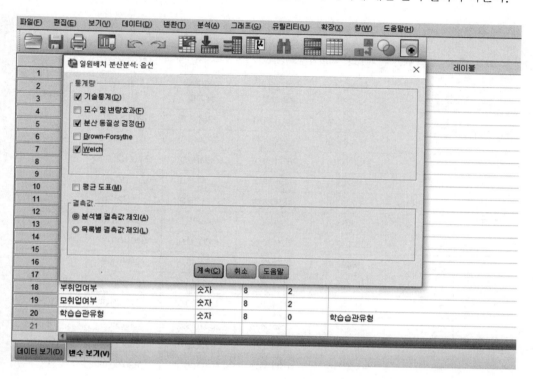

연구문제 1번과 2번을 분석하였다. 분석한 결과를 해석하는 방법은 앞서 교차분석(제11장)과 일원배치 분산분석(제13장)에서 학습하였다. 따라서 연구문제 1번과 2번을 논문에서 제시하는 방법을 살펴보고자 한다.

1) 연구문제 1번의 분석 결과표와 이에 대한 해석을 작성한다

┃ 표 20.3　학습습관의 유형에 따른 인구사회학적 특성

구분		학습습관 우수형	학습습관 일반형	학습습관 동기형	학습습관 취약형	X^2/F
청소년의 성별	남자	179(53.4)	347(45.2)	325(53.5)	283(52.4)	12.537**
	여자	156(46.6)	420(54.8)	283(46.5)	257(47.6)	
	계ᵃ	335(100.0)	767(100.0)	608(100.0)	540(100.0)	
청소년의 학교지역	서울	45(13.4)	84(11.0)	52(8.6)	31(5.7)	28.143***
	경기, 인천	67(20.0)	189(24.6)	111(18.3)	115(21.3)	
	그 외 지역	223(66.6)	494(64.4)	445(73.2)	394(73.0)	
	계ᵃ	335(100.0)	767(100.0)	608(100.0)	540(100.0)	
부의 학력	고졸 이하	106(34.9)	298(43.2)	254(45.9)	246(51.9)	22.798***
	초대졸 이상	198(65.1)	392(56.8)	299(54.1)	228(48.1)	
	계ᵃ	304(100.0)	690(100.0)	553(100.0)	474(100.0)	
모의 학력	고졸 이하	145(47.2)	388(54.9)	331(59.6)	315(65.2)	28.035***
	초대졸 이상	162(52.8)	319(45.1)	224(40.4)	168(34.8)	
	계ᵃ	307(100.0)	707(100.0)	555(100.0)	483(100.0)	
가구연간소득(평균)		5,027a⁺	4,909ab⁺	4,588b⁺	4,240c⁺	8.248***

**$p<.01$, ***$p<.001$
+Duncan's Multiple Range Test
a＝계는 결측값에 의해 차이가 있을 수 있다.

출처 : 이유리, 박은정, 이성훈(2015). 중학생의 학습습관 유형에 따른 학업성취와 삶의 만족도의 차이. 학습자중심교과교육연구, 15(11), 621-641.

학습습관 유형별 인구사회학적 특성

중학생의 학습습관 유형별 인구사회학적 특성을 살펴보기 위해 중학생의 성별 및 학교지역, 부모의 학력, 가구연간소득의 변수를 사용하여 학습습관 유형의 차이를 분석하였다. 분석 결과 표 20.3과 같이 학습습관 유형은 중학생의 성별 및 학교지역, 부모의 학력, 가구연간소득에 따라 유의한 차이가 나타났다.

학습습관 우수형은 남학생이 53.4%, 여학생이 46.6%로 나타났고 중학생의 학교지역은 서울이 13.4%로 다른 유형보다 특히 높은 비율을 보였다. 부의 학력은 초대졸 이상 집단이 3/5(65.1%) 이상을 차지하며 네 가지 유형 중 가장 높은 비율을 보였고, 모의 학력도 초대졸 이상 집단이 절반(52.8%) 이상을 차지하며 네 유형 중 가장 높았다. 가구연간소득은 평균 5,027만 원으로 네 가지 유형 중 가장 많다.

학습습관 일반형은 중학생의 성별에서 여학생(54.8%)이 남학생(45.2%)보다 많았다. 특히 다른 유형에서는 남학생 집단이 더 많은 비율을 차지하는 것에 비해 주목할 만한 결과라고 할 수 있다. 학교지역은 경기 및 인천지역이 24.6%로 다른 유형에 비해 상대적으로 높았다. 부의 학력은 초대졸 이상 집단이 절반(56.8%)을 상회하는 것으로 나타났고, 모의 학력은 고졸 이하 집단이 절반(54.9%) 이상의 비율로 나타났다. 가구연간소득은 평균 4,909만 원이다.

학습습관 동기형은 청소년 성별의 경우 남학생(53.5%)이 여학생(46.5%)보다 높은 분포를 보이고, 학교지역은 서울·경기·인천 외 지역이 73.2%로 다른 유형에 비해 상대적으로 높은 분포를 보였다. 부 학력의 경우 초대졸 이상이 절반(54.1%) 이상의 분포를 보였고, 모의 학력은 고졸 이하가 3/5(59.6%) 정도를 보였다. 가구연간소득은 평균 4,588만 원이다.

마지막으로 학습습관 취약형은 남학생 52.4%, 여학생 47.6%로 남학생이 높은 비율을 차지했고, 학교지역은 서울이 5.7%로 다른 유형에 비해 상대적으로 가장 낮은 분포를 보였다. 부와 모의 학력의 경우 고졸 이하 집단이 각각 51.9%, 65.2%로 네 유형 중 가장 높은 비율로 나타났다. 가구연간소득은 평균 4,240만 원으로 네 가지 유형 중 가장 적다.

2) 연구문제 2번의 분석 결과표와 이에 대한 해석을 작성한다

표 20.4 학습습관의 유형에 따른 학업성취 및 삶의 만족도 차이

구분	학습습관 우수형		학습습관 일반형		학습습관 동기형		학습습관 취약형		F
	M	D	M	D	M	D	M	D	
학업성취	4.99	a[*]	4.12	b[*]	3.79	c[*]	2.75	d[*]	95.928***
삶의 만족도	3.26	a	2.89	b	2.77	c	2.62	d	72.941***

***$p < .001$
+ Duncan's Multiple Range Test

출처 : 이유리, 박은정, 이성훈(2015). 중학생의 학습습관 유형에 따른 학업성취와 삶의 만족도의 차이. 학습자중심교과교육연구, 15(11), 621-641.

학습습관 유형에 따른 학업성취 및 삶의 만족도 차이

학습습관 유형에 따른 학업성취 및 삶의 만족도의 차이를 분석하기 위해 일원배치 분산분석 및 Duncan의 사후검정을 실시한 결과, 표 20.4와 같이 통계적으로 유의미한 차이를 나타내었다.

학업성취는 학습습관 유형 중 학습습관 우수형(4.99점)이 가장 높고, 다음으로 높은 유형은 학습습관 일반형(4.12점), 학습습관 동기형(3.79점), 학습습관 취약형(2.75점)순으로 나타났으며 네 가지 유형 모두에서 집단 간 유의미한 차이가 나타났다.

삶의 만족도의 경우 학습습관 우수형이 3.26점으로 가장 높고, 학습습관 일반형(2.89점), 학습습관 동기형(2.77점), 학습습관 취약형(2.62점)순으로 낮은 것으로 밝혀졌으며, 네 가지 유형 모두 집단 간 차이가 유의하게 밝혀졌다.

즉 학습습관 우수형은 학업성취와 삶의 만족도가 가장 높은 데 비해 학습습관 취약형은 학업성취와 삶의 만족도가 가장 낮은 것을 알 수 있다.

꼭 기억할 사항

군집분석은 모집단의 개체들을 어떤 특정 변수의 차원을 기준으로 몇 개의 집단으로 유형화하여 분류하는 분석방법이다. 군집분석의 경우 K-평균 군집분석이 주로 사용된다. K-평균 군집분석은 연구자가 군집의 수를 임의로 정할 수 있다. 이때 군집의 수를 너무 많이 지정할 경우 군집의 특성을 파악하는 데 어려움이 있기 때문에 적정 군집의 수를 지정해야 한다. 따라서 연구자는 군집의 수를 여러 번 실행 후 유형의 특성을 잘 나타내는 한 가지 결과를 선택해야 한다.

군집분석은 도출된 군집 유형별 구체적인 정보와 유형별 다른 변수와의 차이를 파악할 수 있는 장점이 있다. 따라서 유형별 인구사회학적 특성 분석과 다른 변수와의 차이 검증 등을 병행하여 실시하는 경우가 많다.

부록

부록 1. 설문지

한국아동 · 청소년 패널조사[1]

안녕하십니까?

한국청소년정책연구원은 우리나라의 아동 · 청소년을 위한 국가정책을 연구하는 국무총리 산하 국책연구기관입니다.

이 조사는 전국의 초등학교 1학년과 4학년, 중학교 1학년을 대상으로 하여 우리나라 아동 · 청소년의 성장과 발달 정도를 알아보기 위한 것입니다. 조사를 통하여 얻어진 자료는 여러분들의 보다 나은 미래를 위한 연구 및 정책개발에 활용될 것입니다.

이 조사는 올해부터 7년간(2010년~2016년) 매해 실시될 예정이며 학생은 통계적인 방법에 의해 우리나라의 초등학교 1학년과 4학년, 중학교 1학년을 대표하는 조사대상자로 선정되었습니다. 설문에는 맞고 틀리는 답이 없으며, 여러분이 응답한 내용은 연구 이외의 다른 목적으로는 절대 사용되지 않으므로 솔직하게 응답해주시기 바랍니다.

또한 통계법 제 33조의 규정에 따라 학생 개인의 응답 내용은 비밀히 철저히 보장됩니다.

감사합니다.

---

1. 김지경, 백혜정, 임희진, 이계오(2010). 한국아동 · 청소년패널조사2010(연구보고 10-R01). 한국청소년정책연구원, pp.165-223. 초등학교 1, 4, 중학교 1학년 학생용 및 보호자 설문지를 저자가 편집함. 한국청소년정책연구원(www.nypi.re.kr). 한국아동 · 청소년패널조사.

1 활동과 참여

문 1) 학생은 중학생이 된 후 다음과 같은 **체험 활동**에 참여한 적이 있습니까? 아래 아홉 가지 활동 각각에 참여 여부를 ○표 해주세요.

* 활동의 목적이 두 가지 이상이었던 수련 활동의 경우 주된 목적 하나에 대해서만 응답해주세요.

구분		참여 여부	
1. 건강, 보건활동	신체 단련활동, 안전 응급처치활동	① 있다	② 없다
2. 과학정보활동	모형 및 로봇활동, 우주 천체활동, 정보캠프활동	① 있다	② 없다
3. 교류활동	국제교류활동, 다문화이해활동, 세계문화비교활동	① 있다	② 없다
4. 모험개척활동	탐사등반, 야영활동, 해양활동, 극기훈련	① 있다	② 없다
5. 문화예술활동	지역문화, 세계문화, 어울마당, 전통예술활동	① 있다	② 없다
6. 봉사활동	일손돕기, 캠페인, 자선구호활동	① 있다	② 없다
7. 직업체험활동	진로탐색활동, 직업현장체험	① 있다	② 없다
8. 환경보존활동	생태활동, 숲체험, 환경살리기활동	① 있다	② 없다
9. 자기(인성)개발	자기표현활동, 심성수련활동	① 있다	② 없다

문 2) 학생은 중학생이 된 이후 다음과 같은 **동아리 활동**에 참여한 적이 있습니까?

구분		참여 여부	
1. 교내 공식 동아리	방송반, 컴퓨터반 등 학교에서 인정한 모임	① 있다	② 없다

2 학습 및 학교생활

문 3) 다음은 학생의 **학교생활**에 대한 질문입니다. 다음 각 항목의 해당 칸에 ○표 해주세요.

문항	매우 그렇다	그런 편이다	그렇지 않은 편이다	전혀 그렇지 않다
1. 학교 수업시간이 재미있다.	①	②	③	④
2. 학교 숙제를 빠뜨리지 않고 있다.	①	②	③	④
3. 수업시간에 배운 내용을 잘 알고 있다.	①	②	③	④
4. 모르는 것이 있을 때 다른 사람(부모님이나 선생님 또는 친구들)에게 물어본다.	①	②	③	④
5. 공부 시간에 딴짓을 한다.	①	②	③	④
6. 당번이나 1인 1역 등 반에서 맡은 활동을 열심히 한다.	①	②	③	④
7. 복도나 계단을 다닐 때 뛰지 않고 조용히 다닌다.	①	②	③	④
8. 학교 물건을 내 것처럼 소중히 사용한다.	①	②	③	④
9. 화장실이나 급식실에서 차례를 잘 지킨다.	①	②	③	④
10. 휴지나 쓰레기를 버릴 때 꼭 휴지통에 버린다.	①	②	③	④
11. 우리 반 아이들과 잘 어울린다.	①	②	③	④
12. 친구와 다투었을 때 먼저 사과한다.	①	②	③	④
13. 내 짝이 교과서나 준비물을 안 가져왔을 때 함께 보거나 빌려준다.	①	②	③	④
14. 친구가 하는 일을 방해한다.	①	②	③	④
15. 놀이나 모둠활동을 할 때 친구들이 내 말을 잘 따라준다.	①	②	③	④
16. 선생님을 만나면 반갑게 인사한다.	①	②	③	④
17. 선생님과 이야기하는 것이 편하다.	①	②	③	④
18. 학교 밖에서 선생님을 만나면 반갑다.	①	②	③	④
19. 우리 선생님께서는 나에게 친절하시다.	①	②	③	④
20. 내년에도 지금 선생님께 담임선생님을 해주셨으면 좋겠다.	①	②	③	④

문 4) 다음은 학생의 **학습습관**에 대한 질문입니다. 다음 각 항목의 해당 칸에 ○표 해주세요.

문항	매우 그렇다	그런 편이다	그렇지 않은 편이다	전혀 그렇지 않다
1. 학교 공부는 나에게 중요한 의미를 지닌다.	①	②	③	④
2. 나는 학교에서 배우는 내용들이 중요하다고 생각한다.	①	②	③	④
3. 나는 학교생활이 내가 성장해 나가는 데 중요한 역할을 할 것이라고 생각한다.	①	②	③	④
4. 학교생활이 나의 미래에 상당한 역할을 할 것이다.	①	②	③	④
5. 학교 공부는 내가 미래의 직업을 선택하는 데 커다란 역할을 할 것이다.	①	②	③	④
6. 학교에서 배우는 내용은 내가 살아가는 데 유용할 것이다.	①	②	③	④
7. 학교생활은 앞으로 내가 사회생활을 하는 데 도움이 될 것이다.	①	②	③	④
8. 나는 실수를 하더라도 무엇인가를 배울 수 있는 어려운 내용을 좋아한다.	①	②	③	④
9. 나는 많은 노력이 필요하더라도 무엇인가 배울 수 있는 것을 좋아한다.	①	②	③	④
10. 나는 공부가 지루하고 재미없더라도 끝까지 다 한다.	①	②	③	④
11. 나는 하던 공부를 끝낼 때까지 공부에 집중한다.	①	②	③	④
12. 나는 공부가 지루해도 계획한 것은 마친다.	①	②	③	④
13. 나는 노는 것을 그만두지 못해 공부를 시작하기가 어렵다.	①	②	③	④
14. 나는 공부를 하려면 쓸데없는 생각 때문에 집중을 못한다.	①	②	③	④
15. 나는 몇 시간 동안 얼마나 공부할 것인지 목표를 분명히 한 다음에 공부를 시작한다.	①	②	③	④
16. 나는 효율적으로 공부하기 위해 시간 계획을 세운다.	①	②	③	④
17. 나는 효과적으로 공부하기 위해 시간 계획을 세운다.	①	②	③	④
18. 나는 시험 전에 계획을 세우고 그에 따라 공부한다.	①	②	③	④

문 5-1) 다음은 학생의 **주관적인 성적**에 대한 질문입니다. 다음 각 항목의 해당 칸에 ○표 해 주세요.

문항	매우 잘했다	잘한 편이다	보통 이다	못한 편이다	매우 못했다
1. 국어	①	②	③	④	⑤
2. 수학	①	②	③	④	⑤
3. 영어	①	②	③	④	⑤
4. 과학	①	②	③	④	⑤
5. 사회	①	②	③	④	⑤
6. 역사	①	②	③	④	⑤
7. 도덕	①	②	③	④	⑤
8. 가정/기술	①	②	③	④	⑤
9. 음악	①	②	③	④	⑤
10. 미술	①	②	③	④	⑤
11. 체육	①	②	③	④	⑤

문 5-2) 다음은 학생의 **객관적인 성적**에 대한 질문입니다. 다음 각 항목의 해당 칸에 ○표 해 주세요.

문항	96점 이상	95~90점	89~85점	84~80점	79~75점	74~70점	69~65점	64점 이하
1. 국어	①	②	③	④	⑤	⑥	⑦	⑧
2. 수학	①	②	③	④	⑤	⑥	⑦	⑧
3. 영어	①	②	③	④	⑤	⑥	⑦	⑧
4. 과학	①	②	③	④	⑤	⑥	⑦	⑧
5. 사회	①	②	③	④	⑤	⑥	⑦	⑧

③ 사회정서

문 6) 다음은 학생이 **자신을 어떻게 생각하는지**에 대한 질문입니다. 다음 각 항목의 해당 칸에 ○표 해주세요.

문항	매우 그렇다	그런 편이다	그렇지 않은 편이다	전혀 그렇지 않다
1. 나는 나에게 만족한다.	①	②	③	④
2. 때때로 나는 내가 어디에도 소용없는 사람이라고 생각한다.	①	②	③	④
3. 나는 내가 장점이 많다고 느낀다.	①	②	③	④
4. 나는 남들만큼의 일은 할 수 있다.	①	②	③	④
5. 나는 내가 자랑스러워할 만한 것이 별로 없다고 느낀다.	①	②	③	④
6. 때때로 내가 쓸모없는 존재로 느낀다.	①	②	③	④
7. 나는 내가 적어도 다른 사람만큼 가치 있는 사람이라고 느낀다.	①	②	③	④
8. 나는 나를 좀 더 존중할 수 있었으면 좋겠다.	①	②	③	④
9. 나는 내가 실패자라고 느끼는 경향이 있다.	①	②	③	④
10. 나는 나에 대해 긍정적인 태도를 지니고 있다.	①	②	③	④

문 7) 다음은 학생이 **자신을 어떻게 생각하는지(사회적 위축)**에 대한 질문입니다. 다음 각 항목의 해당 칸에 ○표 해주세요.

문항	매우 그렇다	그런 편이다	그렇지 않은 편이다	전혀 그렇지 않다
1. 주위에 사람들이 많으면 어색하다.	①	②	③	④
2. 부끄럼을 많이 탄다.	①	②	③	④
3. 다른 사람들에게 내 의견을 분명하게 말하기 어렵다.	①	②	③	④
4. 수줍어 한다.	①	②	③	④
5. 사람들 앞에 나서기를 싫어한다.	①	②	③	④

문 8) 다음은 학생이 **자신의 진로를 어떻게 생각하는지**에 대한 질문입니다. 다음 각 항목의 해당 칸에 ○표 해주세요.

문항	매우 그렇다	그런 편이다	그렇지 않은 편이다	전혀 그렇지 않다
1. 장래에 내가 꼭 하고 싶은 직업 분야가 있다.	①	②	③	④
2. 부모님이 내가 원치 않는 전공을 강요하더라도 따르지 않을 것이다.	①	②	③	④
3. 나는 장래에 어떤 인생을 살 것인가에 대해 대체로 방향을 정했다.	①	②	③	④
4. 대학에 가서 전공하고 싶은 구체적인 분야가 있다.	①	②	③	④
5. 나 자신의 인생을 살기 위해서는 소신대로 직업을 결정해야 한다.	①	②	③	④
6. 현재 나는 어떤 직업 분야를 좋아하는데, 그 이유가 분명하다.	①	②	③	④
7. 어릴 때부터 나는 내가 하고 싶은 직업 분야가 어떤 것인지 알고 있었다.	①	②	③	④
8. 다른 사람들에게 나의 미래 계획에 대해 자신 있게 말할 수 있다.	①	②	③	④

문 9) 다음은 학생의 **생애목표**에 대한 질문입니다. 다음 각 항목의 해당 칸에 ○표 해주세요.

문항	매우 그렇다	그런 편이다	그렇지 않은 편이다	전혀 그렇지 않다
1. 새로운 아이디어를 내고 창조적인 생각과 행동을 하는 것이 중요하다.	①	②	③	④
2. 부유하게 살고 값비싼 물건을 많이 소유하는 것이 중요하다.	①	②	③	④
3. 안전한 동네에서 사는 것이 중요하다.	①	②	③	④
4. 많은 여가시간을 갖고 즐기는 것이 중요하다.	①	②	③	④
5. 다른 사람을 돕는 것이 중요하다.	①	②	③	④
6. 자신의 분야에서 성공해서 다른 사람들에게서 인정을 받는 것이 중요하다.	①	②	③	④
7. 모험심과 새로운 도전을 하는 것이 중요하다.	①	②	③	④
8. 비난받을 만한 일을 하지 않고 바른 길을 걷는 것이 중요하다.	①	②	③	④
9. 환경을 보호하는 것이 중요하다.	①	②	③	④
10. 행복한 가정생활을 하는 것이 중요하다.	①	②	③	④
11. 좋은 친구들과 우정을 쌓는 것이 중요하다.	①	②	③	④
12. 부모님, 친척들과 친밀한 관계를 유지하는 것이 중요하다.	①	②	③	④
13. 사회적, 경제적 불평등을 바로 잡는 것이 중요하다.	①	②	③	④
14. 좋은 부모가 되는 것이 중요하다.	①	②	③	④
15. 좋은 대학에 가는 것이 중요하다.	①	②	③	④

문 10) 다음은 학생의 **삶의 만족도**에 대한 질문입니다. 다음 각 항목의 해당 칸에 ○표 해주세요.

문항	매우 그렇다	그런 편이다	그렇지 않은 편이다	전혀 그렇지 않다
1. 나는 사는 게 즐겁다.	①	②	③	④
2. 나는 걱정거리가 별로 없다.	①	②	③	④
3. 나는 내 삶이 행복하다고 생각한다.	①	②	③	④

4 부모(보호자) 및 친구 관계

문 11) 다음은 학생이 **부모님(보호자)을 어떻게 생각하는지**에 대한 질문입니다. 다음 각 항목의 해당 칸에 ○표 해주세요.

문항	매우 그렇다	그런 편이다	그렇지 않은 편이다	전혀 그렇지 않다
1. 부모님(보호자)께서는 다른 일(직장이나 바깥일)보다는 나를 더 중요하게 생각하신다.	①	②	③	④
2. 부모님(보호자)께서는 내가 학교에서 어떻게 생활하는지 관심을 갖고 물어보신다.	①	②	③	④
3. 부모님(보호자)께서는 내 몸이나, 옷, 이불 등이 깨끗하도록 항상 신경 쓰신다.	①	②	③	④
4. 부모님(보호자)께서는 내가 많이 아프면 적절한 치료를 받게 하신다.	①	②	③	④
5. 내가 무언가 잘못했을 때 부모님(보호자)께서는 정도 이상으로 심하게 혼내신다.	①	②	③	④
6. 내가 잘못하면 부모님(보호자)께서는 무조건 때리려고 하신다.	①	②	③	④
7. 내 몸에 멍이 들거나 상처가 남을 정도로 부모님(보호자)께서 나를 심하게 대하신 적이 많다.	①	②	③	④
8. 부모님(보호자)께서는 나에게 심한 말이나 욕을 하신 적이 많다(예 : 멍청이, 개만도 못한 것, 나가 죽어라, 네가 없어졌으면 좋겠다 등).	①	②	③	④

문 12) 다음은 학생이 **친구들을 어떻게 생각하는지**에 대한 질문입니다. 다음 각 항목의 해당 칸에 ○표 해주세요.

문항	매우 그렇다	그런 편이다	그렇지 않은 편이다	전혀 그렇지 않다
1. 내 친구들은 나와 이야기를 나눌 때 내 생각을 존중해준다.	①	②	③	④
2. 내 친구들은 내가 말하는 것에 귀를 기울인다.	①	②	③	④
3. 나는 내 친구들에게 내 고민과 문제에 대해 이야기한다.	①	②	③	④
4. 내 친구들은 나를 잘 이해해준다.	①	②	③	④
5. 나는 속마음을 털어놓고 싶을 때 친구들에게 말할 수 있다.	①	②	③	④
6. 나는 내 친구들을 믿는다.	①	②	③	④
7. 나는 지금의 친구들 대신 다른 친구들을 사귀고 싶다.	①	②	③	④
8. 나는 친구들과 함께 있어도 외롭고 혼자라는 느낌이 든다.	①	②	③	④
9. 친구들은 내가 요즘 어떻게 지내는지 잘 모른다.	①	②	③	④

문 13) 부모님(보호자)께서는 내 친한 친구들이 누구누구인지 알고 계십니까?

_____ ① 모두 알고 계신다.

_____ ② 대부분 알고 계신다.

_____ ③ 대부분 모르고 계신다.

_____ ④ 전혀 모르고 계신다.

문 13-1) 부모님(보호자)께서는 내 친한 친구들을 만나 보신 적이 있습니까?

_____ ① 모두 만나 보셨다.

_____ ② 대부분 만나 보셨다.

_____ ③ 대부분 만나 보지 않으셨다.

_____ ④ 한 명도 만나 보지 않으셨다.

문 13-2) 부모님(보호자)께서는 내 친한 친구들에 대해 어떻게 생각하십니까?

_____ ① 매우 좋아하신다.

_____ ② 좋아하시는 편이다.

_____ ③ 싫어하시는 편이다.

_____ ④ 매우 싫어하신다.

⑤ 지역사회와 공동체

문 14) 다음은 학생이 **동네와 동네 사람들을 어떻게 생각하는지**에 대한 질문입니다. 다음 각 항목의 해당 칸에 ○표 해주세요.

문항	매우 그렇다	그런 편이다	그렇지 않은 편이다	전혀 그렇지 않다
1. 나는 우리 동네 사람들 대부분을 알고 있다.	①	②	③	④
2. 나는 거리에서 우리 동네 사람을 만나면 인사를 한다.	①	②	③	④
3. 우리 동네에서는 이웃끼리 서로 경계한다.	①	②	③	④
4. 나는 우리 동네가 안전하다고 느낀다.	①	②	③	④
5. 나는 우리 동네 사람들과 지내는 것이 좋다.	①	②	③	④
6. 나는 우리 동네에서 계속 살고 싶다.	①	②	③	④

문 15) 아래 각 항목에 대해 **학생이 어떻게 생각하는지** 해당 칸에 ○표 해주세요.

문항	매우 그렇다	그런 편이다	그렇지 않은 편이다	전혀 그렇지 않다
1. 주변에 어려움에 처해 있는 친구가 있다면 적극적으로 도울 수 있다.	①	②	③	④
2. 공휴일에 쉬지 못하더라도 복지기관에서 자원봉사 활동을 할 수 있다.	①	②	③	④
3. 우리나라보다 경제적으로 어려운 나라를 돕기 위해 기부금을 낼 수 있다.	①	②	③	④
4. 지구를 보호하기 위해 물자절약, 쓰레기 분리수거, 재활용 등에 적극적으로 참여할 수 있다.	①	②	③	④

6 학생의 방과 후 생활

문 16) '이 학생'이 방과 후 부모님이나 돌봐주는 어른 없이 집에 혼자 있거나 혹은 형제나 자매끼리만 있는 경우가 일주일에 며칠이나 됩니까?

① 거의 없다.　　　　　　　② 1~2일 정도

③ 3~4번 정도　　　　　　④ 거의 매일

문 17) '이 학생'이 방과 후 혼자 있거나 혹은 형제나 자매끼리만 있는 경우가 하루에 몇 시간이나 됩니까?

① 1시간 미만　　　　　　　② 1~2시간 정도

③ 3~4시간 정도　　　　　④ 4시간 이상

7 학생 및 가구 구성과 부모님(보호자) 특성

문 18) 학생의 성별은?

_____ ① 남

_____ ② 여

문 19) 학생의 학교급은?

_____ ① 초등학교 저학년

_____ ② 초등학교 고학년

_____ ③ 중학교

문 20) 학생의 학교지역은?

_____ ① 서울지역

_____ ② 경기 및 인천

_____ ③ 그 외 지역

문 21) '이 학생'과 현재 함께 살고 있는 가족은 어떻게 됩니까?

① 부모(아버지와 어머니)＋자녀

② 한 부모(아버지 또는 어머니)＋자녀

③ (한)조부모(할머니/할아버지)＋자녀

④ (한)조부모＋한 부모＋자녀

⑤ 기타(   )

문 22) '이 학생'과 현재 함께 살고 있는 부모님 또는 보호자(부모님이 안 계신 경우)에 대한 질문입니다. 아래의 각 항목에 대해 응답해주세요.

항목	부	모	보호자 (부모님이 안 계신 경우)
1. 출생연도	(년)	(년)	(년)
2. 교육수준	1. 중졸 이하 2. 고졸 3. 전문대 졸 4. 대졸 5. 대학원 졸	1. 중졸 이하 2. 고졸 3. 전문대 졸 4. 대졸 5. 대학원 졸	1. 중졸 이하 2. 고졸 3. 전문대 졸 4. 대졸 5. 대학원 졸
3. 근로여부	1. 일을 하고 있다. 2. 일을 하고 있지 않다.	1. 일을 하고 있다. 2. 일을 하고 있지 않다.	1. 일을 하고 있다. 2. 일을 하고 있지 않다.
4. 직업	1. 관리자 2. 전문가 및 관련종사자 3. 사무종사자 4. 서비스종사자 5. 판매종사자 6. 농림어업 숙련종사자 7. 기능원 및 관련기능종사자 8. 장치/기계조작 및 조립종사자 9. 단순노무 종사자 10. 군인	1. 관리자 2. 전문가 및 관련종사자 3. 사무종사자 4. 서비스종사자 5. 판매종사자 6. 농림어업 숙련종사자 7. 기능원 및 관련기능종사자 8. 장치/기계조작 및 조립종사자 9. 단순노무 종사자 10. 군인	1. 관리자 2. 전문가 및 관련종사자 3. 사무종사자 4. 서비스종사자 5. 판매종사자 6. 농림어업 숙련종사자 7. 기능원 및 관련기능종사자 8. 장치/기계조작 및 조립종사자 9. 단순노무 종사자 10. 군인

문 23) '이 학생'은 형제자매가 있습니까?

① 형/오빠 (명)   ② 누나/언니 (명)

③ 여동생   (명)   ④ 남동생   (명)

⑤ 형제자매가 없다.

문 24) '이 학생'이 속한 가구의 지난 1년간 가구소득은 대략 어느 정도입니까? 금액을 써 주세요.

* 가구원 전체의 근로소득, 이자소득, 재산 및 임대소득과 연금, 각종 보조금, 개인적으로 받은 돈 등을 모두 합산한 금액을 기입해주세요.

연소득 세후 (　　　　　　　　　만 원)

문 25) 귀하(부모님 또는 보호자)는 귀하의 삶에 어느 정도 만족하십니까?
① 매우 만족한다.
② 만족하는 편이다.
③ 만족하지 못하는 편이다.
④ 전혀 만족하지 못한다.

부록 2. 통계분석 방법 정리

구분	내용
빈도분석	조사대상자의 기본적인 정보를 알려주는 분석방법으로 논문에서 분석대상자의 일반적 특성을 살펴볼 때 이용한다. 대표적으로 설문응답자의 전체 인원 중 남성과 여성에 대한 각각의 인원수(N)와 분포(%)를 구할 수 있다. **실행방법 : 분석＞기술통계량＞빈도분석**
기술통계	변수에 대한 평균과 표준편차를 구할 때 사용한다. 연령, 개인 월평균 소득 등 비율척도 또는 등간척도의 연속적인 데이터에 대한 평균과 표준편차를 구할 수 있다. 사회과학 분야에서는 서열척도인 리커트척도를 등간척도로 간주하여 기술통계를 실시한다. **실행방법 : 분석＞기술통계량＞기술통계**
교차분석 (카이제곱검정)	독립변수와 종속변수가 명목 및 서열척도로 구성되어 있고, 두 변수의 범주를 각각 교차하여 빈도분포의 차이를 검증하는 분석방법이다. 교차분석의 셀 표시 옵션부분에서 독립변수에 해당하는 열 백분율만 선택하면 분석 결과 해석 시 보다 편리하다. **실행방법 : 분석＞기술통계량＞교차분석**
T 검정	■ 독립표본의 T 검정 독립변수의 범주가 2개일 때, 두 집단의 평균을 비교 분석할 때 이용한다. 단 독립변수는 명목척도이고, 종속변수는 등간 또는 비율척도일 때 독립변수 내의 두 집단 간의 평균 차이를 검증한다. **실행방법 : 분석＞평균비교＞독립표본 T 검정** ■ 대응표본의 T 검정 동일표본에서 측정된 두 변수의 평균 차이를 검증(쌍체비교)할 때 분석하는 방법이다. 교육 프로그램 실시 전, 후의 검사를 실시하여 교육 프로그램에 대한 효과성을 파악할 수 있다. **실행방법 : 분석＞평균비교＞대응표본 T 검정**
일원배치 분산분석 (ANOVA)	일원배치 분산분석은 독립변수의 범주가 3개 이상으로 종속변수의 평균의 비교를 분석할 때 사용한다. 일원배치 분산분석에서 분산의 동질성 검증 및 사후분석을 확인할 필요가 있다. 등분산 가정 시, Ducan의 사후검정을 주로 사용하며, Scheffe의 사후검정은 각 셀의 크기가 다른 경우 사용한다. 등분산 가정 위배 시, Welch값(옵션에서 선택)을 사용하고, Dunnett T3의 사후검정을 사용한다. **실행방법 : 분석＞평균비교＞일원배치 분산분석**
상관관계분석	독립변수와 종속변수 간의 관계를 살펴볼 수 있다. 즉 독립변수와 종속변수가 등간척도 및 비율척도인 경우 피어슨의 상관관계분석을 실시하여 변수 간의 관련성 및 방향성을 알 수 있다. 즉 음의 방향인지 또는 양의 방향인지, 그리고 변수 간 높은 상관성을 보이는지 또는 낮은 상관성을 보이는지 등의 상관성과 방향성을 확인할 수 있다. **실행방법 : 분석＞상관분석＞이변량 상관계수**

(계속)

구분	내용
요인분석	어떤 개념을 측정하고자 할 경우 다항목 척도의 변수를 구성하여 사용할 수 있다. 즉 하나의 개념변수에 여러 하위영역의 차원을 구성할 때, 하위영역별 속성에 맞게 문항이 이론적으로 잘 구성되었는지 검증할 때 실시한다. **실행방법 : 분석 > 차원감소 > 요인분석**
회귀분석	독립변수가 종속변수에 미치는 영향을 살펴볼 때 이용하는 분석으로 인과관계를 살펴볼 수 있다. 특히 독립변수가 종속변수에 미치는 영향의 크기, 방향, 유의성 등에 대해 각각 파악할 수 있다. ■ 회귀분석의 종류 1. 단순회귀분석 : 독립변수의 수가 1개일 때 종속변수에 미치는 영향을 분석할 때 실시한다. 2. 다중회귀분석 : 독립변수의 수가 2개 이상일 때부터 실시하고, 독립변수가 종속변수에 미치는 영향 변인을 파악할 때 실시한다. 3. 위계적 회귀분석 : 다중회귀분석과 위계적 회귀분석은 독립변수가 종속변수에 미치는 영향 변인을 파악할 때 실시하는 점은 동일하다. 위계적 회귀분석은 통제변인, 제1의 독립변수, 제2의 독립변수 등을 각 단계별로 투입하여 종속변수에 영향을 미치는 중요한 독립변수군과 상대적 영향력이 큰 변인을 파악할 수 있다. 단, 회귀분석에서는 독립변수가 명목척도인 경우 더미변수로 만든 후 분석을 실시하도록 한다. **실행방법 : 분석 > 회귀분석 > 선형**
매개효과	매개효과는 독립변수, 매개변수, 종속변수가 각각 존재한다. 단 매개변수는 말 그대로 독립변수와 종속변수 사이를 매개할 수 있는 변인으로 독립변수에게 영향을 받는 동시에 종속변수에 영향을 미친다. 매개효과는 완전매개효과와 부분매개효과가 있다. 완전매개효과는 직접적인 효과만 있고, 부분매개효과는 직접적인 효과와 간접적인 효과가 동시에 있다. 부분매개효과가 나타난 경우, 매개효과의 통계적 유의성을 검증한 후 이에 대한 결과를 내용에서 제시해야 한다. 매개효과분석의 3단계 회귀분석은 다음과 같다. • 1단계 : 독립변수가 매개변수에 미치는 회귀분석 • 2단계 : 독립변수가 종속변수에 미치는 회귀분석 • 3단계 : 독립변수와 매개변수가 종속변수에 미치는 회귀분석(3단계에서 완전매개와 부분매개효과를 파악하기) 완전매개효과 : 독립변수가 종속변수에 유의한 영향을 미치지 않음. 부분매개효과 : 독립변수가 종속변수에 유의한 영향을 미치고, 2단계 독립변수의 표준화계수 베타값이 3단계 독립변수의 표준화계수 베타값보다 커야 하며, 모든 단계에서 통계적으로 유의한 영향을 미쳐야 함. **실행방법 : 분석 > 회귀분석 > 선형**
조절효과	독립변수와 종속변수의 인과관계에서 조절변수가 그 크기나 방향을 변화시킬 수 있는지를 검증하는 분석방법이다. 조절효과분석의 3단계 회귀분석은 다음과 같다. 먼저 상호작용항(독립변수×조절변수)을 만든다. • 1단계 : 독립변수가 종속변수에 미치는 회귀분석 • 2단계 : 독립변수와 조절변수가 종속변수에 미치는 회귀분석 • 3단계 : 독립변수, 조절변수, 상호작용항(독립변수×조절변수)이 종속변수에 미치는 회귀분석(3단계의 회귀분석에서 설명력이 통계적으로 유의미하게 증가한 경우 조절효과가 있다고 판단함) **실행방법 : 분석 > 회귀분석 > 선형**

(계속)

구분	내용
로지스틱 회귀분석	로지스틱 회귀분석은 종속변수가 명목척도일 때 실시한다. 또한 로지스틱 회귀분석은 이항로지스틱과 다항로지스틱 회귀분석의 두 가지 종류로 구분된다. ■ 로지스틱 회귀분석의 종류 1. 이항로지스틱 회귀분석 : 종속변수가 명목척도이고 2개의 범주를 가지고 있을 때로 대표적으로 합격 또는 불합격에 영향을 미치는 변인을 파악할 경우 분석을 실시한다. **실행방법 : 분석＞회귀분석＞이분형 로지스틱** 2. 다항로지스틱 회귀분석 : 종속변수가 명목척도이고 3개 이상의 범주를 가지고 있으며, 대표적으로 자동차를 구매할 때 1. 소형, 2. 중형차, 3. 대형차 등의 어떠한 차를 구매할 것인가에 대한 영향 변인들을 예측할 경우 분석을 실시한다. 로지스틱 회귀분석에서는 독립변수가 명목척도인 경우 더미변수로 만들지 않고 분석을 실행해도 된다. **실행방법 : 분석＞회귀분석＞다항로지스틱 회귀분석**
K-평균 군집분석	모집단의 개체들을 어떠한 특정 변수의 차원을 토대로 동일한 집단으로 분류할 때 이용하는 분석방법이다. 이때 연구자는 군집의 수를 3~6개의 범위로 임의로 지정하는 것이 좋다. 군집의 수가 너무 많은 경우 군집의 성향을 나타내는 데 어려움이 있기 때문에 연구자는 군집의 특성을 명확하게 나타낼 수 있는 군집의 수를 정해야 한다. 　군집분석을 실시한 후 유형화한 인구사회학적 특성의 차이 및 다른 변수와의 차이 검증을 실시할 경우 유형별 구체적인 정보와 특성을 파악할 수 있다. 뿐만 아니라 유형별 프로파일의 그림을 삽입하면 유형별 하위영역에 대한 다각적인 측면을 살펴볼 수 있다. **실행방법 : 분석＞분류분석＞K-평균 군집분석**

참고문헌

김외숙, 박은정(2015). 대학생의 시간전망이 시간관리와 생활만족도에 미치는 영향. 한국가족자원경영학회지, 19(4), 141-161.

김외숙, 한영선, 이기영, 조희금, 이승미, 윤용옥(2012). 성인의 가족공유시간 유형과 유형별 특성. 한국가족자원경영학회지, 16(2), 165-186.

김외숙, 이태림, 이기재(2014). 가정관리학 연구법. 서울 : 한국방송통신대학교출판부.

김지경, 백혜정, 임화진, 이계오(2010). 한국아동 · 청소년패널조사 2010 I. 연구보고 10-R01. 서울 : 한국청소년정책연구원.

박은정, 김외숙(2008). 중학생의 시간관리 : 관련변수 및 학업성취도와의 관계. 한국가족자원경영학회지, 12(1), 41-55.

박은정, 이성림(2013). 미취학자녀를 둔 맞벌이부부의 자녀양육시간 유형에 따른 시간부족감 및 시간사용만족도의 차이. 한국가정관리학회지, 31(4), 97-111.

박은정, 이유리, 이성훈(2015). 부모의 방임과 아동의 학업성취의 관계 : 자기조절학습능력과 공동체의식의 매개효과. 한국생활과학회지, 24(6), 755-768.

박은정, 이유리, 이성훈(2015). 남녀 중학생의 학습습관 유형과 유형결정요인 : 중학교 3학년을 중심으로. 학습자중심교과교육연구, 15(12), 785-813.

박은정, 이유리, 이성훈(2015). 아동의 방과 후 자기보호 유형별 자기조절학습능력과 사회관계 및 학업성취에 관한 연구. 교육종합연구, 13(4), 43-65.

박은정, 이유리, 이성훈(2016). 부모의 소득계층별 청소년의 사회자본이 진로정체감에 미치는 영향 : 중학교 3학년을 중심으로. 청소년학연구, 23(5), 237-263.

박은정, 이유리, 이성훈(2016). 남녀 고등학생의 생애목표 유형에 따른 자기조절학습과 학업성취의 차이. 교육종합연구, 14(3), 1-27.

박은정, 이유리, 이성훈(2018). 청소년의 사회적 위축이 또래애착에 미치는 영향 : 자아존중감의 조절효과에 대한 학교급의 차이. 학습자중심교과교육연구, 18(2), 31-55.

송지준(2013). 논문작성에 필요한 SPSS/AMOS 통계분석방법. 개정 2판. 서울 : 21세기사.

이유리, 박은정, 이성훈(2015). 중학생의 학습습관 유형에 따른 학업성취와 삶의 만족도 차이. 학습자중심교과교육연구, 15(11), 621-641.

이유리, 박은정, 이성훈(2016). 초등 5학년 남녀아동의 또래애착 유형에 따른 개인발달과 발달환경의 차이. 학습자중심교과교육연구, 16(12), 337-366.

이유리, 박은정, 이성훈(2017). 에코세대의 연애 및 결혼, 출산 및 양육의 자신감에 대한 결정요인. 한국가정과교육학회지, 29(4), 101-116.

우수명(2015). 마우스로 잡는 SPSS 22. 서울 : 인간과 복지.

홍세희(2011). 이항 및 다항 로지스틱 회귀분석. 파주 : 교육과학사.

한국청소년정책원구원(www.nypi.re.kr). 한국아동 · 청소년패널조사.

Baron, R. M., & Kenny, D. A.(1986). The moderate-mediator variable distinction in social psychological research : Conceptual, strategic, and statistical considerations. *Journal of Personality and Social Psychology*, 51, 1173-1182.

Free Statistics Calculators. https://www.danielsoper.com/statcalc/calculator.aspx?id=31.

찾아보기

저자 소개

이유리

건강가정컨설팅연구소 대표

홍익대학교 교양과 겸임교수

숙명여자대학교 대학원 가족학과(가정학 박사)

여성가족부 가족친화경영 기업컨설턴트

사회복지사 1급, 사회조사분석사 1급

건강가정사

박은정

건강가정컨설팅연구소 연구위원

한국방송통신대학교 생활과학과 외래교수

성균관대학교 대학원 소비자가족학과(철학 박사)

건강가정사

이성훈

건강가정컨설팅연구소 자문위원

안양대학교 아리교양대학 교수

미시간주립대학교 대학원 사회학과(가족학 박사)

21세기가족문화연구소 연구위원

 감수자 소개

신봉섭

한국통계학회 통계계산연구회 회장

안양대학교 ICT융합공학부 통계데이터과학전공 교수

서울대학교 대학원 계산통계학과(이학 박사)

한국데이터정보과학회 홍보이사, 정보이사